KB163578

야나두 현지 영어

미국에서 한 달 살기

야나두 현지 영어
미국에서 한 달 살기 Talk with US

지은이 다락원&야나두 콘텐츠팀
펴낸이 정규도
펴낸곳 (주)다락원

초판 1쇄 발행 2021년 10월 1일
2쇄 발행 2023년 12월 18일

총괄책임 정계영
기획·편집 오순정, 김지영
디자인 All Contents Group
감수 야나두 콘텐츠 연구소

DARAKWON 경기도 파주시 문발로 211
내용문의 (02)736-2031 내선 328
구입문의 (02)736-2031 내선 250~252
Fax (02)732-2037
출판 등록 1977년 9월 16일 제406-2008-000007호

ISBN 978-89-277-0150-7 14740
978-89-277-0143-9(세트)

야나두 현지 영어

미국에서 한 달 살기

야나두 × 다락원

머리말

100% 미국에서 건너온 리얼 회화
미국인과 나누는 생생한 미국 문화 Talk!

1. 미국인에게 직접 묻고 답한 내용으로 만들었습니다.

'미국에선 해장을 어떻게 해?'
'미국 집은 목조 주택이 많은 거 같아.'
'미국에선 기운이 없을 때 뭘 먹어?'

이 책은 주인공 리나가 미국에서 한 달 머무르면서 B&B가족과 미국 문화에 관해 나눈 대화를 수록했습니다. 주식, 내 집 마련 같은 경제 관련 이슈부터 해장이나 음악 취향과 같은 일상까지 다양한 주제로 이야기를 나누고, 미드를 보면서 궁금했던 점을 묻고 답하기도 합니다. 이렇게 실생활과 밀착한 주제로 공감하면서 학습할 수 있어 이해하기 쉽고, 미국인에게 직접 듣는 문화 이야기로 문화에 대한 이해뿐 아니라 영어 실력까지 향상할 수 있습니다.

2. 영어로 길게, 영어답게 대화하고 싶은 분을 위해 만들었습니다.

주제를 두고 여러 사람이 이야기를 나누는 콘셉트로 미드에서 보던 긴 대화의 흐름을 익힐 수 있어 회화에 자신감을 더해줍니다.
또한, '관심이 없어.'를 I'm not interested in it.으로, '나도 그래.'를 Me too.로만 써 오진 않으셨나요? 이 책으로 학습하면 관심이 없을 땐 It's the last thing on my mind.를, 나도 그렇다고 할 때 Likewise.를 활용해서 말할 수 있습니다. 미국에서 건너온 100% 리얼 영어 회화라 현지 원어민이 정말 자주 쓰는 현실적인 표현을 익힐 수 있습니다.

3. We got your back! 여러분의 영어 실력을 뒷받침해 드립니다.

'아는 만큼 보인다'라는 말처럼 배경 지식이 있으면 이해의 깊이가 달라집니다. 이 책을 여러분의 든든한 영어 배경 지식으로 삼아보세요. 책에 담긴 미국 문화, 대화문 속 다양한 질문과 답변, 리얼한 회화 표현을 통해 실전에서 더 쉽고 풍성하게 영어를 활용할 수 있게 해드립니다. 미드나 유튜브 같은 취미 즐기기부터 실제로 외국인과 소통하기까지, 이 책은 영어를 활용하는 생활 전반에서 여러분의 영어 실력을 뒷받침하는 든든한 배경이 되어줄 것입니다.

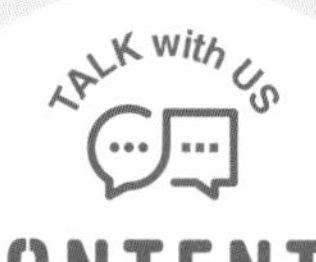

CONTENTS

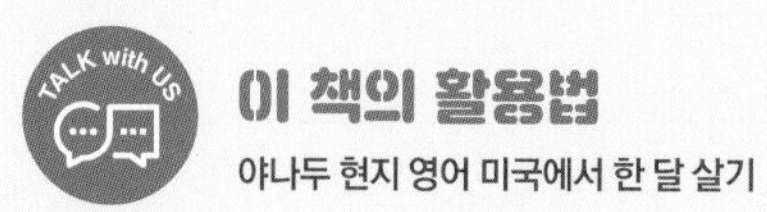

이 책의 활용법

야나두 현지 영어 미국에서 한 달 살기

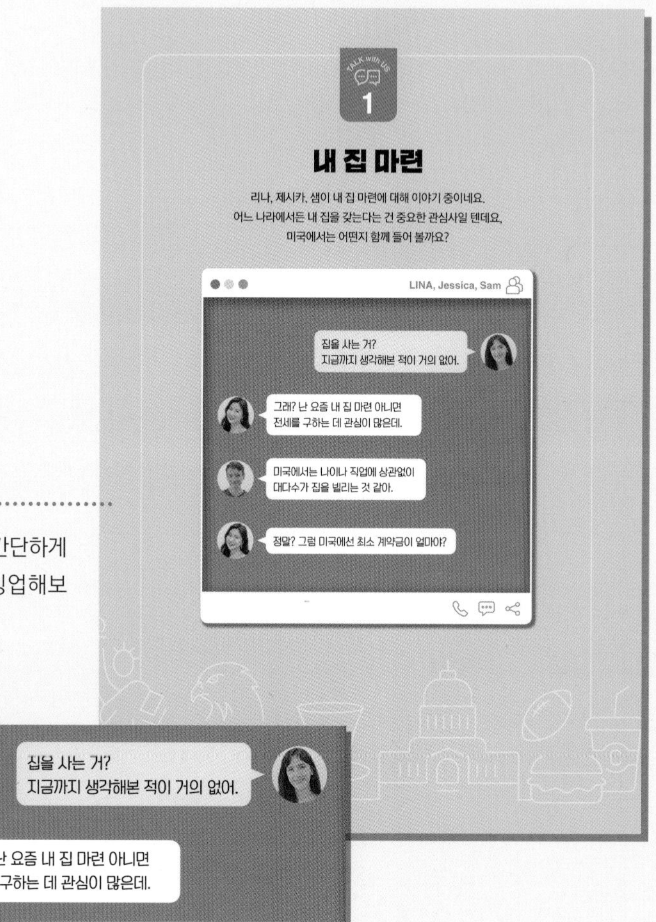

TALK with US
1
내 집 마련
리나, 제시카, 샘이 내 집 마련에 대해 이야기 중이네요.
어느 나라에서든 내 집을 갖는다는 건 중요한 관심사일 텐데요,
미국에서는 어떤지 함께 들어 볼까요?
LINA, Jessica, Sam
집을 사는 거?
지금까지 생각해본 적이 거의 없어.
그래? 난 요즘 내 집 마련 아니면
전세를 구하는 데 관심이 많은데.
미국에서는 나이나 직업에 상관없이
대다수가 집을 빌리는 것 같아.
정말? 그럼 미국에선 최소 계약금이 얼마야?

① 인트로

학습할 내용을 간단하게 확인하면서 워밍업해보세요.

스마트폰으로 QR 코드를 찍으세요!

교재에 수록한 Live Talk와 Drill 2의 mp3 파일을 들을 수 있습니다.

② Live Talk

리나와 존슨 가족의 대화를 mp3로 듣고 읽어보면서 내용을 파악해보세요. 처음부터 해석과 어휘를 보기보다, 스스로 내용을 파악하다 어려운 내용이 있다면 오른쪽 페이지에 있는 해석과 어휘를 참고하는 게 좋습니다.

리나	오늘은 제시카, 샘과 함께 내 집 마련에 관해 이야기해보겠습니다.
제시카	집 사는 거? 지금 당장은 생각해본 적이 거의 없어.
샘	나도 그래. 사람마다 당연히 다르겠지만, 난 집을 사는 것보다 경험을 넓히는 데 더 관심 있어.

Live Talk

오늘의 대화문을 귀 기울여 들어보세요.

Lina	Today, we are going to talk about purchasing a house of our very own with Jessica and Sam.
Jessica	Purchasing a house? It's the last thing on my mind right now.
Sam	Likewise. Depends on the person, of course, but I'm more into expanding my horizon than buying a house.
Jessica	Yeah, most of my friends are also renting places. How about you, Lina?
Lina	I'm more interested in buying a house or getting *jeonse* these days.
Sam	What's *jeonse*?
Lina	It's a system which doesn't exist in America. It is a unique leasing contract in which you pay 60 to 90% of the price of a house as a down payment. In that case you don't have to pay for the monthly rent.
Jessica	Must be expensive, then!
Lina	Well, good *jeonses* are really hard to find these days since the majority of people are looking for either houses to buy or *jeonses* to live in. I think stability is really important to Koreans.
Sam	Interesting. I think the vast majority of people in America usually rent houses regardless of age or vocation.
Lina	What's the minimum down payment you can make in America?
Jessica	A traditional 30 year fixed rate mortgage requires at least 5 percent of the total price as a down payment. However, the vast majority pay at least 20 percent to get lower interest rates.
Lina	Wow!

14

Talk with US 1

리나	오늘은 제시카, 샘과 함께 내 집 마련에 관해 이야기해보겠습니다.
제시카	집 사는 거? 지금 당장은 생각해본 적이 거의 없어.
샘	나도 그래. 사람마다 당연히 다르겠지만, 난 집을 사는 것보다 경험을 넓히는 데 더 관심 있어.
제시카	맞아, 내 친구들도 대부분 월세를 살고 있어. 리나, 너는?
리나	난 요즘 내 집 마련이나 전세 구하는 데 더 관심이 많아.
샘	전세가 뭐야?
리나	미국에는 없는 시스템이야. 계약금으로 집값의 60~90%를 지불하는 독특한 임대 계약 방식이야. 그러면 월세를 낼 필요가 없어.
제시카	그럼 비싸겠는데!
리나	음, 요새는 좋은 전세를 찾기가 진짜 힘든데 대다수가 집을 사거나 전세를 구하려고 하기 때문이야. 한국 사람에게는 안정성이 정말 중요한 것 같아.
샘	재미있네. 미국에서는 나이나 직업에 상관없이 대다수가 집을 빌리는 것 같아.
리나	미국에선 최소 계약금은 얼마야?
제시카	기존 30년 고정 금리 주택 담보 대출은 계약금으로 총액의 5% 이상 내야 해. 하지만 대다수는 더 낮은 금리를 적용받으려고 계약금을 최소 20% 내지.
리나	와!

purchase 구입하다, 구매하다 **depend on** ~에 달려 있다, 의존하다 **expand one's horizon(s)** (지식/경험/기회/선택 등의) 폭을 넓히다, 확대하다 **leasing contract** 임대 계약[서] **down payment** 계약금 **monthly rent** 월 임대료, 월세 **stability** 안정, 안정성 **vast majority** 대다수 **vocation** 직업, 천직, 소명 **fixed rate** 고정금리 **mortgage** 주택 담보 대출

15

Jessica	A traditional 30 year fixed rate mortgage requires at least 5 percent of the total price as a down payment. However, the vast majority pay at least 20 percent to get lower interest rates.
Lina	Wow!

purchase 구입하다, 구매하다 **depend on** ~에 달려 있다, 의존하다 **expand one's horizon(s)** (지식/경험/기회/선택 등의) 폭을 넓히다, 확대하다 **leasing contract** 임대 계약[서] **down payment** 계약금 **monthly rent** 월 임대료, 월세 **stability** 안정, 안정성 **vast majority** 대다수 **vocation** 직업, 천직, 소명 **fixed rate** 고정금리 **mortgage** 주택 담보 대출

③ Expression Point

회화 실력을 업그레이드하는 표현을 골라 담았습니다.
본문에 담지 않은 예문도 수록하여 표현력을 더 확장할 수 있게 했습니다.

Expression Point

회화 실력을 업그레이드해주는 표현을 익혀보세요.

It's the last thing on my mind right now.

지금 당장은 생각해본 적이 거의 없어.

어떤 것이든 생각을 많이 해본 순서대로 1등부터 꼴등까지 순위를 매긴다고 가정해 봅시다. 그럼 꼴등(last)은 아무래도 생각해본 적이 거의 없는 뭔가가 차지할 가능성이 크겠죠. 그래서 the last thing on my mind는 '생각해본 적이 거의 없다'는 뜻이 됩니다.

Winning or losing is the last thing on my mind.
승패에 대해 생각해본 적은 거의 없어.

The last thing on my mind **is money.**
돈에 대해서 생각해본 적은 거의 없어.

비슷한 표현으로 the last thing I want가 있어요. 원하는 것을 순위 매기면 가장 원하지 않는 것이 마지막(last)에 오겠죠? 그래서 the last thing I want는 '원하지 않는 것'이란 의미로 쓰입니다.

It's the last thing I want. 그건 전혀 원하지 않아.

Depends on the person, of course.

물론 사람마다 다르겠지.

depend on은 '~에 의지하다'라는 뜻으로 많이 씁니다. 그런데 depend on에는 '(어떤 상황이) ~에 달려 있다'는 뜻도 있습니다. on 이하를 생략하고 It depends라고만 해도 '그건 상황에 따라 다르다'는 의미가 됩니다. 여기서처럼 일상대화에서는 별다른 의미가 없는 주어 It을 흔히 생략합니다.

It depends on **what you want.** 그건 네가 뭘 원하냐에 달린 거지.
It depends on **her mood.** 그건 그녀의 기분에 달렸어.
Happiness depends on **health and friends.** 행복은 건강과 친구에 달려 있어.

I'm more into expanding my horizon than buying a house.

난 집을 사는 것보다 경험을 넓히는 데 더 관심 있어.

into는 '~ 속[안]으로'라는 뜻의 전치사로 많이 알고 있을 거예요. 그런데 주어 다음에 〈be동사 + into〉는 '~에 푹 빠지다', '~을 많이 좋아하다'라는 뜻입니다. 말 그대로 대상 '속으로' 푹 빠져드는 것이죠. 캐나다 출신 가수 타미아의 1990년대 히트곡 〈So Into You〉라는 노래도 있습니다. 우리말로는 '너만을 생각하며' 정도가 되겠네요.

He is **so** into **her.** 그는 그녀에게 완전히 빠졌어.
I was into **baseball when I was young.** 나는 어렸을 때 야구에 푹 빠졌었지.
My younger sister is **so** into **BTS.** 내 여동생은 BTS 광팬이야.

In that case you don't have to pay for the monthly rent.

그러면 월세를 낼 필요가 없어.

In that case는 '그런 경우라면' 또는 더 간단히 '그렇다면'이란 뜻으로 자주 사용하는 표현입니다. 어떤 전제나 조건을 달고 생각을 이야기하거나 조언을 할 때 쓸 수 있어요.

In that case, **I will vote for him.** 그렇다면 난 그에게 투표할 거야.
In that case, **you should see a doctor.** 그런 상황이라면 병원에 가보는 게 좋겠어.
In that case, **you have to buy a ticket.** 그렇다면 입장권을 사셔야겠어요.

Must be expensive, then!

그럼 비싸겠는데!

must는 '~해야 한다'는 강한 의무를 나타내는 단어이죠. 그런데 〈must be + 형용사〉는 '~임에 틀림없어'라는 '강한 확신'을 나타내는 표현입니다. 강한 건 어디 안 가는군요. must be의 부정은 cannot be를 씁니다. '~일 리 없어' 정도로 번역하면 되겠네요. 위의 문장은 It must be~에서 It이 빠진 것입니다.

You must be **very hungry.** 배가 많이 고프겠네.
She must be **very smart to solve this problem.**
이 문제를 풀다니 그녀는 굉장히 똑똑한 게 틀림없어.
That kid must be **a son of David.**
그 아이는 분명 데이비드의 아들 중 하나일 거야.

Talk with US 1

Must be expensive, then!

그럼 비싸겠는데!

must는 '~해야 한다'는 강한 의무를 나타내는 단어이죠. 그런데 〈must be + 형용사〉는 '~임에 틀림없어'라는 '강한 확신'을 나타내는 표현입니다. 강한 건 어디 안 가는군요. must be의 부정은 cannot be를 씁니다. '~일 리 없어' 정도로 번역하면 되겠네요. 위의 문장은 It must be~에서 It이 빠진 것입니다.

You must be **very hungry.** 배가 많이 고프겠네.
She must be **very smart to solve this problem.**
이 문제를 풀다니 그녀는 굉장히 똑똑한 게 틀림없어.
That kid must be **a son of David.**
그 아이는 분명 데이비드의 아들 중 하나일 거야.

④ Drill 1

Expression point에서 표현을 뽑아 만든 영작 코너입니다. 보기를 참고해서 꼭 영작해보세요. 직접 써보면 표현을 내것으로 만드는 데 큰 도움이 됩니다.

1 ____
슬플 때는 음식 생각이 거의 안 나.
보기 thing, food, when, on, I'm, is, my, sad, the, mind, last

Drill 1

학습한 내용을 응용하여 영작해보세요.

1 ____
슬플 때는 음식 생각이 거의 안 나.
보기 thing, food, when, on, I'm, is, my, sad, the, mind, last

2 ____
그건 네게 시간이 얼마나 많은지에 달렸어. 보기 have, it, you, depends, time, on, much, how

3 ____
우리는 서로에게 완전히 푹 빠졌어. 보기 were, other, we, each, into, totally

4 ____
어딘가 천사가 분명히 있을 거야. 보기 somewhere, there, angel, must be, an

5 ____
그렇다면 널 그에게 소개할 필요는 없겠네.
보기 him, in, to, that, you, case, introduce, don't, I, to, need

Drill 2

영어를 가리고 한국어를 보면서 바로 말할 수 있는지 체크해보세요. U1 02

□ 그럼 비싸겠는데!	Must be expensive, then!
□ 난 집을 사는 것보다 경험을 넓히는 데 더 관심 있어.	I'm more into expanding my horizon than buying a house.
□ 그러면 월세를 낼 필요가 없어.	In that case you don't have to pay for the monthly rent.
□ 물론 사람마다 다르겠지.	Depends on the person, of course.
□ 난 요즘 내 집 마련이나 전세 구하는 데 더 관심이 많아.	I'm more interested in purchasing a house or getting *jeonse* these days.
□ 한국 사람에게는 안정성이 정말 중요한 것 같아.	I think stability is very important to Koreans.

정답 **1** When I'm sad, food is the last thing on my mind. **2** It depends on how much time you have. **3** We were totally into each other. **4** There must be an angel somewhere. **5** In that case, I don't need to introduce you to him.

18

⑤ Drill 2

Live Talk에서 중요한 문장만 뽑아 말하기 연습하는 시간입니다.
mp3로 문장을 따라 말하고 외우면 실전에 활용하기 쉬워집니다.

□ 물론 사람마다 다르겠지.	Depends on the person, of course.
□ 난 요즘 내 집 마련이나 전세 구하는 데 더 관심이 많아.	I'm more interested in purchasing a house or getting *jeonse* these days.
□ 한국 사람에게는 안정성이 정말 중요한 것 같아.	I think stability is very important to Koreans.

미국인과 나누는

생생한 미국 문화 TALK

Let's get started!

내 집 마련

리나, 제시카, 샘이 내 집 마련에 대해 이야기 중이네요.
어느 나라에서든 내 집을 갖는다는 건 중요한 관심사일 텐데요,
미국에서는 어떤지 함께 들어 볼까요?

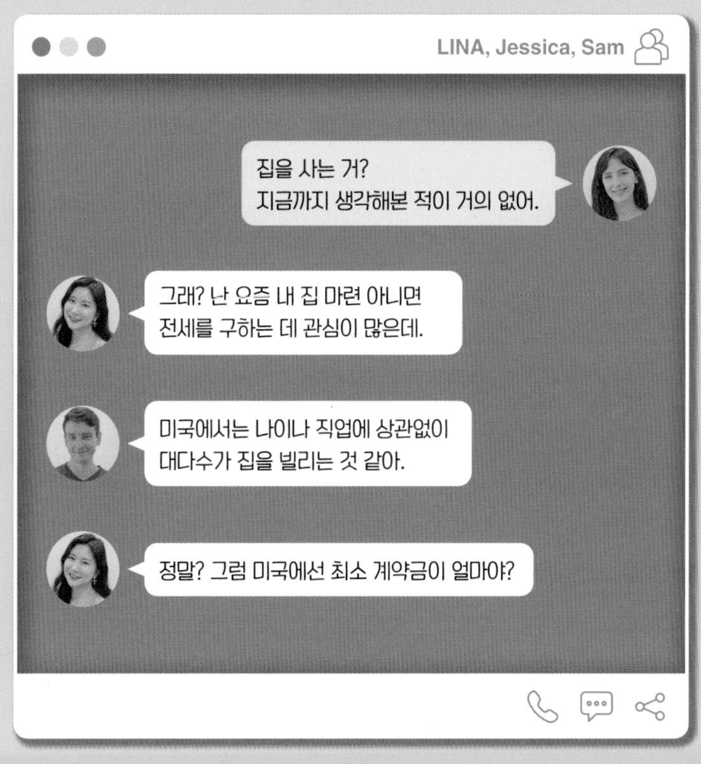

LINA, Jessica, Sam
집을 사는 거?
지금까지 생각해본 적이 거의 없어.
그래? 난 요즘 내 집 마련 아니면
전세를 구하는 데 관심이 많은데.
미국에서는 나이나 직업에 상관없이
대다수가 집을 빌리는 것 같아.
정말? 그럼 미국에선 최소 계약금이 얼마야?

Live Talk

오늘의 대화문을 귀 기울여 들어보세요. 

Lina Today, we are going to talk about purchasing a house of our very own with Jessica and Sam.

Jessica Purchasing a house? It's the last thing on my mind right now.

Sam Likewise. Depends on the person, of course, but I'm more into expanding my horizon than buying a house.

Jessica Yeah, most of my friends are also renting places. How about you, Lina?

Lina I'm more interested in buying a house or getting *jeonse* these days.

Sam What's *jeonse*?

Lina It's a system which doesn't exist in America. It is a unique leasing contract in which you pay 60 to 90% of the price of a house as a down payment. In that case you don't have to pay for the monthly rent.

Jessica Must be expensive, then!

Lina Well, good *jeonses* are really hard to find these days since the majority of people are looking for either houses to buy or *jeonses* to live in.
I think stability is really important to Koreans.

Sam Interesting. I think the vast majority of people in America usually rent houses regardless of age or vocation.

Lina What's the minimum down payment you can make in America?

Jessica A traditional 30 year fixed rate mortgage requires at least 5 percent of the total price as a down payment. However, the vast majority pay at least 20 percent to get lower interest rates.

Lina Wow!

리나 오늘은 제시카, 샘과 함께 내 집 마련에 관해 이야기해보겠습니다.

제시카 집 사는 거? 지금 당장은 생각해본 적이 거의 없어.

샘 나도 그래. 사람마다 당연히 다르겠지만, 난 집을 사는 것보다 경험을 넓히는 데 더 관심 있어.

제시카 맞아, 내 친구들도 대부분 월세를 살고 있어. 리나, 너는?

리나 난 요즘 내 집 마련이나 전세 구하는 데 더 관심이 많아.

샘 전세가 뭐야?

리나 미국에는 없는 시스템이야. 계약금으로 집값의 60~90%를 지불하는 독특한 임대 계약 방식이야. 그러면 월세를 낼 필요가 없어.

제시카 그럼 비싸겠는데!

리나 음, 요새는 좋은 전세를 찾기가 진짜 힘든데 대다수가 집을 사거나 전세를 구하려고 하기 때문이야. 한국 사람에게는 안정성이 정말 중요한 것 같아.

샘 재미있네. 미국에서는 나이나 직업에 상관없이 대다수가 집을 빌리는 것 같아.

리나 미국에선 최소 계약금은 얼마야?

제시카 기존 30년 고정 금리 주택 담보 대출은 계약금으로 총액의 5% 이상 내야 해. 하지만 대다수는 더 낮은 금리를 적용받으려고 계약금을 최소 20% 내지.

리나 와!

purchase 구입하다, 구매하다 **depend on** ~에 달려 있다, 의존하다 **expand one's horizon(s)** (지식/경험/기회/선택 등의) 폭을 넓히다, 확대하다 **leasing contract** 임대 계약[서] **down payment** 계약금 **monthly rent** 월 임대료, 월세 **stability** 안정, 안정성 **vast majority** 대다수 **vocation** 직업, 천직, 소명 **fixed rate** 고정금리 **mortgage** 주택 담보 대출

Expression Point

회화 실력을 업그레이드해주는 표현을 익혀보세요.

It's the last thing on my mind right now.

지금 당장은 생각해본 적이 거의 없어.

어떤 것이든 생각을 많이 해본 순서대로 1등부터 꼴등까지 순위를 매긴다고 가정해 봅시다. 그럼 꼴등(last)은 아무래도 생각해본 적이 거의 없는 뭔가가 차지할 가능성이 크겠죠. 그래서 the last thing on my mind는 '생각해본 적이 거의 없다'는 뜻이 됩니다.

Winning or losing is the last thing on my mind.
승패에 대해 생각해본 적은 거의 없어.

The last thing on my mind is money.
돈에 대해서 생각해본 적은 거의 없어.

➕ 비슷한 표현으로 the last thing I want가 있어요. 원하는 것을 순위 매기면 가장 원하지 않는 것이 마지막(last)에 오겠죠? 그래서 the last thing I want는 '원하지 않는 것'이란 의미로 쓰입니다.

It's the last thing I want. 그건 전혀 원하지 않아.

Depends on the person, of course.

물론 사람마다 다르겠지.

depend on은 '~에 의지하다'라는 뜻으로 많이 씁니다. 그런데 depend on에는 '(어떤 상황이) ~에 달려 있다'는 뜻도 있습니다. on 이하를 생략하고 It depends라고만 해도 '그건 상황에 따라 다르다'는 의미가 됩니다. 여기서처럼 일상내화에서는 별나른 의미가 없는 주어 It을 흔히 생략합니다.

It depends on what you want. 그건 네가 뭘 원하냐에 달린 거지.
It depends on her mood. 그건 그녀의 기분에 달렸어.
Happiness depends on health and friends. 행복은 건강과 친구에 달려 있어.

I'm more into expanding my horizon than buying a house.

난 집을 사는 것보다 경험을 넓히는 데 더 관심 있어.

into는 '~ 속[안]으로'라는 뜻의 전치사로 많이 알고 있을 거예요. 그런데 주어 다음에 〈be동사 + into〉는 '~에 푹 빠지다', '~을 많이 좋아하다'라는 뜻입니다. 말 그대로 대상 '속으로' 푹 빠져드는 것이죠. 캐나다 출신 가수 타미아의 1990년대 히트곡 〈So Into You〉라는 노래도 있습니다. 우리말로는 '너만을 생각하며' 정도가 되겠네요.

He is **so into** her. 그는 그녀에게 완전히 빠졌어.
I was into **baseball when I was young.** 나는 어렸을 때 야구에 푹 빠졌었지.
My younger sister is **so** into **BTS.** 내 여동생은 BTS 광팬이야.

In that case **you don't have to pay for the monthly rent.**

그러면 월세를 낼 필요가 없어.

In that case는 '그런 경우라면' 또는 더 간단히 '그렇다면'이란 뜻으로 자주 사용하는 표현입니다. 어떤 전제나 조건을 달고 생각을 이야기하거나 조언을 할 때 쓸 수 있어요.

In that case, **I will vote for him.** 그렇다면 난 그에게 투표할 거야.
In that case, **you should see a doctor.** 그런 상황이라면 병원에 가보는 게 좋겠어.
In that case, **you have to buy a ticket.** 그렇다면 입장권을 사셔야겠어요.

Must be **expensive, then!**

그럼 비싸겠는데!

must는 '~해야 한다'는 강한 의무를 나타내는 단어이죠. 그런데 〈must be + 형용사〉는 '~임에 틀림없어'라는 '강한 확신'을 나타내는 표현입니다. 강한 건 어디 안 가는군요. must be의 부정은 cannot be를 씁니다. '~일 리 없어' 정도로 번역하면 되겠네요. 위의 문장은 It must be~에서 It이 빠진 것입니다.

You must be **very hungry.** 배가 많이 고프겠네.
She must be **very smart to solve this problem.**
이 문제를 풀다니 그녀는 굉장히 똑똑한 게 틀림없어.
That kid must be **a son of David.**
그 아이는 분명 데이비드의 아들 중 하나일 거야.

Drill 1

학습한 내용을 응용하여 영작해보세요.

1 ______________________

슬플 때는 음식 생각이 거의 안 나.

보기 thing, food, when, on, I'm, is, my, sad, the, mind, last

2 ______________________

그건 네게 시간이 얼마나 많은지에 달렸어. 보기 have, it, you, depends, time, on, much, how

3 ______________________

우리는 서로에게 완전히 푹 빠졌어. 보기 were, other, we, each, into, totally

4 ______________________

어딘가 천사가 분명히 있을 거야. 보기 somewhere, there, angel, must be, an

5 ______________________

그렇다면 널 그에게 소개할 필요는 없겠네.

보기 him, in, to, that, you, case, introduce, don't, I, to, need

Drill 2

영어를 가리고 한국어를 보면서 바로 말할 수 있는지 체크해보세요. 

□ 그럼 비싸겠는데!	Must be expensive, then!
□ 난 집을 사는 것보다 경험을 넓히는 네 더 관심 있어.	I'm more into expanding my horizon than buying a house.
□ 그러면 월세를 낼 필요가 없어.	In that case you don't have to pay for the monthly rent.
□ 물론 사람마다 다르겠지.	Depends on the person, of course.
□ 난 요즘 내 집 마련이나 전세 구하는 데 더 관심이 많아.	I'm more interested in purchasing a house or getting *jeonse* these days.
□ 한국 사람에게는 안정성이 정말 중요한 것 같아.	I think stability is very important to Koreans.

1 When I'm sad, food is the last thing on my mind. **2** It depends on how much time you have. **3** We were totally into each other. **4** There must be an angel somewhere. **5** In that case, I don't need to introduce you to him.

예금

'목돈 만들기'는 전 세계인의 주요 관심사죠.
리나도 적금으로 목돈을 모아 미국에 올 수 있었다고 하네요.
한국에서는 적금과 예금이 목돈을 만드는 기본적인 방법인데, 미국은 어떨까요?

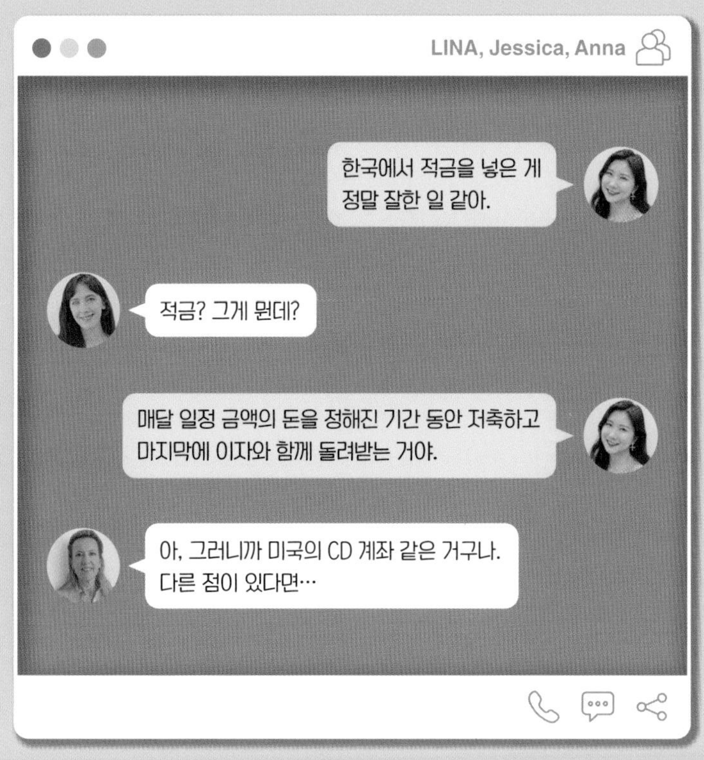

LINA, Jessica, Anna
한국에서 적금을 넣은 게 정말 잘한 일 같아.
적금? 그게 뭔데?
매달 일정 금액의 돈을 정해진 기간 동안 저축하고 마지막에 이자와 함께 돌려받는 거야.
아, 그러니까 미국의 CD 계좌 같은 거구나. 다른 점이 있다면…

Live Talk

오늘의 대화문을 귀 기울여 들어보세요. 

Lina Today, we're gonna talk about savings accounts with Anna and Jessica.

Lina I'm so glad I've put aside 250,000 won every month in an installment savings account for the past 2 years. If it weren't for that, I wouldn't have been able to come to America like this.

Jessica What is an installment savings account?

Lina You deposit a certain amount of money every month for a fixed period of time and get your money back with some interest at the end.

Anna Oh, so it's like a certificate of deposit account. The only difference is that for CD accounts you deposit a fixed amount for pre-determined period of time.

Lina Wait, you can't make deposits for a CD account then?

Anna No, you can't. Savings accounts, however, not only allow additional deposits but also give you more flexibility with withdrawals too.

Jessica Since I don't have an extra lump sum of money like my mom, I just have a savings account.

Anna I wish I could put aside small amount of money every month and earn interest! It sounds like a great savings plan.

Lina What are the average interest rates for savings accounts and certified deposit accounts?

Anna Currently, the average yearly interest rate for a CD is about 0.18 percent and 0.07 percent for a savings account.

Lina Currently in Korea, the average interest rate for an installment account is around 1 percent.

Jessica It is definitely not much! This is why people are investing in stocks these days.

Lina So true.

리나	오늘은 애나, 제시카와 저축 계좌에 관해 이야기해보겠습니다.
리나	지난 2년 동안 25만 원씩 적금을 든 게 너무 다행이에요. 그게 아니었다면 이렇게 미국에 오지 못했을 거예요.
제시카	적금이 뭐야?
리나	매달 일정 금액의 돈을 정해진 기간 동안 저축하고 마지막에 이자와 함께 돌려받는 거야.
애나	아, 그러니까 CD 계좌 같은 거구나. 다른 점이 있다면 CD 계좌는 정해진 돈을 사전 결정 기간 동안 넣어 두는 거란다.
리나	잠깐만, 그럼 CD 계좌에는 입금할 수 없나요?
애나	응, 그럴 수 없어. 하지만 SA(저축 계좌)는 추가로 돈을 넣을 수 있고 중간에 돈을 인출하는 것도 더 자유로운 편이지.
제시카	난 엄마처럼 여분의 목돈이 없어서 그냥 SA만 있어.
애나	매달 돈을 조금씩 저축해서 이자를 받으면 좋겠구나! 정말 좋은 예금 제도인 것 같아.
리나	평균적으로 SA와 CD의 금리는 얼마인가요?
애나	현재 평균 금리는 CD가 연 0.18%, SA가 연 0.07% 정도란다.
리나	지금 한국에서 적금의 평균 이자율은 1%대예요.
제시카	정말 얼마 안 되네! 그러니 요즘에는 사람들이 주식에 투자하지.
리나	정말 그래.

savings account 보통 예금 (계좌), 저축 계좌 **glad** 기쁜, 고마운, 다행스러운 **put aside** 저축하다, 따로 떼어놓다 **installment** 할부, 분할 불입(금) **deposit** 입금하다; 입금 **fixed** 고정된 **certificate of deposit (CD)** 양도성예금, 정기예금 **pre-determined** 사전 결정된 **period of time** 기간 **flexibility** 유연성 **withdrawal** 출금 **extra** 추가적인, 여분의 **lump** 덩어리 **sum** 액수, 합계, 총액 **average** 평균의, 보통의, 일반적인 **interest rate** 이자율, 금리 **certified** 보증된, 증명된 **currently** 현재, 지금 **invest in stocks** 주식 투자하다

Expression Point

회화 실력을 업그레이드해주는 표현을 익혀보세요.

I'm so glad I've put aside 250,000 won every month in an installmetnt savings account for the past 2 years.

지난 2년 동안 25만 원씩 적금을 든 게 너무 다행이에요.

put aside

'저축하다'의 영어 표현으로 아마 save를 가장 많이 알고 있을 거예요. put aside도 같은 뜻으로 자주 사용하는 표현입니다. 있는 그대로 해석하면 '한쪽에(aside) 놓다(put)'가 되잖아요?

You have to put aside 10% of your income from now.
지금부터 소득의 10%를 저축해야만 해.

How much money should I put aside each month?
매달 얼마나 저축해야 할까?

I want to put aside this money for my son's education.
난 이 돈을 내 아들의 교육을 위해 저축하고 싶어.

for + 기간

'~ 동안' 하고 기간을 이야기할 때 for를 써서 표현합니다. '10시간 동안'은 for 10 hours라고 하면 되겠네요. past는 '지나간'이란 뜻이니까 for the past 2 years는 '지난 2년 동안'이 되는 것이죠.

Brian has been living in New York for five months now.
브라이언은 지금 다섯 달째 뉴욕에 살고 있어.

I've been waiting for you for three hours.
너를 3시간 동안 기다렸어.

➕ 기간을 말할 때 숫자가 아닌 명사로 이야기하는 경우도 있잖아요. 그런 경우에는 for 대신 during을 씁니다. during my vacation(내 휴가 기간 동안), during the last weekend(지난 주말 동안)처럼요.

We had a great time during the trip. 여행하는 동안 멋진 시간을 보냈어.

You deposit a certain amount of money every month for a fixed period of time.

매달 일정 금액의 돈을 정해진 기간 동안 저축하는 거야.

certain에는 '확실한'이란 뜻도 있지만 '어떤', '어느 정도의'라는 의미로도 자주 쓰입니다. a certain amount of는 '(구체적으로 알 수 없는) 일정한 양의 ~'란 뜻이 됩니다.

You need a certain amount of money to open an account.
계좌를 개설하려면 일정한 금액이 있어야 해요.

It will take a certain amount of time to solve the problem.
그 문제를 해결하려면 어느 정도 시간이 필요할 겁니다.

I don't have an extra lump sum of money.

내겐 여분의 목돈이 없어요.

살다 보면 꼭 챙겨야 할 걸 깜빡 잊는 경우가 종종 있습니다. 학창시절에 준비물을 두고 와서 선생님께 혼났던 기억도 나네요, 그럴 때는 친구나 동료에게 여분의 물품(돈)을 갖고 있는지 물어 봐야죠. '여분'을 뜻하는 extra 뒤에 필요한 것의 이름을 붙이면 됩니다. Who has an extra pen?(남는 펜 있는 사람?) 이런 식으로요.

Do you have extra food? 여분의 음식 좀 있어?

My friend has an extra ticket to the festival.
내 친구에게 축제 입장권 여유분이 있어.

Call the hotel if you need an extra bed.
여분의 침대가 필요하면 호텔로 전화 주세요.

This is why people are investing in stocks these days.

그러니 요즘에는 사람들이 주식에 투자하지.

invest는 '투자하다'라는 뜻입니다. 그런데 '~에 투자를 한다'고 하려면 〈invest in + 투자대상〉 식으로 씁니다. '부동산 투자를 한 적이 없다'는 말은 I have never invested in real estate.라고 하면 되겠네요. '투자하기 좋은 최고의 주식들'은 best stocks to invest in이 됩니다.

I am wondering how to invest in cryptocurrency.
암호화폐 투자는 어떻게 하는 건지 궁금하네.

Many foreigners are investing in Korean companies.
많은 외국인들이 한국 기업들에 투자하고 있다.

Invest in yourself and your health. 당신 자신과 당신의 건강에 투자하세요.

Drill 1

학습한 내용을 응용하여 영작해보세요.

1 ______________________________

판매를 늘리려면 일정한 시간이 필요하다.

보기 amount, it, sales, takes, a, improve, certain, time, to, of

2 ______________________________

월수입의 10%는 저축해야 한다.

보기 percent, should, you, aside, 10, of, put, monthly, income, your

3 ______________________________

난 8시간 동안 아무것도 먹지 못했어. 보기 eaten, hours, haven't, for, I, anything, 8

4 ______________________________

여분의 우산 갖고 있는 사람 있어? 보기 an, anyone, extra, does, umbrella, have

5 ______________________________

청정에너지에 투자할 때야. 보기 clean, it's, to, in, energy, time, invest

Drill 2

영어를 가리고 한국어를 보면서 바로 말할 수 있는지 체크해보세요. 

□ CD 계좌 같은 거구나.	It's like a certificate of deposit account.
□ 매달 일정 금액의 돈을 정해진 기간 저축하는 거야.	You deposit a certain amount of money every month for a fixed period of time.
□ 매달 25만 원씩 적금을 들었어요.	I've put aside 250,000 won every month in an installment savings account.
□ 내겐 여분의 목돈이 없어요.	I don't have an extra lump sum of money.
□ 그러니 요즘 사람들이 주식에 투자하지.	This is why people are investing in stocks these days.
□ 그럼 CD 계좌에는 입금할 수 없나요?	You can't make deposits for a CD account then?

1 It takes a certain amount of time to improve sales. **2** You should put aside 10 percent of your monthly income. **3** I haven't eaten anything for 8 hours. **4** Does anyone have an extra umbrella? **5** It's time to invest in clean energy.

주식

요즘 한국은 주식 투자 하는 사람이 부쩍 늘었죠.
미국은 어떨까요?
Sam, Jessica와 나눈 이야기를 같이 들어볼게요.

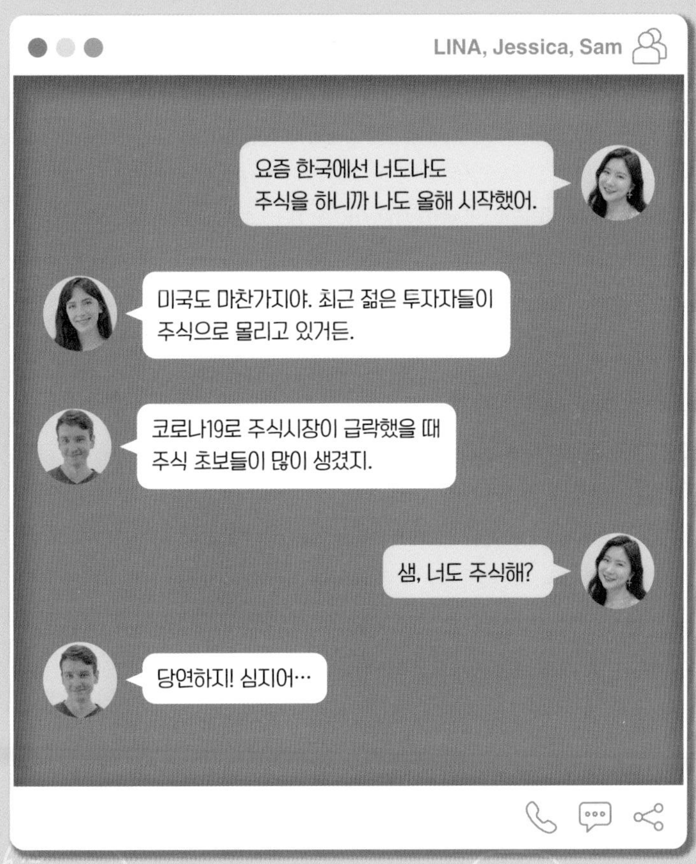

LINA, Jessica, Sam
요즘 한국에선 너도나도 주식을 하니까 나도 올해 시작했어.
미국도 마찬가지야. 최근 젊은 투자자들이 주식으로 몰리고 있거든.
코로나19로 주식시장이 급락했을 때 주식 초보들이 많이 생겼지.
샘, 너도 주식해?
당연하지! 심지어…

Live Talk

오늘의 대화문을 귀 기울여 들어보세요. 

Lina Today, we are going to talk about investing in stocks with Sam and Jessica.

Lina I've just started investing in stocks this year since literally everyone is these days in Korea. So I felt like I have to even though I don't really know much about it.

Jessica That's how it is here in America too. Young investors have been piling into stocks lately.

Sam When the stock market nosedived due to Covid-19, a lot of people saw this as an opportunity to get started on investing in stocks for the first time.

Lina Wait, Sam, are you investing in stocks too?

Sam Absolutely! Even my mom has started in getting invest in stocks too! That itself says a lot because she always said buying stocks would jeopardize our lives.

Lina That makes all of us ants, then!

Jessica Ants? Where are ants coming from?

Lina Haha, sorry! It's a Korean term referring to private investors. Since ants are so small that they are not really noticeable like us private investors with such small amounts of money in the stock market.

Sam Ouch, dagger to the heart! Well, I can't say anything though since that is so undeniably true.

Jessica You would be regretful if you put your money in a savings account now, when the interest rate is so close to zero.

Lina But stocks are high risk. We can never predict the future, you know?

Sam I think we should really study before buying more stocks.

Jessica So true! There is no such thing as a free lunch!

리나	오늘은 샘, 제시카와 주식 투자에 관해 이야기해보겠습니다.
리나	요즘 진짜 한국 사람들 모두가 주식을 하길래 나도 올해 막 시작했어. 그래서 잘 모르면서도 해야 할 것 같더라.
제시카	미국도 그런 식이야. 최근 젊은 투자자들이 주식으로 몰리고 있어.
샘	코로나19로 주식시장이 급락했을 때 많은 사람이 기회로 보고 처음으로 주식에 투자하기 시작했어.
리나	잠깐, 샘, 너도 주식 투자해?
샘	당연하지! 심지어 우리 엄마도 주식 투자를 시작하셨어. 그 자체가 많은 걸 말해주는 건데, 왜냐하면 엄마는 항상 주식을 사면 인생이 끝장날 거라고 하셨거든.
리나	그럼 우리 다 개미네!
제시카	개미? 뜬금없이 웬 개미?
리나	하하, 미안! 한국에서 개인 투자자를 뜻하는 용어야. 개미는 너무 작아서 주식시장에서 돈이 아주 적은 우리 개인 투자자처럼 눈에 띄지 않잖아.
샘	아이고, 가슴에 비수를 꽂네! 뭐, 부정할 수 없이 너무 맞는 말이라 할 말이 없다.
제시카	지금 저축 통장에 돈을 넣어두면 후회할 거야. 금리가 거의 0에 가까우니까.
리나	하지만 주식은 위험이 크지. 미래는 절대 예측할 수 없잖아?
샘	주식을 더 사기 전에 정말 공부해야 하는 것 같아.
제시카	너무나 맞는 말이야! 세상에 공짜는 없어!

stock 주식 **invest** 투자하다 **literally** 문자 그대로, 말 그대로 **pile** 쌓다, 포개다 **nosedive** 급락하다, 폭락하다 **that itself** 그 자체가 **jeopardize** 위태롭게 하다 **refer to** ~을 언급하다 **noticeable** 뚜렷한, 분명한, 현저한 **dagger** 단도, 단검 **undeniably** 명백하게, 틀림없이 **regretful** 후회하는, 유감스러운 **high risk** 위험성이 큰, 고위험 **predict** 예측하다

Expression Point

회화 실력을 업그레이드해주는 표현을 익혀보세요.

I've started investing in stocks since literally everyone is these days in Korea.

요즘 진짜 한국 사람들 모두가 주식 투자를 하길래 나도 시작했어.

literally는 '문자 그대로'라는 뜻이에요. literature는 '문학'이고 literate은 '읽고 쓸 수 있는'이란 뜻이잖아요. 모두 같은 어원에서 온 단어입니다. 일상 회화에서 literally는 뒤에 오는 내용이 '곧이곧대로 사실'이라는 걸 강조할 때 씁니다. 그런데 실상은 내용을 실감나게 과장해 이야기하는 경우에 더 많이 씁니다. 우리말로 '뻥 안 치고' 정도의 뜻이라고 보면 되겠네요.

I literally had a heart attack when I saw his face.
그의 얼굴을 보고 정말 심장마비가 왔다니까.

We live literally just around the corner from each other.
우리는 말 그대로 서로 코앞에 산다.

So I felt like I have to even though I don't really know much about it.

그래서 잘 모르면서도 해야 할 것 같더라.

feel은 '느끼다, 기분이 ~하다'라는 뜻이에요. 그런데 feel 뒤에 〈like + 동사-ing〉가 오면 '~하고 싶어'라는 뜻이, 〈like + 명사〉가 오면 '~가 된 기분이야'라는 뜻이 됩니다.

I'm so sad. I feel like crying. 너무 슬프다. 울고 싶어.
I feel like an idiot. 멍청이가 된 기분이야.
Jim says he doesn't feel like talking now. 짐은 지금 이야기할 기분이 아니래.

Young investors have been piling into stocks lately.

최근 젊은 투자자들이 주식으로 몰리고 있어.

pile은 뭔가를 차곡차곡 '쌓아두다'란 의미로, 명사로는 그렇게 해서 포개진 '더미'를 뜻합니다. 한편, pile into는 '~로 몰리다, 난입하다'로 많은 사람들이 갑작스럽게 (그리고 무질서하게) 한 곳으로 몰려드는 모습을 설명할 때 사용합니다.

Everybody, pile into the bus. We don't have time to waste.
모두들 서둘러 버스에 타. 낭비할 시간이 없어.

Investors piled into the stock market amid the economic recovery.
경제가 회복되는 와중에 투자자들은 주식시장으로 몰려들었다.

The stock market nosedived due to Covid-19.

코로나19로 주식시장이 급락했어.

nosedive라는 단어를 자세히 살펴보면 코(nose)와 다이빙하다(dive)가 합쳐졌다는 걸 눈치 채실 거예요. 끔찍한 상황이지만 비행기가 갑자기 균형을 잃고 곤두박질하는 모습을 떠올리시면 됩니다. 실제로 그런 상황에 쓰는 단어가 nosedive입니다. 가치나 평판이 추락하는 상황을 설명할 때도 많이 씁니다.

The spaceship nosedived into the ground and exploded.
그 우주선은 땅으로 추락해 폭발했다.

House prices nosedived all of a sudden. 집값이 갑자기 폭락했다.

급락이 있으면 '급등'도 있겠죠? 로켓이 상공으로 솟구치는 모습을 뜻하는 skyrocket이란 동사로 가치가 급등하는 상황을 표현할 수 있습니다.

His popularity skyrocketed over the past two years.
지난 2년 간 그의 인기는 급상승했다.

You would be regretful if you put your money in a savings account now.

지금 저축 통장에 돈을 넣어두면 후회할 거야.

would는 기본적으로 will의 과거형이지만 이렇게 if와 함께 쓰이면 '지금 이야기하는 건 실제가 아닌 가정'이라는 걸 표시해주는 역할을 합니다. 위의 문장을 예로 들면 '저축 통장에 돈을 넣어둘 경우'를 가정해 '그렇게 하면 넌 후회한다'고 이야기하고 있는 것이죠.

I would be surprised if our team wins. 우리 팀이 이기면 난 깜짝 놀랄 거야.

You would be a fool if you underestimate him.
그를 과소평가한다면 넌 바보야.

You would feel very comfortable if you wear the dress.
그 원피스를 입으면 굉장히 편할 거야.

Drill 1

학습한 내용을 응용하여 영작해보세요.

1 ______________________________

바퀴벌레는 정말 어디에나 있어.

보기 literally, cockroaches, everywhere, are

2 ______________________________

세계여행을 하고 싶어.

보기 world, around, like, I, traveling, feel, the

3 ______________________________

그 회사들은 지사를 설립하기 위해 서울로 모여들었다.

보기 the, their, piled, into, set, Seoul, to, up, branches, companies

4 ______________________________

원유 가격은 강력한 봉쇄조치들 이후 급락했다.

보기 lockdowns, oil, nosedived, prices, after, strict

5 ______________________________

네가 날 보러 와준다면 난 너무 행복할 거야.

보기 come, I, you, would, be, see, if, to, very, happy, me

Drill 2

영어를 가리고 한국어를 보면서 바로 말할 수 있는지 체크해보세요.

□ 요즘 진짜 한국 사람들 모두가 주식을 한다.	Literally everyone invests in stocks these days in Korea.
□ 그래서 잘 모르면서도 해야 할 것 같더라.	So I felt like I have to even though I don't really know much about it.
□ 최근 젊은 투자자들이 주식으로 몰리고 있어.	Young investors have been piling into stocks lately.
□ 코로나19로 주식시장이 급락했다.	The stock market nosedived due to Covid-19.
□ 지금 저축 통장에 돈을 넣어두면 후회할 거야.	You would be regretful if you put your money in a savings account now.
□ 세상에 공짜는 없어!	There is no such thing as a free lunch!

1 Cockroaches are literally everywhere. **2** I feel like traveling around the world. **3** The companies piled into Seoul to set up their branches. **4** Oil prices nosedived after strict lockdowns. **5** I would be very happy if you come to see me.

복권

여러분은 복권에 당첨되면 뭘 하고 싶어요?
당첨의 꿈은 미국이나 한국이나 마찬가지일 것 같은데요,
오늘의 주제 복권, 함께 볼까요?

LINA, Michael , Sam
전 항상 미국에서 복권 한번 사보고 싶었어요. 오늘 살까 봐요!
복권을? 그건 한국에도 있지 않니?
있긴 한데, 당첨금이 미국 복권과는 비교가 안 돼요. 한 번은 당첨금이 1조 정도였다면서요?
파워볼이랑 메가밀리언 말이구나?

Live Talk

오늘의 대화문을 귀 기울여 들어보세요. 

Lina Today, we are going to talk about the lottery with Michael and Sam.

Lina I want to buy a lottery ticket. I've always dreamed of buying one in America!

Michael Why is that? Don't you guys have lottery in Korea too?

Lina Oh, we do. But there's no comparison when it comes to prize money. I've heard the prize money was about billion dollars once!

Sam You're thinking about Powerball and Mega Millions. Even though the chances of winning are extremely slim, so many people constantly buy tickets including myself.

Lina I also bought countless welfare lottery tickets back home.

Sam What's welfare lottery?

Lina So if you win, you get paid about 7,000 dollars every month for 20 years. Just like pensions after retirement!

Michael Really seems like having a stable life is very important for Koreans. Well, what would you guys want if you won the lottery?

Lina Speaking of stability, I want to buy a house!

Sam I want to travel all over the world! What about you, Dad?

Michael I want to retire, get a nice RV so we can all take a road trip!

Lina Why don't we all go and buy lottery tickets today?

Sam Sure, why not? Can't hurt!

리나 오늘은 마이클, 샘과 복권 이야기를 해보겠습니다.

리나 복권을 사고 싶어요. 항상 미국에서 복권을 사보고 싶었어요!

마이클 왜? 한국에도 복권이 있지 않아?

리나 있지만, 당첨금에서는 비교가 안 돼요. 당첨금이 한번은 1조 정도였다고 들었어요!

샘 파워볼이랑 메가밀리언 말이구나. 당첨 확률은 아주 낮지만 나를 포함해서 정말 많은 사람이 계속 이 복권을 사지.

리나 나도 한국에서 연금 복권을 셀 수 없을 만큼 많이 샀어.

샘 연금 복권이 뭐야?

리나 당첨되면 20년 동안 매달 700만 원 정도를 받아. 퇴직 후 연금처럼!

마이클 정말 한국인에겐 안정적인 삶이 아주 중요한가 보구나. 자, 복권에 당첨된다면 너희는 뭘 원할 것 같니?

리나 안정성 이야기가 나와서 말이지만, 전 집을 사고 싶어요!

샘 전 세계 여행을 하고 싶어요! 아빠는요?

마이클 퇴직하고 좋은 RV를 사서 우리 모두 자동차 여행을 떠날 수 있으면 좋겠구나!

리나 오늘 우리 모두 복권을 사는 거 어때요?

샘 좋아, 안 될 거 없지. 손해 볼 거 없잖아!

lottery 복권, 도박 **lottery ticket** 복권[표/티켓] **dream of -ing** ~해보고 싶다, ~하는 것을 꿈꾸다 **comparison** 비교, 비유 **prize money** 당첨금, 상금, 포상금 **billion dollars** 10억 달러(한화 1조) **Powerball**, **Mega Millions** 파워볼, 메가밀리언 (당첨금이 엄청난 미국의 대표적 복권) **chances of winning** 당첨 확률[가능성] **extremely** 아주, 극도로, 극히 **slim** 낮은, 희박한, 얇은(= low) **constantly** 계속, 끊임없이 **including** ~을 포함하여 **countless** 셀 수 없이 많은, 무수한 **welfare** 복지 **get paid** 봉급을 받다 **pension** 연금 **retirement** 은퇴, 퇴직 **speaking of** ~ 얘기가 나와서 하는 말인데 **stability** 안정성

There's no comparison when it comes to prize money.

당첨금에서는 비교가 안 돼요.

when it comes to~는 '~에 관해서는[관한 한]', '~에 있어서는'이란 뜻이에요. to 뒤에는 명사를 쓰는 데 유의하세요. 한편, comparison은 compare(비교하다)의 명사형이니까 '비교'라는 뜻입니다. There is~는 '~가 있다'라는 뜻인데, '비교가 없다'라고 해석하면 좀 어색하죠? '비교할 수 없다'라고 해야 자연스러울 것 같네요.

She doesn't know much when it comes to physics.
물리학에 대해 그녀는 별로 아는 게 없다.

When it comes to making money, Steve is an expert.
돈 버는 것에 관해서라면 스티브가 전문가야.

My daughter is very picky when it comes to food.
음식에 관한 한 내 딸은 매우 까다롭다.

The chances of winning are extremely slim.

당첨 확률은 아주 낮아.

slim은 (몸매가) '날씬하다'는 뜻으로 많이 쓰는데, chance(확률, 가능성)가 slim하다고 하면 의미가 달라집니다. 이때는 '확률이 매우 낮다' 또는 '가능성이 희박하다'는 뜻이에요. 확률이 날씬하다고 하면 안 됩니다! 반대로 확률이 높은 건 high를 쓰면 됩니다.

They have a slim chance of winning.
그들이 이길 확률은 매우 희박하다.

There is only a slim chance that anyone survived.
생존자가 있을 확률은 매우 희박하다.

+ fat(살찐)은 slim의 반대말로 자주 씁니다. slim chance가 있으면 fat chance도 있을까요? 그렇습니다. 그런데 잠깐! fat chance는 '확률이 매우 높은'이 아니라 '전혀 가능성이 없는'이란 뜻이니 주의하세요.

He has a fat chance of getting a job.
그가 취업할 가능성은 거의 없어.

I also bought countless welfare lottery tickets back home.

나도 한국에서 연금 복권을 셀 수 없을 만큼 많이 샀어.

back은 '이전에'란 뜻이고 home은 여기서 리나의 고향이니까 한국이겠네요. '내가 고향에 있을 때(when I was home)'이라고 하는 것보다 훨씬 간단하잖아요. '고등학교 때 치어리더였어요' 할 때 '고등학교 때'를 뭐라고 하시나요? When I was in high school이라고 많이 하시죠? 이렇게 말하면 고등학교 때를 좀 강조하는 느낌이 들어요. 이때는 back in high school을 써서 I was a cheerleader back in highschool.처럼 말하는 경우가 많죠.

Back then, I really hated you. 그때는 네가 정말 미웠는데.
Back in his heyday, Smith made a lot of money.
전성기 때, 스미스는 돈 많이 벌었어.

What would you guys want if you won the lottery?

복권에 당첨된다면 너희는 뭘 원할 것 같니?

win에는 '이기다'라는 대표적인 의미 외에 '얻다, (복권이나 경품 등에) 당첨되다'라는 뜻도 있습니다. '경기에서 이기다'라고 할 때는 win the game(match)이라고 합니다. win at the game이 아니라요. 이렇게 전치사가 붙지 않는다는 거 주의하세요.

You must win this match. 넌 이 경기에서 반드시 이겨야만 해.
I think he will win the next Presidential election.
그가 다음 대통령선거에서 당선될 것 같아.

Sure, why not? Can't hurt!

좋아, 안 될 거 없지. 손해 볼 거 없잖아!

Can't hurt에서 hurt의 원래 뜻은 '다치게 하다'인데, 앞에 can't가 붙어서 '다칠 수 없다'는 의미가 되었어요. 여기서 확장해 '손해 볼 거 없다'라는 의미로 흔히 쓰여요. 원래는 It can't hurt인데 여기서 샘처럼 흔히 주어 It을 생략하고 말해요.

It can't hurt to try it. 시도해서 손해 볼 건 없잖아.
It can't hurt to ask her out. 그녀에게 데이트 신청해서 잃을 건 없어.

Drill 1

학습한 내용을 응용하여 영작해보세요.

1 ______________________________

복싱에 관한 한 넌 제이크를 이길 수 없어.

보기 can't, Jake, when, beat, it, boxing, you, comes, to

2 ______________________________

내일 비올 확률은 매우 낮아요. 보기 is, only, of, there, rain, slim, tomorrow, a, chance

3 ______________________________

초등학교 시절 난 수줍음 많은 작은 소년이었어.

보기 back, was, little, a, in, boy, school, I, shy, elementary

4 ______________________________

춘천 이야기가 나와서 말인데, 나 예전에 거기 살았어.

보기 to, there, speaking, live, used, of, Chuncheon, I

5 ______________________________

기다린다고 손해 볼 건 없어. 보기 to, it, hurt, wait, can't

Drill 2

영어를 가리고 한국어를 보면서 바로 말할 수 있는지 체크해보세요. 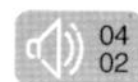

□ 당첨금에서는 비교가 안 돼요.	There's no comparison when it comes to prize money.
□ 나도 한국에서 연금 복권을 셀 수 없을 만큼 많이 샀어.	I also bought countless welfare lottery tickets back home.
□ 안정성 이야기가 나와서 말이지만, 전 집을 사고 싶어요!	Speaking of stability, I want to buy a house!
□ 당첨될 확률은 아주 낮아.	The chances of winning are extremely slim.
□ 복권에 당첨되면 너희는 뭘 원할 것 같니?	What would you guys want if you won the lottery?
□ 생일 이야기가 나와서 말인데, 내 생일은 이번 토요일이야.	Speaking of birthdays, mine is this Saturday.

정답 **1** When it comes to boxing, you can't beat Jake. **2** There is only a slim chance of rain tomorrow. **3** Back in elementary school, I was a shy little boy. **4** Speaking of Chuncheon, I used to live there. **5** It can't hurt to wait.

대출

살다 보면 금융기관에서 대출 받을 일이 종종 생기죠.
특히 경제가 어려운 시기일수록 대출 문제에 더욱 민감할 텐데요.
미국은 어떨까요? 함께 볼까요?

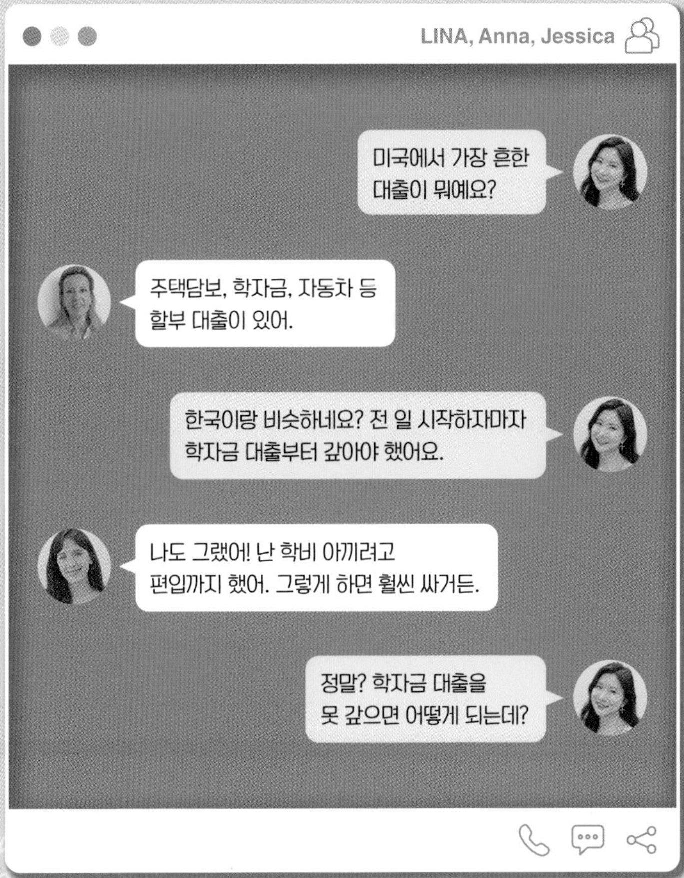

LINA, Anna, Jessica

미국에서 가장 흔한 대출이 뭐예요?

주택담보, 학자금, 자동차 등 할부 대출이 있어.

한국이랑 비슷하네요? 전 일 시작하자마자 학자금 대출부터 갚아야 했어요.

나도 그랬어! 난 학비 아끼려고 편입까지 했어. 그렇게 하면 훨씬 싸거든.

정말? 학자금 대출을 못 갚으면 어떻게 되는데?

Live Talk

오늘의 대화문을 귀 기울여 들어보세요. 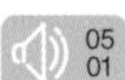

Lina Today, we're going to talk about different types of loans with Anna and Jessica.

Lina What are the most common loans in America?

Anna I would say installment loans like mortgages, student loans, auto loans and personal loans are definitely the most common.

Lina It's very much the same in Korea. I had to pay off my student loan as soon as I got a job.

Jessica Oh, yeah. Me too. I went to community college for two years and transferred in order to save money. It's pretty common here in America because it's a lot cheaper that way.

Lina What happens if you don't pay off your student loan?

Anna It won't be pretty at all! If you enter default on a federal student loan, you could even get your professional license suspended.

Jessica Right! Sometimes you get your driver's license suspended too! That's the worst case scenario though.

Lina Unbelievable! I haven't seen anything like that in Korea!

Jessica You typically have 10 to 25 years to repay and you can't fail to make a payment for more than 90 days.

Anna Girls! I'm heading out! I have worked to pay my mortgage too. I'll go into foreclosure if I'm 120 or more days past due.

Jessica Drive safe, Mommy! This is why I purchased a 6,000-dollar second hand car. Didn't want to get an auto loan.

Lina Smart girl! Work hard and pay off your debt!

Jessica I'll be more than happy on the day I'm completely debt-free one day!

Lina Soon.

Jessica I hope so.

리나	오늘은 애나, 제시카와 여러 종류의 대출에 관해 이야기 나눠보겠습니다.
리나	미국에서 가장 흔한 대출이 뭔가요?
애나	할부 대출이 있는데 주택담보, 학자금, 자동차, 개인 대출 등이 확실히 가장 흔하다고 할 수 있지.
리나	한국도 거의 마찬가지예요. 전 일을 시작하자마자 학자금 대출을 갚아야 했어요.
제시카	나도. 난 학비 아끼려고 2년제 대학에 다니다가 편입했어. 여기 미국에선 꽤 흔한 일이야. 그렇게 하면 훨씬 싸거든.
리나	학자금 대출을 갚지 못하면 어떻게 돼?
애나	문제가 생기지! 연방 학자금 대출을 갚지 못하면 전문 자격증이 정지될 수도 있단다.
제시카	맞아. 가끔은 운전면허증도 정지될 수 있어. 최악의 상황이긴 하지만 말야.
리나	세상에, 한국에선 그런 경우는 본 적이 없어!
제시카	기간은 일반적으로 10년에서 25년이고 90일 이상 갚지 않으면 안 돼.
애나	얘들아! 엄마는 가볼게. 나도 주택담보 대출을 갚으려고 일을 한단다. 120일 이상 갚지 못하면 압류 절차가 시작되거든.
제시카	운전 조심하세요, 엄마. 이래서 내가 6,000달러짜리 중고차를 산 거야. 자동차 대출을 받고 싶지 않았거든.
리나	똑똑하다! 열심히 일해서 빚을 갚아야지!
제시카	언젠가 빚에서 완전히 벗어나는 날엔 기분이 정말 좋을 거야!
리나	곧 그렇게 될 거야.
제시카	나도 그러길 바라.

loan 대출 **installment loans** 할부 대출 **mortgage** (담보)대출, 융자 **student loans** 학자금 대출 **auto loans** 자동차 대출 **pay off** ~을 다 갚다, 청산하다 **transfer** 옮기다, 이동하다 **pretty** 꽤, 아주, 매우 **default on** ~의 체납 **federal** 연방의 **suspend** 유예[중단]하다, 연기[유보]하다 **repay** 갚다, 변제하다 **head out** 나가다, 떠나다 **foreclosure** 압류 **due** 만기(일)

Expression Point

회화 실력을 업그레이드해주는 표현을 익혀보세요.

What are the most common loans in America?

미국에서 가장 흔한 대출이 뭔가요?

common에는 '공통적인'이란 뜻과 '흔한'이란 뜻이 있어요. 많은 사람들이 뭔가를 공통적으로 사용하면 흔한 게 되는 거니까 둘이 아주 상관없진 않다고 볼 수도 있겠네요. 여기에 최상급 표현 the most를 쓰면, '가장 흔한'이라는 뜻이 돼요.

What is the most common type of car accident?
가장 흔한 종류의 교통사고는 어떤 건가요?

Cancer is the second most common cause of death in my country.
우리나라에서는 암이 사망 원인 2위야.

I had to pay off my student loan.

학자금 대출을 갚아야 했어요.

pay는 '비용을 지불하다, 값을 치르다'라는 뜻이죠? pay off는 pay보다 좁은 뜻으로 빚(debt, loan 등)을 갚는 것을 이야기할 때 써요. 빚을 '완전히 갚아버리다', '청산하다'라는 의미입니다.

It took me 20 years to pay off my student loan.
내 학자금 대출을 갚는 데 20년이 걸렸어.

I've paid off all my debt. 나 이제 빚 다 갚았어.

➕ pay off에는 '(노력이나 고생이) 결실을 맺다, 보상을 받다'라는 뜻도 있습니다.

Your hard work finally paid off! 너의 수고가 드디어 결실을 맺었구나!

What happens if you don't pay off your student loan?

학자금 대출을 갚지 못하면 어떻게 돼?

What happens?는 '무슨 일이야?, 어떻게 된 거야?'라고 걱정스럽게 물을 때 씁니다. 친구가 갑자기 팔에 붕대를 감고 나타났다면 What happens (to your arm)?라고 물을 수 있겠죠. What happens 다음에 if가 오면 '~하면 어떻게 되는데?' 하고 묻는 표현이 됩니다.

What happens if I swallow gum? 껌을 삼키면 어떻게 되나요?
What happens if we don't sleep? 잠을 안 자면 어떻게 될까요?

➕ What happens~?는 어떤 상황에서도 누구에게나 적용될 수 있는 보편적인 답을 구할 때 씁니다. 그게 아니라 정말 미래의 일이 궁금해서 묻는 거라면 What will happen~?(~하면 어떻게 될까?)을 쓰면 됩니다.

What will happen if global warming continues?
지구온난화가 계속되면 어떻게 될까요?

This is why I purchased a 6,000-dollar second hand car.

이래서 내가 **6,000**달러짜리 중고차를 산 거야.

가격을 이야기할 때 화폐 단위 뒤에 보통(액수가 1이 아니라면) 복수형 -s가 붙습니다. I paid 100 dollars for the book(나 그 책 100달러 주고 샀어)처럼요. 그런데 '100달러짜리 책'이라고 하면 그때는 화폐 단위에 -s가 빠집니다. This is a 100-dollar book. 이렇게요.

The businessman bought a 2 million-dollar house in Chicago last year. 그 사업가는 작년에 시카고에 있는 200만 달러짜리 집을 샀다.
She wants to sell her 300 million-won supercar to pay off her debts. 그녀는 빚을 갚기 위해 3억 원짜리 슈퍼카를 팔고 싶어 한다.
I really liked the 10,000-yen sushi lunch at the restaurant.
그 식당의 1,000엔짜리 스시 점심 정말 좋았어.

I'll be more than happy on the day I'm completely debt-free one day!

언젠가 빚에서 완전히 벗어나는 날엔 정말 기분이 좋을 거야.

free는 '자유롭다'는 뜻이지만 명사 뒤에 붙어 '~이 없는'이란 의미로도 쓰입니다. sugar-free(설탕을 전혀 넣지 않은), caffeine-free(카페인이 들어 있지 않은), duty-free (세금이 면제되는)에서처럼요.

I'm on a fat-free diet. 난 지방을 섭취하지 않는 식이요법 중이야.
This store is not a duty-free shop. 이 가게는 면세점이 아니다.
He allowed us to live there rent-free.
그는 우리가 거기서 집세를 내지 않고 살도록 허락했다.

Drill 1

학습한 내용을 응용하여 영작해보세요.

1 ______________________________

가장 흔한 한국 성은 김 씨다. **보기** common, Kim, the, name, most, is, last, Korean

2 ______________________________

남은 원금은 언제든 갚으셔도 됩니다.

보기 you, remaining, can, anytime, pay, principal, off, the

3 ______________________________

제가 이 앱을 지우면 어떻게 되는 거죠? **보기** app, what, this, happens, delete, if, I

4 ______________________________

나 100달러짜리 상품권이 있어. **보기** I, gift card, have, 100-dollar, a

5 ______________________________

이제부터는 육류가 안 들어간 식사를 하려고 노력할 거야.

보기 meat-free, from, will, meals, now, I, eat, try, on, to

Drill 2

영어를 가리고 한국어를 보면서 바로 말할 수 있는지 체크해보세요.

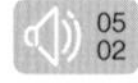

□ 미국에서 가장 흔한 대출이 뭔가요?	What are the most common loans in America?
□ 학자금 대출을 갚지 못하면 어떻게 돼?	What happens if you don't pay off your student loan?
□ 이래서 내가 6,000달러짜리 중고차를 산 거야.	This is why I purchased a 6,000-dollar second hand car.
□ 언젠가 빚에서 완전히 벗어나는 날엔 기분이 정말 좋을 거야!	I'll be more than happy on the day I'm completely debt-free one day!
□ 나도 주택담보 대출을 갚으려고 일해 왔단다.	I have worked to pay my mortgage too.
□ 나 갈게!	I'm heading out!

1 Kim is the most common Korean last name. **2** You can pay off the remaining principal anytime. **3** What happens if I delete this app? **4** I have a 100-dollar gift card. **5** From now on, I will try to eat meat-free meals.

층간 소음

한국 사회에서 층간 소음 문제는 정말 심각한 상황인데요,
샘도 이웃의 소음 때문에 경찰에 신고까지 한 적이 있다네요.
대체 무슨 일이 있었던 건지 리나와 샘, 마이클의 대화를 볼까요?

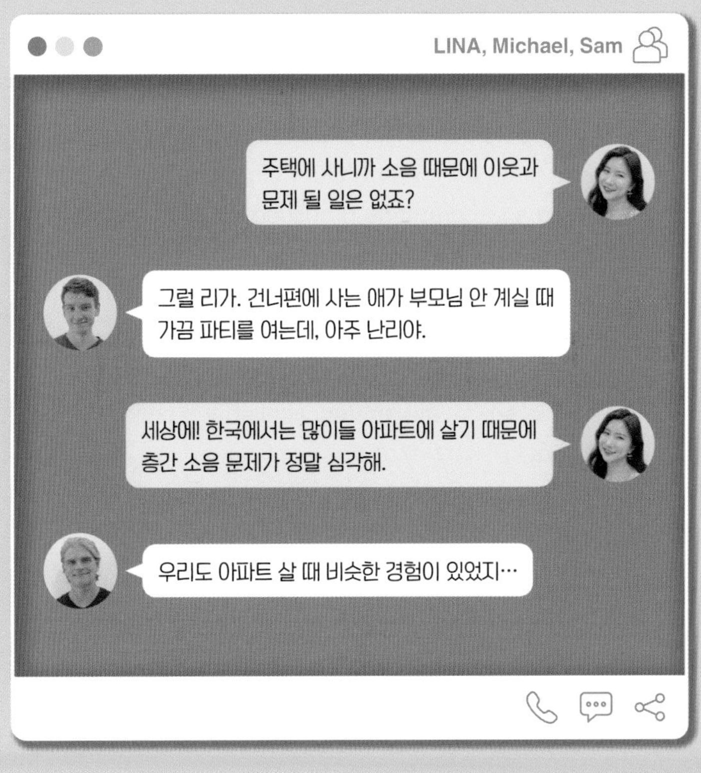

LINA, Michael, Sam
주택에 사니까 소음 때문에 이웃과 문제 될 일은 없죠?
그럴 리가. 건너편에 사는 애가 부모님 안 계실 때 가끔 파티를 여는데, 아주 난리야.
세상에! 한국에서는 많이들 아파트에 살기 때문에 층간 소음 문제가 정말 심각해.
우리도 아파트 살 때 비슷한 경험이 있었지…

Live Talk

오늘의 대화문을 귀 기울여 들어보세요. 

Lina Today, we're going to talk about loud neighbor issues with Michael and Sam.

Lina Since you guys live in a house, you must not have any loud noisy neighbor issues, huh?

Sam You kidding? This kid living across the street throws a party when his parents are gone from time to time. It's a disaster.

Lina Oh, geez! Since the vast majority of people in Korea live in apartments, noisy upstairs neighbors are becoming a serious social issue.

Michael We also had a similar experience when we were living in an apartment! Our neighbor living upstairs was in a band and he practiced until late at night.

Sam Oh, yeah! John the drummer!

Michael Yes! He was a nice guy, though. He agreed not to practice after midnight. We had to compromise.

Lina What about the party kid?

Sam Don't even get me started. I called the police last time.

Lina No way! Party pooper!

Sam Well, too bad. I had enough.

Lina I read an article that said arguments between neighbors have escalated and ended up in murder.

Sam It's the same everywhere, I believe. Some people have even been shot due to "loud music."

Michael Let's always remember to put ourselves in other people's shoes.

리나 오늘은 마이클, 샘과 함께 이웃 간 소음 문제를 이야기해보겠습니다.
리나 주택에 사시니 이웃과의 소음 문제는 없겠어요, 그렇죠?
샘 그럴 리가. 길 건너편에 사는 애가 부모님 안 계실 때 가끔 파티를 열거든. 완전히 난리야.
리나 세상에! 한국에서는 아파트에 많이들 살기 때문에 층간 소음이 심각한 사회적 문제가 되고 있어요.
마이클 우리도 아파트 살 때 비슷한 경험이 있었어. 위층 사람이 밴드를 해서 늦은 시간까지 연습했지.
샘 맞다! 드러머 존!
마이클 그래! 그래도 착한 사람이었어. 자정이 넘으면 연습을 하지 않기로 했지. 절충안을 내야 했거든.
리나 파티 하는 아이와는 어땠는데요?
샘 말도 마. 저번에 내가 경찰 불렀잖아.
리나 말도 안 돼! 파티를 망쳤구나!
샘 어쩔 수 없었어. 충분히 참았다고.
리나 기사를 하나 읽었는데 이웃끼리 다툼이 심해져서 결국 살인까지 났다는 뉴스였어요.
샘 어디서나 똑같겠지. '시끄러운 음악 소리' 때문에 총도 맞는다니까.
마이클 항상 다른 사람의 처지에서 생각하는 걸 잊지 말자고.

have ~ issues ~ 문제가 있다 **from time to time** 가끔, 때때로 **geez/jeez** (놀람이나 짜증을 표현하는 감탄사) 세상에 **the vast majority of** ~의 대다수, 대부분 **serious** 심각한 **social issue** 사회(적) 문제 **compromise** 타협[절충]하다 **party pooper** 파티를 망치는 사람 **argument** 논쟁, 언쟁, 말다툼 **escalate** 확대[증가/악화]되다 **due to** ~ 때문에

Expression Point

회화 실력을 업그레이드해주는 표현을 익혀보세요.

We're going to talk about loud neighbor issues.

이웃 간 소음 문제를 이야기해보겠습니다.

<be동사+going to>는 will과 마찬가지로 미래의 일을 나타내는데, 여기서처럼 미리 계획된 미래 일을 나타낼 때는 <be동사+going to>를, 말하는 사람의 의지나 결심이 강하게 반영이 되는 경우는 will을 씁니다.

Today, we're going to learn how to make pasta.
오늘은 파스타 만드는 법을 배워볼 거예요.

Tomorrow, you're going to visit one of the world's most famous cities. 내일 여러분은 세상에서 가장 유명한 도시 중 하나를 방문하게 될 겁니다.

After lunch, we are going to see the renowned Niagara Falls.
점심식사 후에 그 유명한 나이아가라 폭포를 보게 될 겁니다.

This kid living across the street throws a party.

길 건너편에 사는 애가 파티를 열거든.

This kid면 '이 아이'라고 해야 맞지 않나요? 그런데 이야기 중에 처음 언급한 (잘 알지 못하는) 사람이나 사물을 지칭하는 경우에도 여기서처럼 this를 붙여 설명합니다. 이런 경우 this는 이야기에 긴장감을 더하기 위해 사용하는 경우가 많습니다. 우리말로 치면 '그런데 거기서 그 사람을 만났네?', '네가 그 기분을 알아?' 정도의 느낌이라고 할까요?

Then all of sudden, this guy showed up.
그런데 갑자기 그 사람이 나타난 거야.

Fortunately, I met this kind student and she took me home.
다행히 친절한 학생을 만났고 그녀가 나를 집에 데려다줬어.

Back then, I had this feeling of guilt. 그때 난 죄책감을 느꼈어.

He was a nice guy, though.

그래도 착한 사람이었어.

앞에 나온 내용과 반대되는 이야기를 할 때 but이나 however(하지만)로 이어지는 문장을 연결할 수 있어요. 그런데 일상 회화에서는 문장 맨 뒤에 though를 붙여서 표현하기도 한답니다. 문맥에 따라 '하지만'이나 '그래도', '그런데' 정도로 번역하시면 되겠습니다.

Our team lost. It was a great game, though.
우리 팀이 졌어. 그래도 멋진 경기였어.

It was hard work. I enjoyed it though. 힘든 일이었어. 그래도 난 그걸 즐겼어.

We went to high school together. I haven't seen him for years, though. 우리는 고등학교를 같이 다녔어. 하지만 몇 년 동안 그를 못 봤어.

Don't even get me started.

말도 마.

Don't get me started를 있는 그대로 해석하면 '내가 시작하게 하지 마'가 됩니다. 여기에 딱 맞으면서도 간단한 우리말 표현으로 '말도 마'가 있습니다. 상황에 따라서는 '나 또 열받게 하지 마'가 자연스러운 해석이 될 수도 있답니다.

Please don't get me started on US foreign policy here.
제발 여기서 미국의 외교 정책에 대해 이야기 꺼내지 마 (이야기하려면 끝도 없으니).

Don't even get me started on the test.
그 시험에 대해서는 말도 꺼내지 마 (열받으니까).

Let's always remember to put ourselves in other people's shoes.

항상 다른 사람의 처지에서 생각하는 걸 잊지 말자고.

모두가 조금씩만 다른 사람의 입장에서 생각할 수 있다면 세상은 더 평화로운 곳이 될 수 있을 것 같아요. '다른 사람의 입장'에서 생각하는 걸 영어에서는 put oneself in someone's shoes로 이렇게 '그 사람의 신발을 신어보는 것'으로 표현합니다. 우리말로 '입장 바꿔 생각해봐', '함부로 판단하지 마'라고 할 때도 쓸 수 있는 표현입니다.

Put yourself in their shoes for one minute.
잠시만 그들 입장에서 생각해봐.

It's not easy to put yourself in another person's shoes.
다른 사람의 입장에서 생각하는 건 쉬운 일이 아니다.

Drill 1

학습한 내용을 응용하여 영작해보세요.

1 ______________________________

오늘 저는 에너지 절약 방법에 대해 이야기할 거예요.

보기 save, I, going, am, to, talk, how, about, to, energy, today

2 ______________________________

집에 돌아가는 길에 내 오랜 친구를 만났어.

보기 home, on, back, I, friend, ran, way, into, mine, my, this, of, old

3 ______________________________

그 애플파이는 보기에 엉망이었어. 그런데 맛있었어.

보기 the, though, apple, looked, pie, messy, delicious, it, was

4 ______________________________

그 주제로는 이야기 꺼내지도 마.

보기 started, don't, topic, get, me, on, the

5 ______________________________

그냥 내 입장을 생각해줄 수는 없을까?

보기 shoes, can, yourself, you, put, just, my, in

Drill 2

영어를 가리고 한국어를 보면서 바로 말할 수 있는지 체크해보세요. 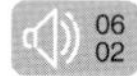

□ 오늘은 이웃 간 소음 문제를 이야기해보겠습니다.	Today, we're going to talk about loud neighbor issues.
□ 길 건너편에 사는 아이가 파티를 열거든.	This kid living across the street throws a party.
□ 그래도 그는 착한 사람이었어.	He was a nice guy, though.
□ 항상 다른 사람의 처지에서 생각하는 걸 잊지 말자고.	Let's always remember to put ourselves in other people's shoes.
□ 충분히 참았다고.	I had enough.
□ 층간 소음이 심각한 사회적 문제가 되고 있어요.	Noisy upstairs neighbors are becoming a serious social issue.

1 Today, I am going to talk about how to save energy. **2** On my way back home, I ran into this old friend of mine. **3** The apple pie looked messy. It was delicious, though. **4** Don't get me started on the topic. **5** Can you just put yourself in my shoes?

주택

미드를 보면 예쁜 목조 주택이 많이 나오죠?
아파트가 많은 우리나라와는 많이 달라 보이는데요,
오늘 그 이유를 마이클과 제시카가 알려준다네요. 함께 보시죠.

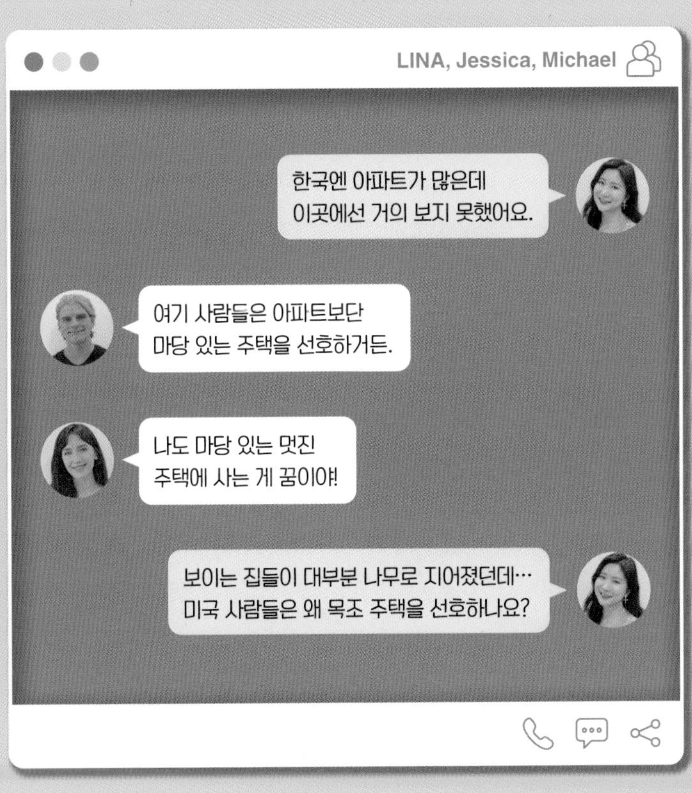

LINA, Jessica, Michael
한국엔 아파트가 많은데 이곳에선 거의 보지 못했어요.
여기 사람들은 아파트보단 마당 있는 주택을 선호하거든.
나도 마당 있는 멋진 주택에 사는 게 꿈이야!
보이는 집들이 대부분 나무로 지어졌던데… 미국 사람들은 왜 목조 주택을 선호하나요?

Live Talk

오늘의 대화문을 귀 기울여 들어보세요. 

Lina	Today we are going to talk about types of houses in both countries with Michael and Jessica.
Lina	In contrast to the large number of apartments found in Korea, I barely see high-rise apartment buildings here.
Michael	Most people don't really prefer apartments here. Almost everyone's dream is to have a nice house with a backyard.
Jessica	That sounds like my dream!
Lina	I have a question. Why do American people prefer a wooden house? I feel like most of houses that I saw were made of wood.
Michael	They're easy to build and repair, and also cheaper to make. Wooden houses are also considered safe against light earthquakes and tornadoes.
Jessica	The affordability comes from an abundance of wood. As you know, we have a lot of large forests in America.
Lina	But wooden doors don't seem to be very safe.
Jessica	Wow, I never thought of it that way.
Michael	Thieves try to sneak in instead of breaking the door. As long as the locks are strong and secure, it should be fine.
Lina	Do American people also prefer south-facing apartments?
Michael	Absolutely! We love sunlight! People pay to get tanned!
Lina	Oh, yeah! That's right!
Jessica	Humans just can't live without it!

리나 오늘은 마이클, 제시카와 함께 한국과 미국의 주택 종류에 관해 이야기할게요.

리나 한국에는 아파트가 많은 데 비해 이곳에선 고층 아파트를 거의 보지 못했어요.

마이클 여기 사람들은 대부분 아파트를 그리 선호하지 않아. 거의 모두 마당이 있는 주택을 갖는 걸 꿈꾸지.

제시카 내 꿈이야!

리나저 질문 있어요. 왜 미국 사람들은 목조 주택을 선호하나요? 제가 본 주택은 거의 다 나무로 만든 집인 것 같아요.

마이클 짓거나 수리하기 쉽고 가격도 저렴하지. 또 가벼운 지진과 토네이도에 안전하다고 여겨지기도 하고.

제시카 가격이 저렴한 건 목재가 풍부하기 때문이야. 알다시피 미국에는 큰 숲이 많잖아.

리나 하지만 목재 문은 그렇게 안전해 보이지 않아.

제시카 와, 한 번도 그렇게 생각해 본 적 없어.

마이클 도둑은 몰래 들어오려고 하지 문을 부수고 들어오지는 않아. 튼튼하고 안전한 잠금 장치가 있으면 괜찮을 거야.

리나 미국 사람들도 남향 집을 선호하나요?

마이클 당연하지! 우리는 햇빛을 사랑해! 태닝하려고 돈도 들이잖니.

리나 맞아, 그렇네!

제시카 사람은 햇빛 없이 살 수 없지!

contrast 차이, 대조, 대비 **high-rise** 고층의(↔ low-rise 저층의) **prefer** ~을 좋아하다, 선호하다 **wooden house** 목조 주택 **made of** ~로 만든 **repair** 수리[수선/보수]하다 **affordability** 적당한 가격으로 구입할 수 있는 것, 감당할 만한 비용 **abundance** 풍부 **sneak** 살금살금 가다, 몰래 하다 **face** ~을 향하다[바라보다] **get tanned** (햇빛에) 검게 타다

Expression Point

회화 실력을 업그레이드해주는 표현을 익혀보세요.

Most people don't really prefer apartments here.

여기 사람들은 대부분 아파트를 그리 선호하지 않아.

prefer는 다양한 선택지 중에서 어느 것 하나를 선호한다고 이야기할 때 써요. '그냥 어떤 대상을 좋아한다'라고 하면 like로 충분합니다.

Would you prefer to pay by cash or credit card?
현금과 신용 카드 중 뭘로 계산하시겠어요?

I prefer not to say anything on the issue.
그 문제에 대해서는 아무 이야기도 안 하고 싶어.

➕ 둘 중 어느 하나를 '더 좋아한다'고 이야기할 때는 prefer와 함께 to를 써요 'A를 B보다 더 좋아한다'는 prefer A to B로 표현합니다.

I prefer red wine to white wine. 나는 화이트와인보다 레드와인이 좋아.

Wooden doors don't seem to be very safe.

목재 문은 그렇게 안전해 보이지 않아.

seem은 '~처럼 보이다, ~인 것 같다'라는 의미예요. 여기서 to부정사가 이어져 '~한 것 같다'라는 의미를 만들어요 생활 속에서 적지 않은 부분을 시각 정보에 의존하니 seem to는 쓰임이 아주 많습니다. 주어가 3인칭이면 seems to, 부정문에서는 don't/doesn't seem to가 됩니다.

You seem to be very busy today. 너 오늘 굉장히 바빠 보인다.
This building seems to be poorly managed. 이 건물은 관리가 허술해 보여요.
He doesn't seem to be rich. 그는 부유해 보이지 않아요.

Thieves try to sneak in instead of breaking the door.

도둑은 몰래 들어오려고 하지 문을 부수고 들어오지는 않아.

sneak은 '(들키지 않으려고) 살금살금 몰래 걸어가다'라는 뜻입니다. 그렇게 걸어서 어디로 들어간다고 하려면 sneak in, 반대로 살금살금 걸어 나올 땐 sneak out이라고 합니다.

I sneaked in through the back door. 난 뒷문으로 몰래 들어갔다.

We got caught sneaking out of the house.
우리는 그 집에서 몰래 빠져나오다 들켰다.

누군가를 놀래키려고 살금살금 걸어갈 때도 있죠? 그럴 때는 sneak up을 씁니다. sneak up on는 '~에게 몰래 다가가다'라는 뜻이 있습니다.

I snuck up on my 5-year-old son and grabbed him.
나는 다섯 살 난 내 아들에게 몰래 다가가서 꽉 잡았다.

전통적·공식적으로는 sneaked가 올바른 형태이지만, 최근 특히 비공식적인 대화에서는 snuck을 사용하는 것이 일반적이에요. 일상 회화에서는 sneaked와 snuck 모두 허용된다는 점 알아두시면 좋겠네요.

As long as the locks are strong and secure, it should be fine.

튼튼하고 안전한 잠금 장치가 있으면 괜찮을 거야.

90년대를 풍미한 세계적인 보이밴드 백스트리트 보이스의 히트곡 중에 〈As Long As You Love Me〉라는 노래가 있습니다. '당신이 날 사랑하는 한 당신이 누구건 어디서 왔건 어떤 일을 했건 난 상관없다'라는 가사 내용입니다. 느낌이 좀 오시나요? as long as는 '~하는 한'이란 뜻입니다.

You can stay here as long as you want.
원하는 만큼 여기 머물러도 된다.

I will remember this moment as long as I live.
내가 살아 있는 한 이 순간을 기억할 거야.

Do American people also prefer south-facing apartments?

미국 사람들도 남향 집을 선호하나요?

집값을 좌우하는 요인 중에는 '전망'이 있습니다. 강이나 산 '조망권' 아파트에 만만치 않은 웃돈이 붙어 팔리는 경우가 많습니다. 건물 등이 '~ 방향' 또는 '조망'이라고 할 때 ~ facing이라고 하면 됩니다. face에는 '바라보다'라는 뜻이 있거든요.

You can enjoy spectacular views from the lake-facing balcony.
호수와 마주한 발코니에서 멋진 풍경을 즐길 수 있습니다.

There is a large south-facing window in my room.
내 방에는 남쪽으로 난 큰 창문이 있어요.

Drill 1

학습한 내용을 응용하여 영작해보세요.

1 ______________________________

개인적으로 난 집에서 식사하는 걸 선호해. **보기** at, I, eat, prefer, to, home, personally

2 ______________________________

그게 중요한 이슈는 아닌 것 같네. **보기** issue, that, important, seem, doesn't, an, to, be

3 ______________________________

도둑은 집 안으로 몰래 들어갔다. **보기** burglar, the, sneaked, the, into, house

4 ______________________________

포기하지 않으면 성공할 겁니다. **보기** succeed, as, you, up, long, as, give, don't, will, you

5 ______________________________

난 그 방 창 밖으로 보이는 산 풍경이 좋아.

보기 room, I, mountain-facing, love, window, the, of, view, the

Drill 2

영어를 가리고 한국어를 보면서 바로 말할 수 있는지 체크해보세요. 

□ 여기 사람들은 대부분 아파트를 그리 선호하지 않아.	Most people don't really prefer apartments here.
□ 도둑은 몰래 들어오려고 하지 문을 부수고 들어오지는 않아.	Thieves try to sneak in instead of breaking the door.
□ 튼튼하고 안전한 잠금 장치가 있으면 괜찮을 거야.	As long as the locks are strong and secure, it should be fine.
□ 미국 사람들도 남향집을 선호하나요?	Do American people also prefer south-facing apartments?
□ 거의 모두 마당이 있는 주택을 꿈꾸지.	Almost everyone's dream is to have a nice house with a backyard.
□ 가격이 저렴한 건 목재가 풍부하기 때문이야.	The affordability comes from an abundance of wood.

1 Personally, I prefer to eat at home. **2** That doesn't seem to be an important issue. **3** The burglar sneaked into the house. **4** As long as you don't give up you will succeed. **5** I love the mountain-facing window view of the room.

식물 가꾸기

이제는 웰빙과 워라밸의 시대죠?
그런 만큼 대도시 아파트에 살면서도 텃밭을 가꾸거나 식물을 키우며
힐링하는 분들이 참 많아졌어요. 애나도 그런 것 같은데요. 오늘의 대화를 함께 보시죠.

LINA, Anna, Jessica
정원 가꾸는 걸 굉장히 좋아하시나 봐요, 그쵸 애나?
내 삶의 낙이란다. 애들도 다 크니 마음이 너무 허전해서 시작했지.
한국엔 은퇴 후 귀농이 꿈인 사람들이 많아요.
나이 들수록 자연에 의지하려는 게 인간의 본성인 것 같아.

Live Talk

오늘의 대화문을 귀 기울여 들어보세요. 

Lina Today, we're going to talk about gardening with Anna and Jessica.

Lina Anna, I think you're very into gardening. Am I right?

Anna Yes! It is the joy of my life. My children are all grown up now and my nest is empty, so I decided to grow a flower garden.

Lina Koreans love raising edible plants and vegetables like scallions, lettuce, chili peppers, sesame leaves and that kind of thing.

Anna It's like me growing avocado and lemon trees in my backyard to feed the family!

Lina Totally! Even though a lot of Koreans prefer living in apartments, still a large amount of people say their dream is to live in the countryside and grow plants after they retire.

Jessica I think it's just human nature. As people get older it is more likely for them to turn to nature for inner peace and relaxation.

Lina My mom also participates in cultivating an edible garden run by the local government.

Jessica It's quite entertaining how people are pretty similar everywhere.

Lina After all we are all humans.

Jessica Mom, why don't we pick avocados from the tree and make guacamole?

Anna Yes!

Lina Making guacamole sounds so fun!

Anna And delicious!

리나 오늘은 애나, 제시카와 함께 정원 가꾸기에 관해 이야기해보겠습니다.

리나 애나, 정원 가꾸는 걸 굉장히 좋아하시나 봐요. 맞죠?

애나 맞아. 내 삶의 낙이란다. 애들도 다 크고 마음이 허해서 화단을 만들기로 했지.

리나 한국 사람들은 식용 식물이나 채소를 키우는 걸 좋아하는데 파, 상추, 고추, 깻잎 같은 것들이죠.

애나 내가 가족들 먹이겠다고 뒷마당에 아보카도와 레몬 나무를 키우는 것과 같네!

리나 그거예요! 아파트 거주를 선호하는 한국 사람이 많지만, 은퇴 후 귀농하는 게 꿈이라는 사람도 많아요.

제시카 인간의 본성인 것 같아. 사람들은 나이가 들수록 내면의 평화와 휴식을 위해 더 욱더 자연에 의지하지.

리나 우리 엄마도 지자체에서 운영하는 텃밭을 가꾸셔.

제시카 어디에 살든 사람들은 다 거기서 거기인 게 재미있네.

리나 결국 같은 인간이니까.

제시카 엄마, 우리 아보카도 따서 과카몰리 만드는 거 어때요?

애나 그러자!

리나 과카몰리를 만들다니 정말 재밌겠다!

애나 맛도 있단다!

gardening 가드닝, 원예 **be into** ~에 빠져 있다, 매우 좋아하다 **edible** 먹을 수 있는, 먹어도 되는 **scallion** 파 **lettuce** 상추 **chili pepper** 고추 **sesame leaves** 깻잎 **retire** 은퇴하다 **nature** 본성, 천성 **turn to** ~에 의지하다 **participate in** ~에 참가하다, 참여하다 **cultivate** 경작하다, 일구다, 재배하다 **local government** 지방 정부, 지방 자치(제) **entertaining** 재미있는, 즐거움을 주는 **guacamole** 과카몰리(으깬 아보카도가 주재료인 멕시코 소스 요리)

Expression Point

As people get older it is more likely for them to turn to nature.

사람들은 나이가 들수록 더욱더 자연에 의지하는 것 같아.

likely

likely가 나오면 뒤에 이어지는 내용에 대해 '그렇게 될 가능성이 있다, 그렇게 될 것 같다' 정도의 의미로 이해하시면 되겠습니다. 여기서처럼 likely 앞에 more가 나오거나 very, highly 등이 오면 강조의 역할로, 이어지는 내용이 현실이 될 가능성을 더 높게 본다는 뜻입니다.

This refrigerator is likely to break down soon.
이 냉장고는 곧 고장 날 것 같다.

It is highly likely that the company's president will not resign.
그 회사의 회장은 사임하지 않을 가능성이 매우 커 보인다.

It might happen, but it is not very likely.
그렇게 될 수도 있겠지만 가능성이 아주 크진 않은 것 같다.

turn to

turn to는 '~에 의지하다'라는 뜻으로 depend/rely on과 의미가 같습니다. turn의 1차적인 의미는 '돌다, 돌리다'입니다. 누군가에게 의지하려면 그 대상이 있는 쪽으로(to) 몸을 돌려야겠죠. 위의 예문에서 보듯 turn to 다음에 의지하는 대상이 나오고 〈for+의지하는 내용〉을 덧붙일 수 있습니다.

We must not turn to violence to solve a problem.
폭력에 의지해 문제를 해결하려고 하면 안 된다.

I don't know who to turn to. 누구에게 의지해야 할지 모르겠다.

You can always turn to me for help. 넌 언제든 내게 도움을 구할 수 있어.

My mom participates in cultivating an edible garden run by the local government.

우리 엄마는 지자체에서 운영하는 텃밭 가꾸기에 참여하셔.

run 하면 '달리다'라는 뜻이 가장 먼저 떠오를 거예요. 그런데 run은 '운영하다, 경영하다'라는 의미로도 자주 쓰입니다. 여기서 run by는 '~에 의해 운영되는'의 뜻으로 수동형으로 표현해요. 따라서 여기서 run은 과거분사형이에요.

The sisters have been running this company since the early 1980's.
그 자매는 1980년대 초부터 회사를 경영해왔다.

This restaurant is run by a Chinese chef.
이 식당은 중국인 셰프가 운영한다.

I can teach you how to run a business.
내가 너에게 경영을 가르쳐줄 수 있어.

After all, we are all humans.

결국 우리는 모두 같은 인간이니까.

우리말로는 '결국, 어차피'로 번역되는 after all에는 크게 두 가지 용법이 있습니다. 우여곡절 끝에 예상과 다른 결과가 나타났을 때, 그리고 바로 이전에 언급한 내용에 대한 이유나 근거를 제시할 때 씁니다.

I'm sorry, but we've decided not to join your team after all.
미안하지만 우린 결국 너희 팀에 합류하지 않기로 결정했어.

I'm afraid my mom was right, after all.
결국 엄마 말씀이 맞은 것 같아.

You should not work too hard. You are 80, after all.
너무 과로하시면 안 돼요. 올해 여든이신데요.

Why don't we pick avocados from the tree and make guacamole?

아보카도 따서 과카몰리 만드는 거 어때요?

Why don't we~?는 '함께 ~하는 게 어때요?, 우리 ~할래요?'라고 제안할 때 쓰는 표현입니다. 역시 제안할 때 쓰는 Let's~와 같은 의미로 보시면 됩니다.

Why don't we play tennis together?
같이 테니스 치지 않을래?

Why don't we just tell the truth?
우리 그냥 진실을 이야기하는 게 어때요?

Why don't we all go to the park?
우리 다 함께 공원에 가자.

Drill 1

학습한 내용을 응용하여 영작해보세요.

1 ______________________________

그가 올 여름 팀을 떠날 가능성이 매우 높다.

보기 summer, it, very, is, that, his, likely, he, team, will, leave, this

2 ______________________________

그녀는 어려움이 닥칠 때 네가 의지할 수 있는 사람이다.

보기 someone, she, you, is, comes, can, trouble, to, turn, when

3 ______________________________

내 친구 중 한 명이 작은 한식당을 운영했었어.

보기 of, a, mine, friend, to, Korean, run, restaurant, a, used, small

4 ______________________________

결국 공돈 싫어할 사람은 없을 것 아냐? 보기 money, after, doesn't, all, who, free, like

5 ______________________________

우리 그냥 무슨 일이 일어날지 기다려보는 게 어때?

보기 why, happen, don't, will, we, and, just, what, wait, see

Drill 2

영어를 가리고 한국어를 보면서 바로 말할 수 있는지 체크해보세요. 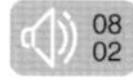

□ 사람들은 나이가 들수록 더욱더 자연을 의지하는 것 같아.	As people get older it is more likely for them to turn to nature.
□ 결국 우리 모두 같은 인간이니까.	After all, we are all humans.
□ 아보카도 따서 과카몰리 만드는 거 어때요?	Why don't we pick avocados from the tree and make guacamole?
□ 내 삶의 낙이란다.	It is the joy of my life.
□ 그냥 인간의 본성인 것 같아.	I think it's just human nature.
□ 한국 사람들은 식용 식물이나 채소를 키우는 걸 좋아해.	Koreans love raising edible plants and vegetables.

1 It is very likely that he will leave his team this summer. **2** She is someone you can turn to when trouble comes. **3** A friend of mine used to run a small Korean restaurant. **4** After all, who doesn't like free money? **5** Why don't we just wait and see what will happen?

이사

이사 한번 안 해 본 사람이 있을까요?
그만큼 실생활에서 중요한 일 중 하나가 이사하기죠.
리나도 미국에서의 이사 문화에 관심이 아주 많네요.
마이클, 제시카와 어떤 이야기를 나누고 있는지 함께 볼까요?

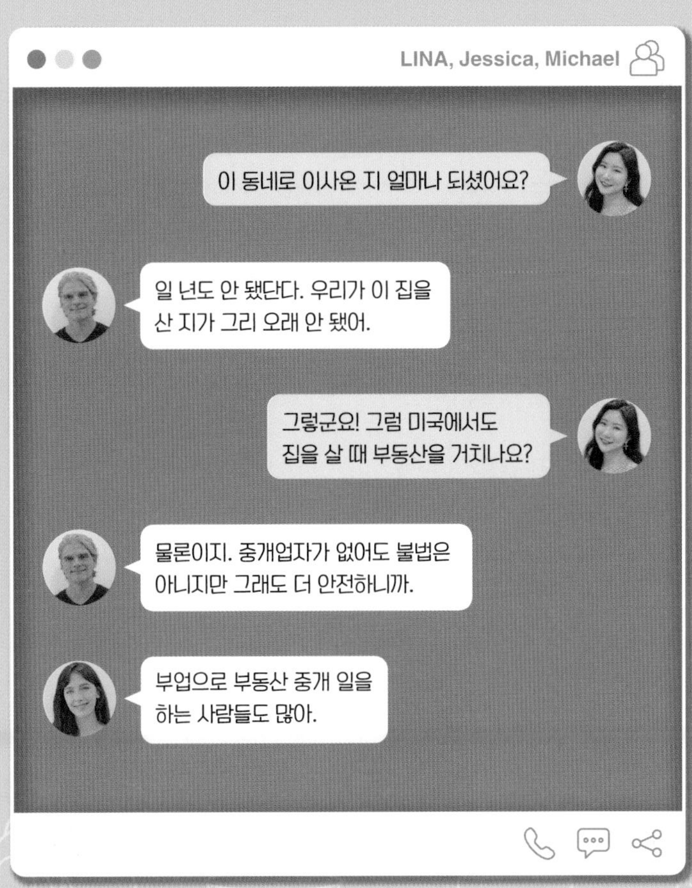

Live Talk

오늘의 대화문을 귀 기울여 들어보세요. 

Lina Today, we are going to talk about everything regarding moving with Michael and Jessica.

Lina So, how long has it been since you guys moved to this area?

Michael It's been less than a year. We bought this house not that long ago.

Lina Do people also go through real estate agencies to buy houses in America too?

Michael Oh, yes. Absolutely. It's not illegal to buy a house without a realtor but it's definitely safer that way.

Lina The first thing that comes to my mind when I think of American realtors is a guy in a suit driving a nice car.

Michael It's true. There are a lot of very successful realtors but there're also a lot of people just making ends meet.

Jessica On top of that there are also people just doing it part time as a side job.

Lina I realized I've been unintentionally stereotyping American people based on movies or TV series I've seen.

Jessica You can never fully buy what you see in the media!

Lina Tell me about it! Just out of curiosity, where did you guys live before moving here?

Jessica We used to live in Texas. Moving all the way to New York was a disaster. I'll never do it again in my life ever!

Lina Did you guys move by yourselves?

Jessica No way! We hired a moving company since it was an interstate move. It allowed us to transport our belongings safely and legally.

Michael Although it costed me an arm and a leg!

Lina I'm sorry.

Jessica Sorry, Dad.

리나 오늘은 마이클, 제시카와 함께 이사의 모든 것을 이야기해볼게요.

리나 이 동네로 이사한 지 얼마나 되셨나요?

마이클 일 년도 안 됐단다. 이 집을 산 지 오래되지 않았지.

리나 미국에서도 집을 살 때 부동산을 거치나요?

마이클 그럼, 당연하지. 중개업자 없이 구매해도 불법은 아니지만, 그게 당연히 더 안전하니까.

리나 미국의 부동산 중개업자를 생각하면 양복을 입고 좋은 차를 운전하는 남자가 가장 먼저 떠올라요.

마이클 사실이야. 크게 성공한 부동산 중개업자가 많지만 그냥 겨우 먹고 사는 사람들도 많아.

제시카 그 외에 그냥 부업으로 하는 사람도 많지.

리나 본의 아니게 미국 사람에 대한 고정관념을 갖게 된 걸 깨달았어요, 여태까지 본 영화와 TV 시리즈 때문에요.

제시카 미디어를 통해 보는 걸 다 믿을 수는 없어!

리나 내 말이! 그냥 궁금해서 그러는데 여기로 이사오기 전에 어디서 살았어?

제시카 텍사스에서 살았어. 뉴욕까지 이사 오는 거 정말 힘들었어. 살면서 절대 다시는 하지 않을 거야!

리나 직접 이사한 거야?

제시카 말도 안 돼! 다른 주로 이사하는 거라 이삿짐센터에 맡겼지. 짐을 안전하고 합법적으로 옮기게 해 줬어.

마이클 정말 많은 돈이 들긴 했지만!

리나 이런.

제시카 안쓰러워요, 아빠.

move 이사하다 **less than** ~보다 적은 **go through** ~을 관통하다, 통하다, 거치다 **real estate agency** 부동산 중개업체 **absolutely** 전적으로, 틀림없이, 극도로, 굉장히 **illegal** 불법적인; 불법체류자 **come to one's mind** 머릿속에 떠오르다 **make ends meet** 근근이 살아가다. 겨우 입에 풀칠하다 **on top of that** 그 외에, 그 밖에 **side job** 부업 **unintentionally** 아무 생각 없이, 무심코, 본의 아니게, 나도 모르게 **stereotype** 고정 관념을 갖다, 정형화하다 **based on** ~에 근거하여 **buy** (곧이곧대로) 믿다 **disaster** 재난, 재앙 **interstate** 주와 주 사이의 **cost an arm and a leg** 정말 비싸다, 엄청난 거금이 들다

Expression Point

회화 실력을 업그레이드해주는 표현을 익혀보세요.

How long has it been since you guys moved to this area?

이 동네로 이사한 지 얼마나 되셨나요?

How long~?은 '얼마나 오래' 하고 기간을 묻는 표현이죠. 여기에 완료시제의 동사가 이어지면 '~한 지 얼마나 됐어?' 하고 물을 때 쓸 수 있습니다. 과거 시점 '이후로' 얼마나 시간이 흘렀는지 묻는 거라서 여기서처럼 since와 같이 쓰이는 경우가 많습니다.

How long has it been since we last talked?
우리가 마지막으로 이야기 나눈 지 얼마나 됐지?

How long has it been this way? 얼마나 오랫동안 이런 식이었나요?

How long has it been since you last visited a doctor?
마지막으로 병원에 간 지 얼마나 됐어?

Do people also go through real estate agencies to buy houses in America?

미국에서도 집을 살 때 부동산을 거치나요?

go through를 직역하면 '통과해 지나가다'가 되겠죠, 그래서 go through 뒤에 어떤 서비스를 제공하는 기관이나 부서, 기기(앱) 등이 나오면 그걸 '통하다, 이용하다'라는 뜻이 됩니다.

About 10,000 people go through the service every year.
매년 약 1만 명이 그 서비스를 이용한다.

You may save money by going through your credit cards.
신용 카드를 이용하면 돈을 절약할 수도 있어.

+ go through는 '경험하다'라는 뜻으로도 많이 쓰입니다. 경험은 경험인데, 힘들거나 불쾌한 경험인 경우에 주로 사용합니다.

I don't want to go through the same thing again.
똑같은 일을 다시 겪고 싶지 않아.

There're also a lot of people just making ends meet.

그냥 겨우 먹고 사는 사람들도 많아.

make ends meet를 있는 그대로 풀어보면 뭔가의 '끝을 서로 만나게 한다'가 되네요, 과연 서로 만나는 대상은 뭘까요? 바로 수입과 지출입니다. 수입과 지출이 비슷한 수준으로 맞춰진다는 걸 근근이 살아간다고 표현해도 이상하지 않겠죠?

I have to work two jobs to make ends meet.
생계를 유지하려면 두 가지 일을 해야만 해.

Many families struggle to make ends meet.
많은 가족들이 입에 풀칠하기 위해 안간힘을 쓴다.

Tell me about it!

내 말이!

같이 이야기를 나누던 미국인 친구가 갑자기 Tell me about it!이라고 했다면 '무슨 이야기를 하라는 거지?' 하고 당황할지 모르겠어요. Tell me about it은 말 그대로 '그것에 대해 이야기 해봐'라는 뜻으로 쓰일 수도 있지만 '내 말이 그 말이야'라는 동감(동의)의 표현으로 많이 쓰입니다.

A: This game is so boring. B: Tell me about it!
A: 이 경기 너무 지루하네. B: 내 말이 그 말이야!

A: Something is wrong with this computer. B: Yeah, tell me about it!
A: 이 컴퓨터 뭔가 문제가 있어. B: 그래. 맞아!

+ Tell me about it.과 비슷하게 상대방의 말에 동의하는 표현으로 You can say that again.이 있습니다. 듣기 싫은 말을 '다시 한번 이야기하라'고 하진 않겠죠?

A: It's freezing outside. B: You can say that again.
A: 밖이 너무 추워. B: 정말 그래.

Although it costed me an arm and a leg!

정말 많은 돈이 들긴 했지만!

그냥 expensive만 써도 '비싸다'는 뜻인데 비용으로 '팔과 다리 하나씩' 들었다면 얼마나 비싼 걸까요? 아무튼 엄청나게 비싸다는 걸 강조하기 위한 일종의 과장법으로 이해하시면 되겠습니다. cost(비용이 들다) 대신 pay를 써도 좋습니다.

It would cost an arm and a leg to eat there.
거기서 식사하려면 돈 엄청 깨질 거야.

I don't want to pay an arm and a leg for car insurance.
자동차 보험에 큰 돈 쓰고 싶진 않아.

Drill 1

학습한 내용을 응용하여 영작해보세요.

1 ______________________

이런 증상들이 나타난 지 얼마나 됐어요?

보기 how, been, started, long, since, has, it, you, symptoms, experiencing, these

2 ______________________

그 호텔 예약하려면 앱을 이용하는 게 더 편해.

보기 it, easier, is, through, to, hotel, go, app, its, book, the, to

3 ______________________

생계를 유지하려면 난 온종일 일해야만 돼.

보기 I, work, have, meet, to, day, all, make, to, ends

4 ______________________

완전 동감이야. 사용법 배우는 데 3시간이 걸렸어.

보기 about, tell, three, me, hours, it, took, me, learn, to, use, it, how, to, it

5 ______________________

그녀는 자기 차 수리하는 데 엄청난 돈을 썼어.

보기 she, have, arm, paid, her, an, car, and, repaired, a, leg, to

Drill 2

영어를 가리고 한국어를 보면서 바로 말할 수 있는지 체크해보세요. 

□ 이 동네로 이사한 지 얼마나 되셨나요?	How long has it been since you guys moved to this area?
□ 그냥 겨우 먹고 사는 사람들도 많아.	There're also a lot of people just making ends meet.
□ 내 말이!	Tell me about it!
□ 정말 많은 돈이 들긴 했지만!	Although it costed me an arm and a leg!
□ 미디어에서 보는 걸 다 믿을 수는 없어!	You can never fully buy what you see in the media!
□ 일 년도 되지 않았단다.	It's been less than a year.

1 How long has it been since you started experiencing these symptoms? **2** It is easier to go through its app to book the hotel. **3** I have to work all day to make ends meet. **4** Tell me about it! It took me three hours to learn how to use it. **5** She paid an arm and a leg to have her car repaired.

카펫 청소

미드를 보면 집 안에서 신발을 신고 있는 장면이 자주 나오는데요.
'저러면 청소는 어떻게 하지?' 하는 생각 한 번쯤 해보지 않으셨나요?
특히 카펫 청소 말이죠. 오늘 리나가 그 이야기를 꺼냈네요.

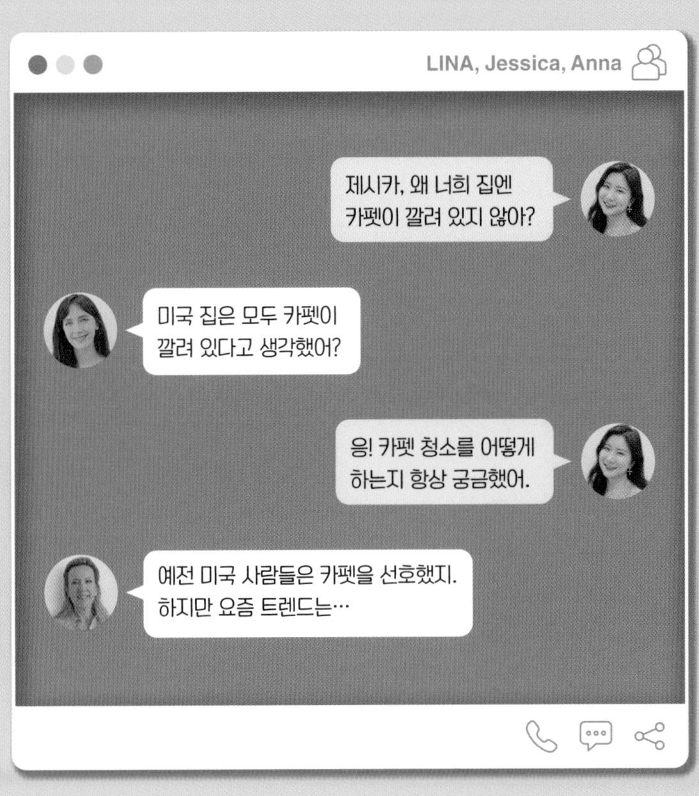

LINA, Jessica, Anna
제시카, 왜 너희 집엔 카펫이 깔려 있지 않아?
미국 집은 모두 카펫이 깔려 있다고 생각했어?
응! 카펫 청소를 어떻게 하는지 항상 궁금했어.
예전 미국 사람들은 카펫을 선호했지. 하지만 요즘 트렌드는…

Live Talk

오늘의 대화문을 귀 기울여 들어보세요. 

Lina　Today, we're going to talk about cleaning carpets with Anna and Jessica.

Lina　How come your house is not carpeted?

Jessica　Did you think every house was carpeted in America?

Lina　Yes! And I always wondered how you guys clean them.

Anna　Old houses have carpet flooring but it's not really the trend anymore. Wall to wall carpeting was favored by Americans back in the day which was when they would nail the carpet to the wall.

Jessica　Due to challenges associated with carpet cleaning, more people started to prefer hardwood or porcelain floors. But I miss soft carpet flooring when it gets cold.

Lina　That's right! There is no *ondol* in America! I get it!

Anna　What is *ondol*?

Lina　It is an underfloor heating system that we use in Korea. Come to think of it, Americans don't sit, sleep or eat on the floor.

Anna　Correct. Oh, and also I heard that roads are neater and cleaner here compared to other countries. That's why many people wear their shoes inside their house.

Jessica　Well, but I think it all depends on individuals and households these days. When I visit my friends' houses, I always ask if they mind me keeping my shoes on.

Lina　How do you clean the carpet, by the way?

Anna　We used to hire carpet cleaning professionals once a year. I also shampooed the carpet every 2-3 weeks myself.

Jessica　This is why we now have hardwood flooring!

리나 오늘은 애나, 제시카와 카펫 청소에 관해 이야기 나눠볼게요.
리나 왜 너희 집은 카펫이 깔려 있지 않아?
제시카 미국 집은 모두 카펫이 깔려 있다고 생각했어?
리나 응! 그리고 어떻게 카펫을 청소하는지 항상 궁금했어.
애나 오래된 집은 카펫 바닥이지만 요즘 트렌드는 아니야. 예전에 미국 사람들은 wall to wall carpeting을 선호했는데 벽까지 카펫을 깔고 못질하는 방식이야.
제시카 카펫 청소가 힘드니까 더 많은 사람이 목재나 자기 바닥으로 바꾸기 시작했어. 하지만 추워지면 부드러운 카펫 바닥이 그리워.
리나 맞다! 미국은 온돌이 없구나! 이해가 되네!
애나 온돌이 뭐니?
리나 한국에서 사용하는 바닥 밑을 데워주는 시스템이에요. 생각해 보니 미국 사람들은 바닥에서 앉지도, 자지도, 먹지도 않네요.
애나 맞아. 참, 그리고 미국 길도 다른 나라들에 비해 더 정돈되고 깨끗하다고 하더구나. 그래서 집 안에서 신발을 신는 사람이 많지.
제시카 음, 하지만 요즘은 개인마다 집마다 다른 것 같아요. 친구 집에 놀러 가면, 신발을 신고 있어도 되냐고 꼭 물어봐요.
리나 그나저나 카펫은 어떻게 청소해요?
애나 카펫 청소 전문 업체를 일년에 한 번 고용했어. 2~3주마다 내가 직접 카펫을 세제로 닦기도 하고.
제시카 그래서 지금은 목재 바닥인 거지!

carpet 카펫을 깔다 **wall to wall** (방의) 바닥을 완전히 덮는 **favor** 선호하다 **back in the day** 이전에는 **due to** ~ 때문에 **challenge** 도전, 시험대, 어려운 점 **associated** 관련된 **hardwood** 단단한 목재[견목/견재] **porcelain** 자기 **underfloor** 바닥 아래에 설치하는 **come to think of it** 생각해 보니, 그러고 보니 **compared to** ~와 비교하여 **depend on** ~에 의존하다 **mind** 불쾌하다, 짜증 나다, 꺼리다 **hire** 고용하다 **professional** 전문직 종사자, 전문업체 **shampoo** (카펫 등을 세제로) 청소하다, 닦다

Expression Point

회화 실력을 업그레이드해주는 표현을 익혀보세요.

How come your house is not carpeted?

왜 너희 집은 카펫이 깔려 있지 않아?

How come~?은 why와 마찬가지로 '왜?'라는 뜻입니다. 그런데 Why는 온전히 이유나 원인이 궁금해서 물어볼 때 쓰지만, How come에는 '놀라움(정말?, 왜?)'이 포함된 것이라고 보시면 됩니다. 그래서 문맥상 '어쩌다 그랬어, 어떻게 그럴 수가 있어?'로 번역하는 게 자연스러운 경우가 많습니다. How come 다음에는 〈주어 + 동사〉의 어순으로 쓰는 것도 유의하세요.

How come you know so much about me?
어떻게 나에 대해서 그렇게 많이 알고 있어?

How come you missed the train? 어쩌다 기차를 놓친 거야?

How come I never heard that before? 왜 전에는 그걸 들어본 적이 없을까?

Due to challenges associated with carpet cleaning, ...

카펫 청소가 힘드니까…

due to는 because of와 마찬가지로 '~ 때문에'라고 이유를 설명할 때 씁니다. due to 다음에는 명사를 쓴다는 것도 기억해 두세요. because of도 마찬가지이고요.

His success is due to his hard work. 그는 열심히 노력한 덕분에 성공할 수 있었다.

She almost died due to a lack of food. 그녀는 먹을 게 없어서 거의 죽을 뻔했다.

Many of their mistakes were due to their inexperience.
그들이 저지른 실수의 대부분은 경험 부족이 원인이었다.

I heard that roads are neater and cleaner here compared to other countries.

다른 나라들에 비해 도로가 더 정돈되고 깨끗하다고 하더구나.

compared to는 '~와 비교하면'이란 뜻입니다. 앞에 when이 생략된 것으로 보시면 됩니다. compared with도 비슷한 뜻으로 많이 씁니다. 'compared to는 비슷한 점에 초점을 맞춰서, compared with는 차이점을 부각시켜 비교할 때 쓴다'는 식으로 구분하기도 했지만 요즘은 그냥 compared to를 더 많이 쓰는 추세입니다.

English is easier to learn, compared to Chinese.
영어는 중국어보다 배우기 쉬워.

Your hotel is like heaven compared to mine.
네가 묵고 있는 호텔은 내 호텔에 비하면 천국 같아.

This new engine is 40 percent lighter compared to other types of engines. 새로운 엔진은 기존 엔진들보다 40% 가볍다.

I always ask if they mind me keeping my shoes on.

신발을 신고 있어도 되냐고 꼭 물어봐요.

mind는 '싫어하다, 꺼리다'라는 뜻이에요. 그래서 공손하게 허락을 구할 때 쓰는 Would you mind~?란 표현의 정확한 의미는 '~하는 거 싫으세요?'가 됩니다. 그래서 대답으로 흔쾌히 허락을 할 때는 Of course not이나 Not at all처럼 부정 표현으로 답해야 하는 것이죠.

I don't mind if you don't mind. 네가 괜찮다면 난 상관 없어.

Do you mind if I sit here? 제가 여기 앉아도 될까요?

➕ mind 다음에 if 대신 동사의 -ing형이 나올 때도 있어요. 이 경우에는 허락을 구하는 게 아니라 정중하게 부탁을 하는 겁니다. 이를테면 '문을 닫아주실래요?' 대신 '문 닫는 거 싫으세요?'라고 에둘러 요청하는 것이죠.

Would you mind opening the door? 문 좀 열어주실 수 있으세요?

I also shampooed the carpet every 2-3 weeks myself.

2~3주마다 내가 직접 카펫을 세제로 닦기도 해.

every 뒤에 기간이 나오면 '그 기간마다 한 번'이란 뜻이 됩니다. every 10 minutes는 '10분에 한 번'이고 every 10 months는 '10개월마다 한 번'이 되지요.

The Olympic Games are held every four years.
올림픽은 4년에 한 번 열린다.

The train comes every two hours. 그 기차는 두 시간에 한 번 온다.

➕ every 다음에 숫자 대신 other day, other week(month, year) 등이 올 때도 있어요. every other는 '하나 걸러'라는 뜻이에요. 그러니까 every other week는 '격주로'라는 뜻이 되겠네요.

The festival takes place every other year. 그 축제는 2년에 한 번씩 열린다.

Drill 1

학습한 내용을 응용하여 영작해보세요.

1 ________________________________

폭설로 항공편이 결항됐다. **보기** snow, the, heavy, due, flight, the, canceled, was, to

2 ________________________________

제 예전 차에 비하면 이 새 차는 끝내주네요.

보기 compared, amazing, to, new, my, old, one, car, is, this

3 ________________________________

제가 좀 받아 적어도 될까요? **보기** do, notes, you, if, mind, take, I

4 ________________________________

사이버 공격은 10초에 한 번 발생한다. **보기** 10, a, seconds, cyber-attack, every, happens

5 ________________________________

어쩌다 백신을 안 맞았어? **보기** vaccine, how, the, come, get, didn't, you

Drill 2

영어를 가리고 한국어를 보면서 바로 말할 수 있는지 체크해보세요. 

□ 왜 너희 집은 카펫이 깔려 있지 않아?	How come your house is not carpeted?
□ 신발을 신고 있어도 되냐고 꼭 물어봐요.	I always ask if they mind me keeping my shoes on.
□ 2~3주마다 직접 카펫을 세제로 닦기도 했어.	I also shampooed the carpet every 2-3 weeks myself.
□ 미국 집은 모두 카펫이 깔려 있다고 생각했어?	Did you think every house was carpeted in America?
□ 예전에 미국 사람들은 wall to wall carpeting을 선호했어.	Wall to wall carpeting was favored by Americans back in the day.
□ 생각해 보니 미국 사람들은 바닥에서 앉지도, 자지도, 먹지도 않네요.	Come to think of it, Americans don't sit, sleep or eat on the floor.

1 The flight was canceled due to heavy snow. **2** Compared to my old car, this new one is amazing. **3** Do you mind if I take notes? **4** A cyber-attack happens every 10 seconds. **5** How come you didn't get the vaccine?

취업

한국에서 취업하려면 공인 영어 점수는 대부분 기본 조건에 들어가는데요,
미국도 취업을 위해 기본으로 갖춰야 할 자격증이 있을까요?
제시카와 샘이 어떤 이야기를 하는지 들어봐요.

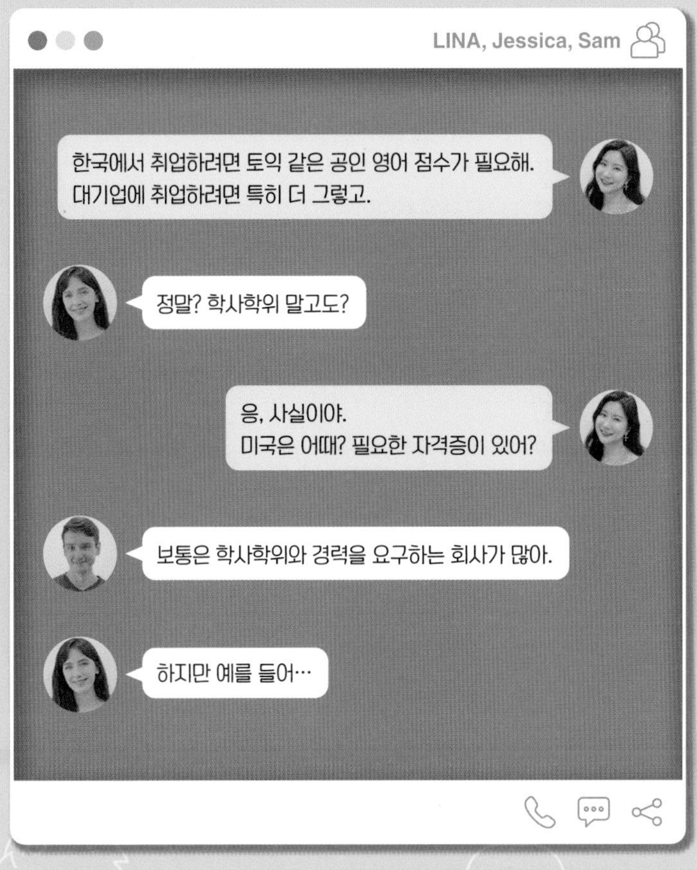

LINA, Jessica, Sam
한국에서 취업하려면 토익 같은 공인 영어 점수가 필요해. 대기업에 취업하려면 특히 더 그렇고.
정말? 학사학위 말고도?
응, 사실이야. 미국은 어때? 필요한 자격증이 있어?
보통은 학사학위와 경력을 요구하는 회사가 많아.
하지만 예를 들어…
USA

Live Talk

오늘의 대화문을 귀 기울여 들어보세요. 

Lina Today, we're going to talk about getting a job with Sam and Jessica.

Lina In Korea in order to get a job a TOEIC or OPIc score is necessary. For any of well-known big companies, it's pretty much mandatory.

Jessica In addition to having a bachelor's degree?

Lina Yes. What about in America? Are any certificates required?

Sam Well, a lot of companies usually require a bachelor's degree and experience.

Jessica But in order to become, for example, a nurse, dental assistant, hair stylist and cosmetologist, certificates and licenses are required.

Sam What kind of a test is TOEIC, by the way?

Lina It's basically an English test. It tests your ability to communicate in an international environment.

Jessica What if your job or position doesn't require English ability?

Lina You still need a score. So, one of my friends who spent most of her life in America still needed the score.

Sam Oh, wow. That's wild.

Jessica In America even prominent companies like Google, IBM, Tesla and Facebook don't require college degrees. More companies want people with the skills to get jobs done than college degrees.

Sam Elon Musk once said he doesn't consider going to college evidence of exceptional ability.

Jessica Speaking of Google, they launched courses for the Google Career Certificates. It's like a six month program which prepares participants for the job.

Lina Wow, it seems very efficient!

리나 오늘은 샘, 제시카와 취업에 관해 이야기 나눠볼게요.

리나 한국에서 취업하려면 토익이나 오픽 점수가 필요해. 잘 알려진 대기업에 취업하려면 반드시 필요하지.

제시카 학사학위 말고도?

리나 응, 미국은 어때? 필요한 자격증이 있어?

샘 글쎄, 보통 학사학위와 경력을 요구하는 회사가 많아.

제시카 하지만 예를 들어 간호사나 치위생사, 헤어스타일리스트, 미용사가 되려면 자격증과 면허증이 필요해.

샘 그나저나 토익은 무슨 시험이야?

리나 기본적으로 영어 시험이야. 국제 환경에서 소통하는 능력을 보는 거야.

제시카 만약 일이나 직책에 영어 능력이 필요 없으면?

리나 그래도 점수는 필요해. 그래서 미국에서 오래 산 내 친구도 점수가 필요했어.

샘 와, 말도 안 돼.

제시카 미국에서는 구글, IBM, 테슬라, 페이스북과 같은 대기업도 대학 학위를 요구하지 않아. 대학 학위보다 직무 역량이 있는 사람을 원하는 회사가 더 많아.

샘 일론 머스크는 대학에 가는 게 탁월한 능력의 증거라고 생각하지 않는댔어.

제시카 구글 이야기가 나와서 말인데, 구글은 구글 커리어 자격증 강좌를 열었어. 구글에서 일하고 싶어 하는 사람을 준비시키는 6개월짜리 프로그램이야.

리나 와, 굉장히 효율적이다!

mandatory 의무적인, 필수인 **bachelor's degree** 학사 학위 **experience** 경험, 경력 **cosmetologist** 미용사 **certificate** 증명서, 자격증, 면허증, 자격 **license** 자격증, 면허증 **That's wild.** 말도 안 돼. 장난 아니네. 정말 놀랍네. **prominent** 저명한, 유명한 **consider A B** A를 B로 간주하다 **evidence** 증거 **exceptional** 탁월한, 특출한 **launch** 시작하다, 출시하다 **career** 직업, 경력, 직장[사회] 생활 **participant** 참가자 **efficient** 유능한, 효율적인, 능률적인

Expression Point

회화 실력을 업그레이드해주는 표현을 익혀보세요.

It's pretty much mandatory.

반드시 필요하다고 봐야지.

pretty에는 '예쁜'이란 뜻 말고 '꽤, 상당히'라는 의미도 있어요. much는 '많은'이란 뜻이죠. 그런데 pretty much는 일상 대화에서 '거의'라는 뜻으로 자주 사용합니다. 우리가 잘 아는 almost와 의미가 pretty much the same(거의 같다)이라고 보시면 되겠습니다.

Christopher is so smart. He knows pretty much everything.
크리스토퍼는 정말 똑똑해. 모르는 게 거의 없어.

A: Have you finished your homework? B: Pretty much.
A: 숙제 다 끝냈어? B: 거의 다 했어.

In addition to having a bachelor's degree?

학사학위 말고도?

add는 '더하다, 덧붙이다'라는 뜻이죠. addition은 add의 명사형입니다. 그래서 in addition to는 '~에 더해, 덧붙여서'라는 의미입니다. 앞에 이미 말한 것이나 상대방이 이미 알고 있는 것 말고 뭔가 덧붙일 게 있다는 걸 미리 알려주는 표현입니다.

In addition to Korea, the university gets some students from Japan and China.
그 대학은 한국 외에 일본과 중국에서도 학생들을 받는다.

The program is offered online, in addition to in-person.
그 프로그램은 대면은 물론 온라인으로도 제공된다.

What kind of a test is TOEIC, by the way?

그나저나 토익은 무슨 시험이야?

by the way가 '길 옆에' 아니냐고요? 관련이 아주 없진 않습니다. 이야기를 한길로 쭉 이어가다가 By the way라고 운을 떼면 옆길로 빠지겠다는 뜻이거든요. '그건 그렇고', '그런데' 정도의 의미로 이야기의 화제를 바꿀 때 씁니다. 문장 맨 앞이나 맨 뒤에 모두 올 수 있고요.

By the way, how was your job interview today?
그건 그렇고 오늘 면접은 어땠어?

Are you coming to his birthday party tonight, by the way?
아무튼 오늘 밤 걔 생일파티에 올 거야?

By the way, your hair looks fabulous today.
그런데 너 오늘 헤어스타일이 끝내준다.

What if your job or position doesn't require English ability?

만약 일이나 직책에 영어 능력이 필요 없으면?

What if는 '~하면 어쩌지?'라는 의미의 '짧지만 강한' 표현입니다. 그만큼 쓸 일이 많다는 뜻이죠. '오늘 숙제를 다 못 끝내면 어쩌지?', '그 아이가 날 싫어하면 어떡하지?' 등등. 이런 고민들을 영어로는 what if를 써서 하시면 됩니다.

What if it rains tomorrow? 내일 비가 오면 어쩌지?
What if her parents don't like me? 그녀의 부모님이 나를 싫어하면 어떡하지?
There is no "what if" in life. 인생에 '만약에'란 없는 거야.

Speaking of Google, they launched courses for the Google Career Certificates.

구글 이야기가 나와서 말인데, 구글은 구글 커리어 자격증 강좌를 열었어.

관심 있는 주제가 나오면 대화에 참여하고 싶어지는 게 당연한 겁니다. 그렇다고 무작정 끼어들면 실례가 될 수도 있으니 '뽀로로 이야기가 나왔으니 말인데(Speaking of Pororo)…'처럼 운을 떼보세요. Speaking of는 바로 이런 경우에 쓰는 표현이에요.

Speaking of travel, I'm heading to France tomorrow.
여행 이야기가 나와서 말인데 나 내일 프랑스로 떠나.

Speaking of UFO's, I read an interesting article last week.
UFO(미확인 비행물체) 이야기가 나와서 말인데요, 지난주에 흥미로운 기사를 읽었어요.

Speaking of health, you should see your doctor for a checkup.
건강 이야기가 나와서 말인데 병원에 가서 검진을 받는 게 좋겠어요.

Drill 1

학습한 내용을 응용하여 영작해보세요.

1 ____________________

나는 거의 모든 것을 그와 공유한다. **보기** everything, pretty, I, much, share, him, with

2 ____________________

로빈은 바이올린 외에도 기타와 피아노 연주하는 걸 좋아한다.

보기 violin, in, the, addition, Robin, guitar, to, the, play, loves to, and, piano, the

3 ____________________

그건 그렇고 왜 한국에 가고 싶어 하는 거야?

보기 to, why, by, the, want, way, do, you, Korea, to, go

4 ____________________

그에게 이미 여자친구가 있으면 어떡하지? **보기** what, girlfriend, already, has, a, he, if

5 ____________________

마이클 조던에 대해 말하자면, 난 언제나 그의 에어 조던 신발을 좋아했어.

보기 Michael Jordan, always, speaking, Air Jordan shoes, of, his, I, liked

Drill 2

영어를 가리고 한국어를 보면서 바로 말할 수 있는지 체크해보세요. 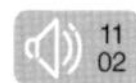

□ 반드시 필요하다고 봐야지.	It's pretty much mandatory.
□ 학사학위 말고도?	In addition to having a bachelor's degree?
□ 그나저나 토익은 무슨 시험이야?	What kind of a test is TOEIC, by the way?
□ 만약 일이나 직책에 영어 능력이 필요 없으면?	What if your job or position doesn't require English ability?
□ 와, 굉장히 효율적인 것 같다!	Wow, it seems very efficient!
□ 보통 학사학위와 경력을 요구하는 회사가 많아.	A lot of companies usually require a bachelor's degree and experience.

1 I share pretty much everything with him. **2** In addition to the violin, Robin loves to play the guitar and the piano. **3** By the way, why do you want to go to Korea? **4** What if he already has a girlfriend? **5** Speaking of Michael Jordan, I always liked his Air Jordan shoes.

학원

한국에는 학원이 참 많죠. 미국 학생들은 어떻게 공부할까요?
오늘은 리나가 미국에도 학원이 있는지 알아봤다는데요, 함께 보시죠.

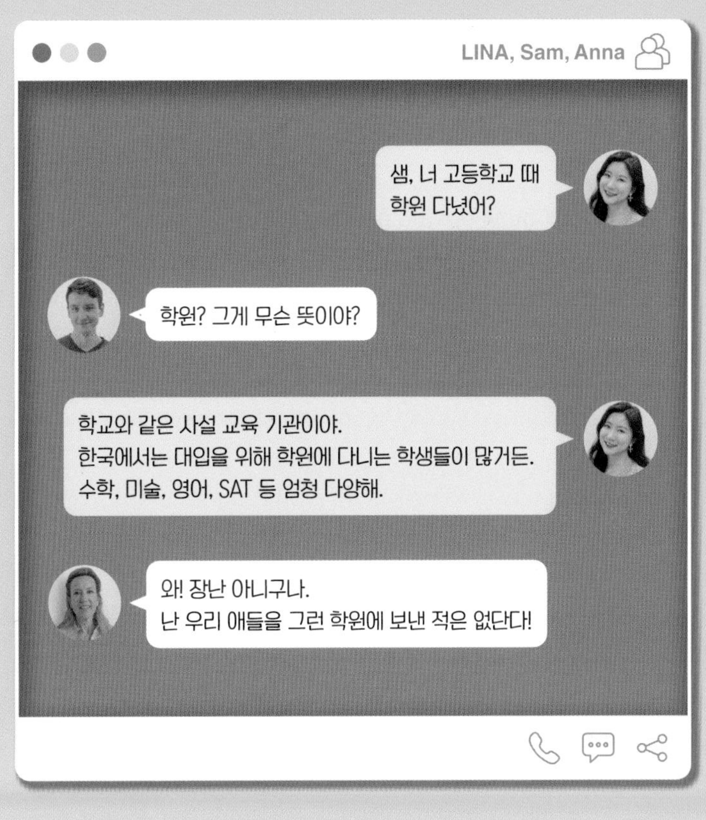

Live Talk

오늘의 대화문을 귀 기울여 들어보세요. 

Lina Today, we're going to talk about academies with Anna and Sam.

Lina Sam, did you attend academies in high school to prepare for college?

Sam What do you mean by academies?

Lina Private institutes like schools. So in Korea the vast majority of students attend many different types of academies such as math, art, English, the SAT and so on.

Anna Oh, wow! I have never sent my kids to any place like that!

Sam I don't think private academies are common around here. I barely saw anyone attending them around me.

Lina Then how did you prepare for the SAT?

Sam School! I can't imagine going somewhere again to study after school.

Lina Let's say you want to become a police officer like you said you wanted to. Then what?

Sam You have to complete training programs or take specific courses. Obviously training and education prepare you for the licensing test.

Anna You can easily get your hands on on-line courses or books to study for whatever you want.

Sam Yeah, I got a bunch of SAT books and studied on my own. If I had a question, I think I'd ask my teacher or friends.

Anna Lina, aren't those private institutions expensive to attend?

Lina It depends but it definitely adds up since kids and students just don't go to one or two.

리나 오늘은 애나와 샘과 학원에 관해 이야기를 나눠보겠습니다.

리나 샘, 대입 준비하려고 고등학교 때 학원 다녔어?

샘 학원이라니 무슨 뜻이야?

리나 학교와 같은 사설 기관이야. 한국에서는 대다수의 학생들이 학원에 다니는데 수학, 미술, 영어, SAT 학원 등 다양해.

애나 와! 난 우리 애들을 그런 데 보낸 적이 없단다!

샘 여기선 학원이 보편적이지 않은 것 같아. 주변에서 학원 다니는 사람을 거의 본 적이 없거든.

리나 그럼 SAT는 어떻게 준비했어?

샘 학교! 학교가 끝나고 또 공부하러 다른 곳에 간다는 건 상상할 수 없어.

리나 네가 말했던 대로 경찰이 되고 싶다고 치자. 그럼 어떻게 해?

샘 연수 프로그램을 이수하거나 특정 과정을 들어야 해. 당연히 연수와 교육으로 시험을 준비할 수 있지.

애나 원하는 대로 온라인 과정이나 교재를 쉽게 접할 수 있단다.

샘 맞아, 난 SAT 교재를 많이 사서 혼자 공부했어. 질문이 있으면 학교 선생님이나 친구들한테 물어보려 했던 것 같아.

애나 리나, 학원은 다니기 비싸지 않니?

리나 학원에 따라 다르지만, 한두 군데만 다니는 게 아니니까 쌓이죠.

academy 아카데미, 학교, 학원 **prepare for** (무언가에 대비하기 위해) 준비하다 **private institute** 사설 기관 **vast majority of** ~의 대다수 **SAT(Scholastic Aptitude Test)** 〈미국〉 대학수학능력시험 **common** 보편적인 **barely** 거의 ~ 없이[아닌] **complete** 이수하다, 완료하다 **take courses** 과정을 듣다 **specific** 특정한, 명확한 **obviously** 당연히 **licensing test** 자격 시험 **get one's hands on** ~을 얻는 데 성공하다, 접하다 **a bunch of** 많은(= a lot of) **on one's own** 혼자서, 스스로 **add up** 쌓이다

Did you attend academies in high school to prepare for college?

대입 준비하려고 고등학교 때 학원 다녔어?

리나가 prepare "for" college라고 했는데요, prepare가 '준비하다'라는 뜻이라고 해서 그냥 prepare college라고 하면 안 됩니다. 그냥 준비하는 게 아니라 뭔가에 '대비하기 위해' 준비할 때는 prepare for를 써요. '저녁식사를 준비하다'는 for 없이 prepare dinner라고 하면 되겠죠. 하지만, '학생들이 시험을 준비하고 있어'는 학생들이 시험문제를 준비하는 게 아니라 시험을 대비하는 거라서 prepare for를 써야 합니다.

Students are preparing for the exam. 학생들은 시험 준비를 하고 있다.
We are preparing for the party. 우리는 파티 준비 중이야.
Are you preparing for the next match? 다음 시합 준비 중이니?

I barely saw anyone attending them around me.

주변에서 학원 다니는 사람을 거의 보지 못했어.

barely는 '거의 ~ 없이, 거의 ~가 아닌'이란 뜻입니다. never처럼 완전히 부정하는 건 아니지만 긍정적이라고 보긴 어렵습니다. hardly와도 비슷합니다. I barely saw니까 '~을 거의 못 봤다'란 뜻이 되겠네요.

I can barely hear you! 네가 하는 말 거의 안 들려!
We barely know each other. 우리 서로 잘 몰라.
+ barely에는 '딱 그만큼만(only just)'이란 뜻도 있어요.
We have barely enough money for the rent. 우린 딱 집세 낼 돈밖에 없어요.

Let's say you want to become a police officer.

경찰이 되고 싶다고 치자.

Let's는 '(함께) ~하자' 하고 권유하거나 제안하는 표현입니다. 그럼 Let's say는 '~라고 말해 보자'? 비슷하긴 한데 그냥 말하는 게 아니라 어떤 상황을 한번 '가정해보자'고 할 때 쓰는 표현입니다. '그가 사과했다고 치자'는 Let's say he apologized라고 하면 되겠네요.

Let's say you have $10,000 to invest.
투자할 수 있는 돈 1만 달러가 있다고 가정해보자.

Let's say you meet BTS. 네가 BTS를 만났다고 가정해보자.

Let's say we're brothers. 우리가 형제라고 생각해봅시다.

You can easily get your hands on on-line courses.

온라인 과정을 쉽게 접할 수 있단다.

get your hands on을 직역하면 '네 손을 ~에 대다'인데, 정확한 뜻은 '원하는 것을 찾다, 얻다'입니다. 손을 대지 않고 원하는 걸 얻을 수는 없겠죠?

Give me $100 and you'll get your hands on the ticket.
100달러를 내게 주면 티켓은 네 거야.

It's so hard to get your hands on this toy. 이 장난감 구하기 정말 어려워.

How can I get my hands on the book? 어떡하면 그 책을 구할 수 있을까요?

I got a bunch of SAT books and studied on my own.

난 SAT 교재를 많이 사서 혼자 공부했어.

a bunch는 '한 묶음, 한 다발'이란 뜻입니다. 그래서 a bunch of는 '한 다발(묶음)의 ~'라는 뜻이지만, '많은(a lot of)'이란 의미로 쓰이는 경우도 있어요. 위의 문장에서 a bunch of books가 '책 한 묶음'이 아니라 '많은 책'이라는 건 문맥으로 알 수 있겠죠?

I have a bunch of books to read. 읽어야 할 책이 많다.

There are a bunch of hidden features in this smartphone.
이 스마트폰에는 숨겨진 기능들이 많다.

I had to wrap a bunch of presents for my friends.
난 친구들을 위해 많은 선물을 포장해야 했다.

Drill 1

학습한 내용을 응용하여 영작해보세요.

1 ______________________________

우리는 그때 전투 준비 중이었어. **보기** were, we, a, for, battle, then, preparing

2 ______________________________

그의 방은 거의 청소가 되어 있지 않았다. **보기** his, barely, was, cleaned, room

3 ______________________________

네가 내 여자친구라고 해보자. **보기** my, say, girlfriend, are, let's, you

4 ______________________________

새 차를 사지 그래? **보기** hands, don't, your, new, you, on, a, why, car, get

5 ______________________________

우린 오늘 할 일이 많아. **보기** things, bunch, to, have, do, of, today, we, a

Drill 2

영어를 가리고 한국어를 보면서 바로 말할 수 있는지 체크해보세요. 12 02

□ 주변에서 거기 다니는 사람을 거의 보지 못했어.	I barely saw anyone attending them around me.
□ 경찰이 되고 싶다고 치자.	Let's say you want to become a police officer.
□ 온라인 과정을 쉽게 접할 수 있단다.	You can easily get your hands on on-line courses.
□ 난 SAT 교재를 많이 사서 혼자 공부했어.	I got a bunch of SAT books and studied on my own.
□ 학생들은 시험 준비를 하고 있다.	Students are preparing for the exam.
□ 네가 하는 말 거의 안 들려!	I can barely hear you!

정답 **1**. We were preparing for a battle, then. **2** His room was barely cleaned. **3** Let's say you are my girlfriend. **4** Why don't you get your hands on a new car? **5** We have a bunch of things to do today.

연봉

직장의 꽃은 다름아닌 '연봉'이겠죠?
한국에서는 일터에서 개인의 연봉을 공개하는 경우가 많지 않죠.
미국은 어떨지 궁금하지 않으세요?

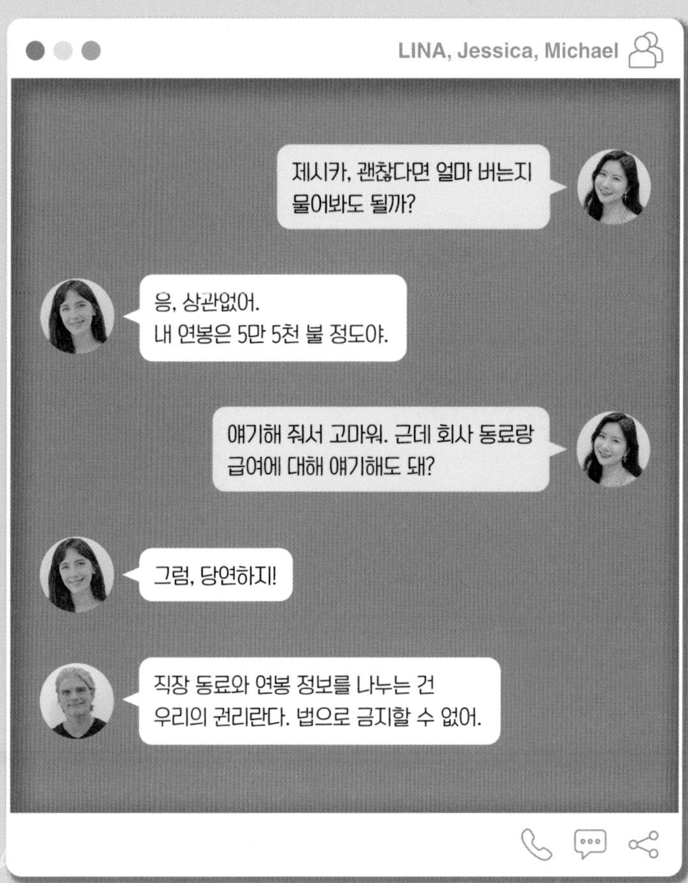

LINA, Jessica, Michael
제시카, 괜찮다면 얼마 버는지 물어봐도 될까?
응, 상관없어.
내 연봉은 5만 5천 불 정도야.
얘기해 줘서 고마워. 근데 회사 동료랑 급여에 대해 얘기해도 돼?
그럼, 당연하지!
직장 동료와 연봉 정보를 나누는 건 우리의 권리란다. 법으로 금지할 수 없어.

Live Talk

오늘의 대화문을 귀 기울여 들어보세요. 

Lina Today, we are going to talk about salary with Michael and Jessica.

Lina So Jessica, I know you just started working.
If you don't mind, could I ask you how much you make?

Jessica I don't mind at all. My annual salary is about $55,000.
But the government takes about 25% of my income.
It would be a little different if I were married though.

Lina Thanks for sharing. By the way, are you allowed to talk about the salary with your co-workers like this?

Jessica Of course I can. It's perfectly legal.

Lina Really? In Korea you are not allowed to.
Some companies even give penalties, if you do that.

Michael It is our right to discuss salary information with our co-workers. This right is protected by the federal government. It can't be banned by law.

Lina Unbelievable.

Jessica Companies don't usually want you to talk about wages and compensations so that they can pay you less.

Michael It should be unlawful for the rights of employees, however, it could also trigger a variety of problems such as jealousy.

Lina True. Another thing! I saw people taking their dog to work! Is it allowed, too?

Jessica Yeah, absolutely! A lot of companies don't mind.

Lina I wish I could! Oh my goodness. If I do that, work would be much more fun!

리나 오늘은 마이클, 제시카와 급여에 관해 이야기 나눠보겠습니다.

리나 제시카, 일을 시작한 지 얼마 안 된 거로 아는데. 혹시 괜찮다면 얼마 버는지 물어봐도 될까?

제시카 상관없어. 내 연봉은 5만 5천 불 정도 돼. 하지만 정부가 소득의 25% 정도를 가져가지. 하지만 내가 기혼이라면 좀 달라질 거야.

리나 얘기해 줘서 고마워. 그나저나 회사 동료하고 급여에 관해 이렇게 이야기해도 돼?

제시카 당연하지. 완벽하게 합법이야.

리나 정말? 한국에선 안 되거든. 만약 그러면, 어떤 회사에선 심지어 불이익을 주기도 해.

마이클 직장 동료와 연봉 정보를 나누는 것은 우리의 권리란다. 연방 정부가 보호하는 권리야. 법으로 금지할 수 없어.

리나 믿을 수 없다.

제시카 회사에서는 보통 직원이 임금과 보상에 대해 얘기하는 걸 원치 않아, 그래야 급여를 덜 줄 수 있으니까.

마이클 직원의 권리를 위해선 불법이어야 하지만 질투 같은 여러 문제를 일으킬 수도 있지.

리나 맞아요. 하나 더! 반려견을 데리고 출근하는 거 봤는데, 그래도 괜찮아?

제시카 응, 당연하지! 상관하지 않는 회사가 많아.

리나 어머나, 나도 그럴 수 있으면 좋겠다. 그럼 일이 훨씬 재밌을 텐데!

annual salary 연봉 **income** 소득, 수입 **allow** 허가[허용]하다 **co-worker** 동료 **legal** 합법적인 **penalty** 처벌, 불이익, 벌칙 **right** 권리, 권한 **be protected** 보호받다 **federal government** 연방 정부 **ban** 금하다, 금지하다 **wage** 임금 **compensation** 보상 **unlawful** 불법의 **trigger** 촉발시키다

Expression Point

회화 실력을 업그레이드해주는 표현을 익혀보세요.

Could I ask you how much you make?

얼마 버는지 물어봐도 될까?

How much~?는 얼마나 많은지 '양'을 물어볼 때 쓰는 표현이에요. 그런데 위의 예문과 같이 How much do you make?라고 물으면 '돈을 얼마나 버는지' 묻는 겁니다.

How much do you make per month? 한 달에 얼마씩 벌어?
How much did John make on Youtube? 존이 유튜브로 얼마나 벌었어?

My annual salary is about $55,000.

내 연봉은 5만 5천 불 정도 돼.

회사에서 일을 하게 되면 근무 조건에 따라 급여를 받게 됩니다. 보통 1년 단위로 연봉 계약을 하는 곳이 많지만 경우에 따라서는 시급이나 주급 단위로 계산을 하는 곳도 있어요. '주급'은 weekly salary, '월급'은 monthly salary라고 하면 되는데 '연봉'은 yearly salary 대신 annual salary를 써요. annual은 '1년에 한 번 발생하는'이란 뜻입니다.

What is the average annual rainfall for Paris?
파리의 연평균 강수량은 얼마나 되나요?

Sixty percent of credit cards don't charge an annual fee.
신용 카드의 60%는 연간 수수료가 없다.

⊞ '1년에 얼마를 번다'고 할 때 per year를 쓰기도 하지만('한 달에'는 per month), 같은 뜻으로 라틴어에서 온 per annum도 많이 씁니다.

I earn about 60,000 dollars per annum. 나 1년에 6만 달러 정도 벌어.

It would be a little different if I were married though.

하지만 내가 기혼이라면 좀 달라질 거야.

의미상 과거 상황이 아닌데 were가 나왔다면 뭔가 '가정'을 하고 있다는 의심을 해봐야 합니다. '아, 이건 '실현 불가능한' 내용을 가정하고 있다는 신호구나'라고 눈치를 채야겠죠. 가정법 문장으로 현재 사실에 반대되는 가정을 하는 것입니다. 여기서처럼 if절에 be동사가 나올 때면, were를 쓰는 데 유의하세요. 그리고 주절에는 〈조동사의 과거형 + 동사〉를 쓴답니다.

If I were you, I would look for another job.
내가 너라면 다른 일자리를 알아볼 거야.

I would fire you if you were my employee.
네가 내 직원이라면 난 널 해고할 거야.

If I were a bee, I would sit on a beautiful flower.
내가 만약 벌이라면 난 아름다운 꽃에 앉을 거야.

Are you allowed to talk about the salary with your co-workers like this?

회사 동료하고 이렇게 급여에 관해 이야기 나눠도 돼?

어디서 많이 보던 명사 앞에 co-가 붙으면 '공동의' 또는 '함께'라는 뜻을 더해줍니다. '공동 소유자'는 co-owner, (영화, 뮤직비디오 등의) '공동 프로듀서'는 co-producer라고 합니다.

Daniel and James are the co-founders of the company.
다니엘과 제임스는 그 회사의 공동 창업자다.

All of the film's co-producers are Korean.
그 영화의 공동 프로듀서들은 모두 한국인이다.

Who are the co-authors of the book?
그 책의 공동 저자들은 누구인가요?

It could also trigger a variety of problems such as jealousy.

질투 같은 여러 가지 문제를 일으킬 수도 있지.

trigger는 '(총기의) 방아쇠' 또는 '방아쇠를 당기다'라는 뜻인데 거기서 파생된 의미로 뭔가를 '불러 일으키다, 촉발시키다'라는 의미로도 씁니다. 일종의 '연쇄작용'을 생각하시면 좋을 것 같습니다. 명사로는 어떤 사건을 불러일으키는 '도화선'이란 뜻으로 쓰이기도 합니다.

Such measures triggered anger against the government.
그런 조치들은 정부에 대한 분노를 불러일으켰다.

The COVID-19 pandemic triggered mass layoffs.
코로나19 팬데믹은 대대적인 해고 사태를 촉발시켰다.

Anxiety may trigger fear. 걱정은 두려움으로 이어질 수 있다.

Drill 1

학습한 내용을 응용하여 영작해보세요.

1 ______________________________

서울에서 집 사려면 얼마나 벌어야 해?

보기 have, make, how, a, Seoul, much, house, to, to, do, in, I, buy

2 ______________________________

대구의 연평균 기온은 섭씨 13.3도다.

보기 Celsius, temperature, the, 13.3 degrees, average, annual, is, in, Daegu

3 ______________________________

네가 내 입장이라면 어떻게 할거야?

보기 do, if, would, you, were, what, position, in, you, my

4 ______________________________

그 영화에는 세상에서 가장 유명한 배우 두 명이 공동으로 출연합니다.

보기 actors, the, famous, film, most, co-stars, two, world's, the

5 ______________________________

그 사건은 중국에서 대규모 시위를 촉발했다.

보기 triggered, the, China, protests, incident, in, mass

Drill 2

영어를 가리고 한국어를 보면서 바로 말할 수 있는지 체크해보세요. 

□ 혹시 괜찮다면, 얼마 버는지 물어봐도 될까?	If you don't mind, could I ask how much you make?
□ 내 연봉은 5만 5천 불 정도 돼.	My annual salary is about $55,000.
□ 하지만 내가 기혼이라면 좀 달라질 거야.	It would be a little different if I were married though.
□ 질투 같은 여러 가지 문제를 일으킬 수도 있으니까.	It could also trigger a variety of problems such as jealousy.
□ 법으로 금지할 수 없어.	It can't be banned by law.
□ 공유해 줘서 고마워.	Thanks for sharing.

1 How much do I have to make to buy a house in Seoul? **2** The average annual temperature in Daegu is 13.3 degrees Celsius. **3** If you were in my position, what would you do? **4** The film co-stars the world's two most famous actors. **5** The incident triggered mass protests in China.

이직

제시카가 이직을 할 생각인가 보네요.
리나와 함께 제시카의 이야기부터 들어 볼까요?

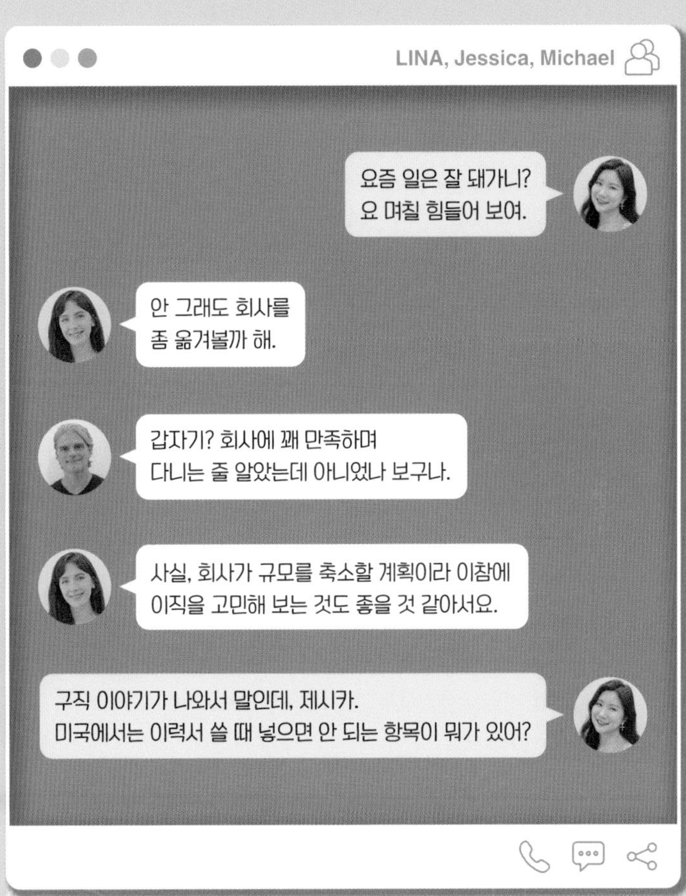

Live Talk

오늘의 대화문을 귀 기울여 들어보세요. 

Lina: Today, we're going to talk about a few things associated with work with Michael and Jessica.

Jessica: I think it's time for me to find a new job.

Michael: I thought you were highly satisfied with your job.

Lina: Speaking of job hunting, what are the things you should not include on your resume here in America?

Jessica: Your age, address, photos, sex and religion could all be left off the resume.

Lina: It sounds very much like blind recruitment in Korea. What are the things you need when you switch your job besides an updated CV?

Michael: There's something called an employment certificate. It contains a performance assessment including the employer's information. You're gonna need that, Jessica.

Jessica: Noted. Thanks, Dad. As a matter of fact, our company is planning on downsizing. I've always wanted to expand my horizons so I've decided to leave.

Michael: I see. Are you eligible for severance pay?

Jessica: I don't think so but I have some money put away. So no worries.

Michael: That's my girl! I just set up a personal pension fund a couple weeks ago.

Lina: Do American people also get pensions from the government?

Michael: Yes! But to supplement Social Security pension and work pensions people set up a private pension as well.

Lina: I've learned a valuable lesson today. You always have to save up for a rainy day!

리나 오늘은 마이클, 제시카와 함께 일 관련 이야기를 몇 가지 나눠보겠습니다.
제시카 새로운 일자리를 찾을 때가 온 것 같아.
마이클 직장에 굉장히 만족하는 줄 알았는데.
리나 구직 이야기가 나와서 말인데, 미국에서는 이력서에 넣으면 안 되는 항목이 뭐가 있어?
제시카 나이, 주소, 사진, 성별, 종교는 이력서에서 다 빼도 돼.
리나 한국의 블라인드 채용과 아주 비슷하네. 이직할 때 새로운 이력서 말고 또 뭐가 필요해?
마이클 취업 증명서가 있단다. 고용주 정보를 포함해서 성과 평가가 들어 있지. 그게 필요할 거야, 제시카.
제시카 알겠어요. 고마워요, 아빠. 사실, 우리 회사는 규모를 축소할 계획이거든요. 전 늘 시야를 넓히고 싶어서 떠나기로 한 거예요.
마이클 그렇구나. 그럼 퇴직금은 받을 수 있는 거니?
제시카 아니요. 하지만 돈을 좀 모아 두었어요. 걱정하지 마세요.
마이클 역시 내 딸이구나! 나도 몇 주 전에 개인 연금 펀드를 만들었단다.
리나 미국 사람들도 나라에서 연금을 받나요?
마이클 그럼! 하지만 사회 보장 연금과 직장 연금에 추가해서 개인 연금을 들기도 하지.
리나 오늘 귀중한 교훈을 배웠어요. 어려울 때를 대비해 항상 저축해야 한다!

associated with ~와 관련된 **job hunting** 구직 **resume** (경력을 짧고 간결하게 쓴) 이력서 **leave off** ~에서 빼다 **switch one's job** 이직하다 (= switch jobs) **CV(curriculum vitae)** (학력, 이력, 경력 등을 자세히 쓴) 이력서 **employment certificate** 취업 증명서 **performance assessment** 성과 평가 **note** ~에 주의[주목]하다 **as a matter of fact** 사실 **downsize** 축소하다 **horizon** 시야 **decide to** ~하기로 결정하다 **eligible** ~을 가질 수 있는, 자격이 있는 **severance pay** 퇴직금 **put away** (돈을) 모아두다 **personal pension fund** 개인 연금 펀드 **supplement** 보충하다, 추가하다 **Social Security pension** 사회 보장 연금 **set up** 만들다, 가입하다 **lesson** 교훈

Expression Point

회화 실력을 업그레이드해주는 표현을 익혀보세요.

I think it's time for me to find a new job.

새로운 일자리를 찾을 때가 온 것 같아.

It's time for me to~는 '내가 ~할 때가 됐어'라는 뜻입니다. me를 you로 바꾸면 '네가 ~할 때가 됐어'가 되겠죠?

It's time for you to go home.	너 이제 집에 갈 시간이야.
It's time for me to say goodbye.	이제 제가 작별을 고할 시간이군요.
It's time for us to do something.	우리가 뭔가 해야 할 때야.

Your age, address, photos, sex and religion could all be left off the resume.

나이, 주소, 사진, 성별, 종교는 이력서에서 다 빼도 돼.

leave off는 '~에서 빼다'라는 뜻입니다. 여기서처럼, '~에서 빠지다'의 의미로 쓰려면 수동태로 be left off로 표현하면 됩니다.

I thought I left you off our list.	내가 너를 명단에서 빼먹은 것 같아.
Jim was left off our team.	짐은 우리 팀에서 빠졌어.
Prices were left off the menu.	메뉴에 가격이 빠졌네요.

It sounds very much like blind recruitment in Korea.

한국의 블라인드 채용과 아주 비슷하네.

It sounds like~를 직역하면 '~와 비슷하게 들리네', '~인 것 같이 들리네'인데 일상 회화에서 '(들어 보니) ~인 것 같다'라고 해석하는 게 자연스럽습니다. '재밌겠다'를 It sounds like fun이라고도 합니다.

It sounds like a good idea.	좋은 생각인 것 같구나.
It sounds like you really love her.	네가 그녀를 정말 사랑하는 것 같다.
It sounds like they need help.	그들이 도움을 필요로 하는 것 같아요.

As a matter of fact, our company is planning on downsizing.

사실, 우리 회사는 규모를 축소할 계획이거든요.

상대방이 모르는 새로운 정보를 알려주려고 운을 띄우며 하는 말이 as a matter of fact입니다. 간단히 in fact나 actually(둘 다 '사실'로 번역)라고도 합니다. 외국인들이 한국 이름을 정확히 발음 못할 때가 많죠, 이럴 때 Actually it's '아람' 또는 As a matter of fact, it's pronounced '아람'이라고 알려주면 좋을 것 같네요. 한편, downsize의 반대말은 expand(확장하다)입니다. '사실 우리 회사는 확장을 계획 중이야'는 As a matter of fact, our company is planning on expanding이라고 하면 되겠네요.

As a matter of fact, she has never been to Taiwan.
사실 그녀는 대만에 가본 적이 없어.

As a matter of fact, I'm your boss.
사실 전 당신의 상사입니다.

As a matter of fact, he passed away three years ago.
사실 그는 3년 전에 세상을 떠났어.

I have some money put away.

돈을 좀 모아 두었어요.

put away의 글자 그대로의 의미는 '치우다'인데, 돈과 함께 쓰면 돈을 '모아두다'라는 뜻이 됩니다. 어떤 목적을 가지고 돈을 모았다는 느낌을 주는 표현입니다. 여기서 have some money put away라고 했는데 굳이 직역하면 '돈이 모아지게 했다'는 뜻이니까 사실 put away some money와 의미상 차이는 없어요. '혹시 무슨 일이 일어날 것을 대비해서 돈을 좀 모아두었어요'는 I put some money away in case something bad happens라고 하면 됩니다.

I put away 100,000 won each month.
난 매달 10만 원씩 저축해.

You should put away 10 percent of your income for retirement.
수입의 10%는 은퇴자금으로 저축해야 돼.

My uncle didn't put away much money.
우리 삼촌은 많은 돈을 저축하지 않았어.

Drill 1

학습한 내용을 응용하여 영작해보세요.

1 ______________________

그가 결정을 해야 할 때가 됐어. **보기** him, time, to, make, for, a, decision, it's

2 ______________________

핵심 선수 몇 명이 출전선수 명단에 빠졌다.

보기 were, a, few, players, left, key, the, roster, off

3 ______________________

너희 둘은 정말 좋은 친구인 것 같구나.

보기 really, it, two, are, like, you, good, friends, sounds

4 ______________________

사실 저는 당신을 도우러 왔어요. **보기** I'm, help, here, to, a, of, fact, as, you, matter

5 ______________________

내 급여의 30%를 저축할 계획이야.

보기 put, planning, away, to, 30 percent, of, I'm, salary, my

Drill 2

영어를 가리고 한국어를 보면서 바로 말할 수 있는지 체크해보세요.

□ 새로운 일자리를 찾을 때가 온 것 같아.	I think it's time for me to find a new job.
□ 한국의 블라인드 채용과 아주 비슷하네.	It sounds very much like blind recruitment in Korea.
□ 사실, 우리 회사는 규모를 축소할 계획이거든요.	As a matter of fact, our company is planning on downsizing.
□ 돈을 좀 모아 두었어요.	I have some money put away.
□ 오늘 귀중한 교훈을 배웠어요.	I've learned a valuable lesson today.
□ 어려울 때를 대비해 항상 저축해야 한다!	You always have to save up for a rainy day!

1 It's time for him to make a decision. **2** A few key players were left off the roster. **3** It sounds like you two are really good friends. **4** As a matter of fact, I'm here to help you. **5** I'm planning to put away 30 percent of my salary.

근무 시간과 휴가 제도

근무 시간과 휴가 제도는 참 중요하죠.
그래서 법으로 보장해 주기도 하잖아요?
한국이나 미국이나 치열하게 일을 해야 하는 건 마찬가지인 것 같네요.

LINA, Jessica, Michael
제시카, 요즘 일이 많이 바빠? 요 며칠 꽤 늦는 것 같던데.
응, 할 일이 산더미야…
그러면 야근 수당은 받으며 일하는 거야?
그럼~ 초과근무 수당은 의무화되어 있어.

Live Talk

오늘의 대화문을 귀 기울여 들어보세요. 

Lina Today, we're going to talk about a labor law, especially on working hours and leaves, with Michael and Jessica.

Lina Jessica, you've been coming home late past few days. Busy with work?

Jessica Yeah, just work, Lina. I've got so much on my plate right now.

Lina Are you getting paid for working overtime?

Jessica Absolutely. Overtime pay is mandated under federal law. I would never work more than 8 hours a day and 40 hours a week if I'm not getting paid extra.

Lina It sounds exactly like Korea. How much do you get paid extra for working overtime?

Jessica One and a half times my regular pay.

Lina How long is the average maternity leave here?

Michael I've heard most women take an average of 10 to 12 weeks off. 6 weeks before giving birth and 6 weeks after giving birth.

Jessica For the record, labor laws vary state to state.

Lina Oh, I see! Jessica, why don't you take a month off and travel when you're done with this project you're working on?

Jessica I wish! It doesn't work that way, though.

Michael If you take a month off, you might not have a job when you come back.

Lina Man, earning money isn't easy anywhere you go!

리나 오늘은 노동법 이야기를 해 보려고 하는데요, 마이클과 제시카와 함께 특별히 근무 시간과 휴가에 관해 이야기 나눠 볼게요.

리나 제시카, 요 며칠 집에 늦게 오더라. 일 때문에 바빠?

제시카 응, 그냥 일 때문이야, 리나. 할 일이 산더미네.

리나 야근 수당은 받는 거야?

제시카 당연하지. 초과근무 수당은 연방법에 따라 의무화되어 있어. 추가 수당을 받지 않으면 하루 8시간, 일주일 40시간 이상은 절대 일하지 않지.

리나 한국이랑 똑같은 것 같다. 야근 수당은 얼마나 더 받아?

제시카 보통 급여의 1.5배야.

리나 출산휴가는 보통 얼마나 돼?

마이클 대부분 평균 10주에서 12주를 쉰다고 하더구나. 출산 전 6주, 출산 후 6주 정도.

제시카 기억해야 하는 게, 노동법은 주마다 달라.

리나 그렇구나! 제시카, 한 달 휴가를 내서 여행을 해보는 건 어때, 지금 하는 이 프로젝트가 끝나면 말야.

제시카 그러면 좋지! 하지만 그렇게 되진 않지.

마이클 한 달 휴가를 쓰면, 돌아왔을 때 자리가 없어질 수도.

리나 참, 어디를 가든 돈 벌기는 쉽지 않군요!

labor law 노동법 **working hours** 근무 시간 **leave** 휴가 **past few days** 지난 며칠 동안 **busy with work** 일 때문에 바쁜 **have got so much on one's plate** 할 게 많다, 할 일이 산더미다 **get paid** (돈을) 지급받다 **working overtime** 초과근무, 야근 **overtime pay** 초과근무 수당 **mandate** 명령하다, 의무화하다 **get paid extra** 추가로 수당[돈]을 받다 **regular pay** 일반[보통] 급여 **average** 보통, 평균 **maternity leave** 출산 휴가 **take ~ off** ~ 동안 쉬다, 휴가 내다 **give birth** 출산하다 **for the record** 분명히 말해서, 공식적으로, 참고로 **work** 먹히다, 효과 있다 **earn** (돈을) 벌다

Expression Point

회화 실력을 업그레이드해주는 표현을 익혀보세요.

Busy with work?

일 때문에 바빠?

busy는 '바쁘다'는 뜻이 대표적이죠. 따라서 busy with~는 '~하느라 바쁘다'는 의미입니다. busy의 다른 뜻도 한번 살펴볼까요? 교통이나 도로 등이 '혼잡하다'는 뜻도 있어요.(예: The traffic is so busy in the morning. 아침엔 교통이 너무 복잡해) 한편, The line is busy라고 하면 '통화 중이다'라는 뜻입니다.

My mom is busy with her work. 엄마는 일 때문에 바쁘셔.
Are you still busy with research? 아직도 연구하느라 바쁘니?
He is busy with his new project. 그는 새 프로젝트 때문에 바빠.

Are you getting paid for working overtime?

야근 수당은 받는 거야?

여기서 알아둘 표현! get paid인데요. '돈을 지급받다'라는 뜻입니다. How much do you get paid? 하면 회사에서 '돈을 얼마 받아?', '급여가 얼마야?' 정도의 뜻이 되겠죠. 비슷한 표현으로 How much money do you make?가 있는데 말 그대로 '돈을 얼마 벌어?'란 의미입니다. 한편, 정해진 근무시간 외에 초과근무하는 걸 work overtime이라고 합니다.

When do I get paid for my deliveries? 저 배달비 언제 받아요?
The employees didn't get paid wages last month.
직원들은 지난달에 급여를 못 받았어.
How much do you get paid an hour? 한 시간에 얼마나 받아요?

Overtime pay is mandated under federal law.

초과 근무 수당은 연방법에 따라 의무화되어 있어.

mandate는 '명령하다, 의무화하다'라는 뜻인데 수동형(be mandated)으로 썼으니 '명령됐다 = 의무화됐다'라는 뜻으로 이해하시면 되겠네요.

The law mandates that every car must have seat belts.
그 법은 모든 차에 안전벨트를 설치하도록 규정하고 있다.

Every elevator is mandated to be inspected regularly.
모든 엘리베이터는 정기적으로 점검을 받아야 한다.

The citizens will be mandated to wear masks at restaurants.
시민들은 식당에서 의무적으로 마스크를 써야 할 것이다.

I've heard most women take an average of 10 to 12 weeks off.

대부분 평균 10주에서 12주를 쉰다고 하더구나.

take off는 비행기 등이 '이륙하다'라는 뜻으로 많이 씁니다. 그런데 take 다음에 〈기간+off〉가 나오면 그 기간 동안 '쉰다'는 뜻이 됩니다. '하루 연차 낼게요'는 어떻게 표현할까요? I want to take a day off라고 하시면 되겠습니다.

Can I take a day off tomorrow? 내일 하루 쉬어도 될까요?
Why don't you take a few days off? 며칠 푹 쉬지 그러니?
I'm taking a day off this Friday. 나 이번 금요일에 하루 쉬어.

For the record, labor laws vary state to state.

기억해야 하는 게, 노동법은 주마다 달라.

record는 '기록, 기록하다'라는 뜻입니다. 기록은 왜 할까요? 혹시라도 나중에 필요할 경우에 분명히 하기 위해 남기는 것 아닐까요? 그래서 for the record는 '분명히 말하는데', '확실히 말해두는데' 등의 뜻으로 사용합니다.

For the record, I'm a bad guy.
확실히 말해두는데, 난 나쁜 사람이야.

For the record, this call is being recorded.
분명히 말하는데 이 통화는 녹음되고 있어.

For the record, we are just friends.
분명히 해두는데, 우린 그냥 친구 사이야.

Drill 1

학습한 내용을 응용하여 영작해보세요.

1 ____________________

그녀는 두 어린 자녀들을 돌보느라 바빠. **보기** her, young, two, she, children, with, busy, is

2 ____________________

시간 맞춰 돈 받았어? **보기** get, did, on, paid, time, you

3 ____________________

모든 학생들은 의무적으로 건강보험에 가입해야 한다.

보기 all, insurance, students, have, mandated, health, to, are

4 ____________________

며칠 더 쉬는 게 좋겠어. **보기** take, a, should, you, more, days, off, few

5 ____________________

확실히 말해두는데, 난 안 취했어. **보기** the, not , record, I'm, drunk, for

Drill 2

영어를 가리고 한국어를 보면서 바로 말할 수 있는지 체크해보세요. 

□ 일 때문에 바빠?	Busy with work?
□ 야근 수당은 받는 거야?	Are you getting paid for working overtime?
□ 기억해야 하는 게, 노동법은 주마다 달라.	For the record, labor laws vary state to state.
□ 당장 할 일이 산더미야.	I've got so much on my plate right now.
□ 일반 급여의 1.5배야.	One and a half times my regular pay.
□ 여기 출산휴가는 보통 얼마나 돼?	How long is the average maternity leave here?

정답 **1** She is busy with her two young children. **2** Did you get paid on time? **3** All students are mandated to have health insurance. **4** You should take a few more days off. **5** For the record, I'm not drunk.

미국 여행

미국에 가 보신 적 있나요?
광활한 자연부터 대도시까지 관광을 제대로 하려면 한 달도 모자랄 것 같습니다.
오늘은 제시카와 샘이 리나에게 미국 여행지를 추천해줬다고 합니다.
어디를 추천해줬을까요?

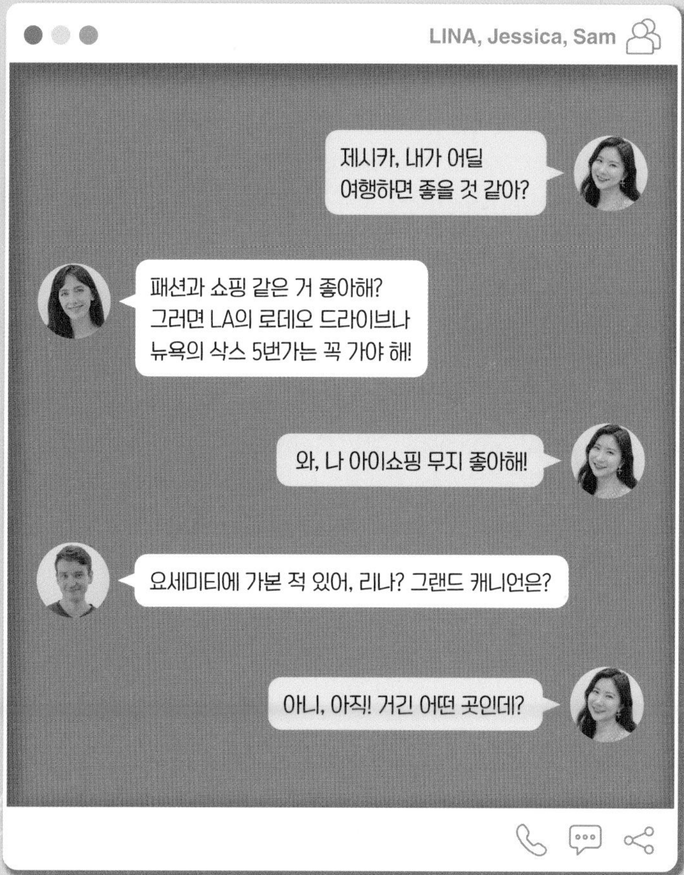

LINA, Jessica, Sam

제시카, 내가 어딜 여행하면 좋을 것 같아?

패션과 쇼핑 같은 거 좋아해? 그러면 LA의 로데오 드라이브나 뉴욕의 삭스 5번가는 꼭 가야 해!

와, 나 아이쇼핑 무지 좋아해!

요세미티에 가본 적 있어, 리나? 그랜드 캐니언은?

아니, 아직! 거긴 어떤 곳인데?

Live Talk

오늘의 대화문을 귀 기울여 들어보세요. 

Lina Today, we are going to talk about tourist spots with Sam and Jessica.

Lina Where do you guys recommend for me to travel?

Jessica If you like fashion and shopping, you must go to Rodeo Drive in LA and Saks Fifth Ave here in New York!

Lina I love window shopping!

Sam Have you ever been to Yosemite Park, or the Grand Canyon?

Lina No, not yet!

Sam Those places are beyond description! Truly breathtaking! There's a saying, "Mother Nature is the best artist." You will know what that really means when you get there.

Lina That sounds amazing. I love nature. I wish I could go camping too!

Sam You also can't miss Disneyland and Universal Studios! I mean no further explanation is needed for those places, am I right?

Jessica MoMA! Broadway! The Getty Museum! Santa Monica Beach!

Lina Woah woah woah. Chill! One at a time!

Sam One month is too short to experience everything. You should come again.

Lina I know! I wish I could! I need to make the best out of the time I have though!

리나 오늘은 샘, 제시카와 함께 관광지에 관해 이야기 나누어 보겠습니다.

리나 너희들은 내가 어디 여행하는 걸 추천하니?

제시카 패션과 쇼핑을 좋아한다면, LA에 있는 로데오 드라이브와 여기 뉴욕에 있는 삭스 5번가에 가야 해!

리나 나 아이쇼핑 무지 좋아해!

샘 요세미티 공원에 가본 적 있어? 그랜드 캐니언은?

리나 아니, 아직!

샘 그곳들은 말로 표현할 수도 없어! 정말 숨이 멎을 것 같지. '대자연은 최고의 예술가'라는 말이 있거든. 가보면 무슨 말인지 알게 될 거야.

리나 좋다. 난 자연 정말 좋아해. 캠핑도 가고 싶다!

샘 디즈니랜드랑 유니버설 스튜디오도 빼면 안 돼! 뭐, 이 장소들은 설명이 더 필요 없지. 그렇지?

제시카 뉴욕현대미술관! 브로드웨이! 게티 박물관! 산타모니카 해변!

리나 워워워! 진정해! 하나씩 말해줘.

샘 모든 걸 경험하기엔 한 달은 너무 짧아. 다시 놀러 와야 해.

리나 내 말이. 그랬으면 좋겠다! 하지만 있는 시간으로 최대한 즐겨야지!

tourist spot 관광지 **recommend** 추천하다 **window shopping** 아이쇼핑 **beyond** 저편에, 지나, 그 너머에 **description** 표현, 서술, 묘사 **breathtaking** (너무 아름답거나 놀라워) 숨이 막히는 **saying** 속담, 격언 **Mother Nature** 대자연 **further** 더 이상의, 추가의 **explanation** 설명, 이유 **chill** 진정하다, 긴장을 풀다

I love window shopping!

나 아이쇼핑 무지 좋아해!

요즘에는 백화점에서는 구경만 하고, 실제 구매는 인터넷으로 한다고 하더라고요. 이렇게 구경만 하는 쇼핑을 영어로는 window shopping이라고 합니다. 우리나라에서 종종 쓰는 '아이(eye)쇼핑'은 영어에는 없는 말입니다.

Window shopping is my favorite pastime.
아이쇼핑은 내가 제일 좋아하는 취미야.

We window-shop at least once a week.
우리는 최소 일주일에 한 번은 아이쇼핑을 한다.

외국 쇼핑몰에서 아이쇼핑을 즐기는데 점원이 다가와 Can I help you?(도와드릴까요?)라고 물으면 어떻게 대답해야 할까요? 그때는 I'm just looking around라고 답하시는 게 좋습니다. I'm window shopping이라고 하면 너무 속보이잖아요.

A: Hello. How can I help you? 안녕하세요. 뭘 도와드릴까요?
B: I'm just looking around. Thanks. 그냥 둘러보는 거예요.

Have you ever been to Yosemite Park?

요세미티 공원에 가본 적 있어?

〈Have you (ever)+과거분사~?〉는 ~해본 '경험'이 있는지 물을 때 쓰는 표현이에요. 경험에도 여러 종류가 있죠. 어딘가 여행을 다녀온 것도 경험이고 뭔가 새로운 시도를 해본 것도 경험입니다. 당연히 Have you ever~?의 쓰임의 폭도 넓습니다. ever는 강조를 위해 함께 쓰는데, 굳이 번역하자면 '한 번이라도' 정도가 되겠습니다.

Have you ever been to Germany? 독일에 다녀온 적 있어요?
Have you ever tried something new and failed?
뭔가 새로운 시도를 해서 실패한 적 있어?
Have you experienced racism? 인종차별을 겪어본 적 있어요?

Those places are beyond description!

그곳들은 말로 표현할 수도 없어!

description은 '묘사하다, 서술하다'라는 뜻의 동사 describe의 명사형이에요. beyond는 '~ 너머, ~ 저편에'라는 뜻이고요. 묘사 또는 서술의 영역을 넘어섰다는 건 그렇게 할 수 있는 능력 밖이라는 이야깁니다. 하지만 늘 좋은 뜻으로 쓰는 건 아니에요. 너무 형편 없어서 '설명 불가'인 경우에도 beyond description을 씁니다.

The damage from climate change is beyond description.
기후 변화로 인한 피해는 설명이 불가능할 정도다.

The scene was beautiful beyond description.
그 장면은 형언할 수 없이 아름다웠다.

You also can't miss Disneyland!

디즈니랜드도 빼면 안 돼!

can't miss에는 두 가지 뜻이 있어요. 여기서와 같이 너무 중요한 곳 또는 기회 등을 '놓치거나 빼먹어선 안 된다'는 뜻으로 쓸 때도 있고요, 워낙 두드러져서 '못 보고 지나칠 수 없다'란 뜻으로도 사용하기도 합니다. 후자의 경우는 길을 알려주면서 쓰는 경우가 많습니다.

You can't miss the Eiffel Tower in Paris.
파리에서 에펠탑을 안 볼 수는 없지.

It's a big brown building on the corner. You can't miss it.
모퉁이에 있는 큰 갈색 건물이에요. 눈에 확 띌 거예요.

One month is too short to experience everything.

모든 걸 경험하기에 한 달은 너무 짧아.

too의 우리말 해석은 '너무'이죠. '매우'로 해석하는 very와 결정적인 차이는 부정적인 느낌이 강하다는 것입니다. 이걸 염두에 두고 too A to B를 직역하면 'B하기엔 너무 A하다'가 되고, 이걸 좀 더 다듬어서 '너무 A해서 B할 수 없다'라고 하는 게 좀 더 자연스러운 해석이 됩니다.

This bag is too heavy to carry. 이 가방 들고 다니기 너무 무겁네.
He is too young to use a computer. 그는 너무 어려서 컴퓨터 못 쓴다.
The coffee was too hot to drink. 커피가 너무 뜨거워서 마실 수가 없었다.

Drill 1

학습한 내용을 응용하여 영작해보세요.

1 ______________________

케이트는 아이쇼핑 하면서 몇 시간을 보냈다.

보기 couple, window, shopping, Kate, hours, spent, of, a

2 ______________________

담배 끊으려고 노력해본 적 있어?

보기 smoking, have, quit, you, to, ever, tried

3 ______________________

당신은 형언할 수 없이 아름다워요.

보기 description, you, are, beyond, beautiful

4 ______________________

우리는 이 기회를 놓쳐서는 안 돼.

보기 opportunity, we, this, miss, can't

5 ______________________

너무 좋은 소식이라 믿어지지가 않네.

보기 true, the, be, good, news, is, too, to

Drill 2

영어를 가리고 한국어를 보면서 바로 말할 수 있는지 체크해보세요.

□ 나 아이쇼핑 무지 좋아해!	I love window shopping!
□ 요세미티 공원에 가본 적 있어?	Have you ever been to Yosemite Park?
□ 그곳들은 말로 표현할 수도 없어!	Those places are beyond description!
□ 디즈니랜드도 빼면 안 돼!	You also can't miss Disneyland!
□ 모든 걸 경험하기엔 한 달은 너무 짧아.	One month is too short to experience everything.
□ 내 말이! 그럴 수 있으면 좋겠다!	I know! I wish I could!

1 Kate spent a couple of hours window shopping. **2** Have you ever tried to quit smoking? **3** You are beautiful beyond description. **4** We can't miss this opportunity. **5** The news is too good to be true.

여행

패키지 여행과 자유 여행! 여러분은 어느 쪽을 선호하나요?
제시카와 샘에게 여행지에 관해 조언을 구했던 리나는 결국 어디로,
어떻게 여행을 가는지 함께 보시죠!

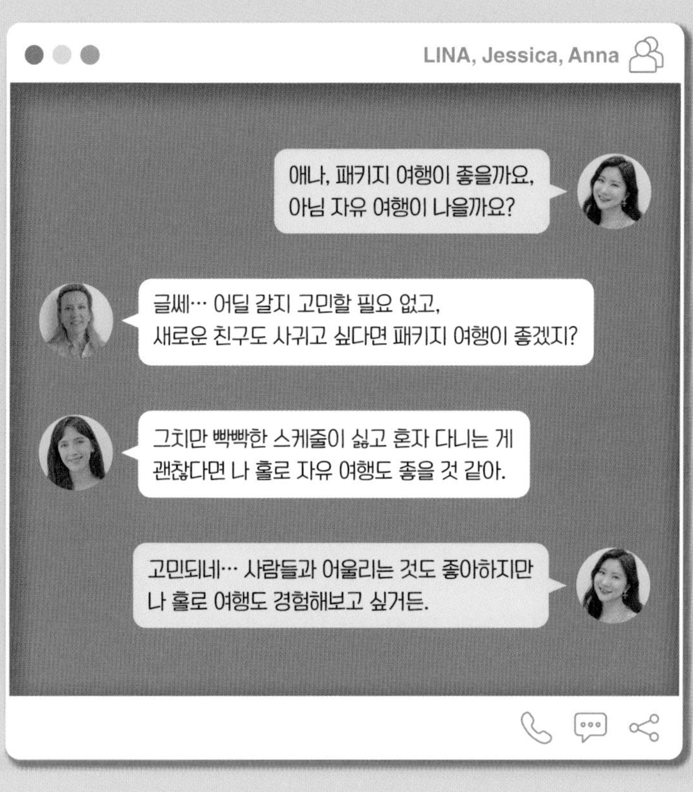

Live Talk

오늘의 대화문을 귀 기울여 들어보세요. 

Lina Today, we are going to talk about traveling with Anna and Jessica.

Lina Would you ladies recommend me group tours or travelling by myself?

Anna Well, group tours save you a lot of time researching where to go and there is no need to drive at all. Also if you want to make friends, it would be a great idea.

Jessica But if you don't want tight schedules and you don't mind traveling and eating alone, I say try going on a trip by yourself.

Anna Actually, me too. Finding places, driving to destinations and choosing what to eat are part of the experience.

Jessica Well, I guess it depends on your character. Are you a people person?

Lina Duh, absolutely! I'm a total people person.

Jessica That means you don't mind mingling with strangers.

Lina Nope! I love meeting new people!

Anna However, I still recommend you to travel by yourself. I wish I could have travelled alone when I was young. I regret not experiencing it when I was a young girl.

Jessica I would also recommend that you travel alone. I loved driving down the PCH and chilling at the beach when I visited Cali. You should totally rent a convertible and try that too.

Lina Sounds like a plan!

Anna Take your favorite book with you to the beach. Just don't go anywhere when the sun goes down.

Lina Anna! You sound like my mom! Thanks to you ladies, I've decided to give traveling all by myself to California a go.

리나 오늘은 애나, 제시카와 함께 여행에 관해 이야기 나누어보겠습니다.

리나 두 분은 저한테 패키지 여행을 추천하시겠어요, 아니면 자유 여행을 추천하시겠어요?

애나 음, 패키지 여행은 어디를 갈지 찾아보는 시간을 줄여주고 운전을 전혀 안 해도 되지. 그리고 친구를 사귀고 싶다면 정말 좋을 거야.

제시카 하지만 빡빡한 스케줄을 원하지 않고 혼자 다니고 먹는 게 괜찮다면, 혼자 여행을 떠나보라고 하고 싶어.

애나 사실 나도 그래. 장소를 찾고, 목적지까지 운전하고, 뭘 먹을지 고르는 것도 경험의 일부니까.

제시카 음, 각자 성향에 따라 다르겠네. 너는 외향적인 사람이야?

리나 완전! 난 사람들하고 어울리는 거 정말 좋아해!

제시카 그럼 낯선 사람들과 어울리는 걸 개의치 않겠구나.

리나 응! 새로운 사람들 만나는 거 정말 좋아해!

애나 그래도 혼자 여행하는 걸 추천한다. 나도 어릴 때 혼자 여행할 수 있었으면 좋았을 텐데. 젊은 시절에 경험하지 못한 게 후회된단다.

세시카 나도 혼자 여행하는 걸 추천해! 캘리포니아에 갔을 때, PCH(Pacific Coast Highway)에서 운전하다 해변에서 쉰 게 정말 좋았어. 꼭 오픈 카를 빌려서 그렇게 해 봐.

리나 좋은 생각이야!

애나 좋아하는 책을 해변에 가져가. 해가 지면 어디 가지만 말고.

리나 애나! 우리 엄마 같아요! 두 분 덕분에 혼자서 캘리포니아를 여행해보기로 결심했어요.

group tour 패키지 여행, 단체 여행 **save time -ing** ~하는 시간을 줄이다 **tight schedule** 빡빡한[촉박한] 일정 **go on a trip** 여행하다 **destination** 목적지, 도착지 **part (of)** 일부분 **experience** 경험 **character** 성격, 기질 **mingle** 섞이다, 어우러지다 **regret** 후회하다 **chill** 쉬다 **convertible** 컨버터블, 전환 가능한 **give ~ a go** ~을 시도해보다

Expression Point

회화 실력을 업그레이드해주는 표현을 익혀보세요.

If you don't want tight schedules, I say try going on a trip by yourself.

빡빡한 스케줄을 원하지 않으면, 혼자 여행을 떠나보라고 하고 싶어.

tight은 옷이 몸에 '꽉 끼는' 상태를 뜻합니다. 여기서 파생된 의미로 '시간 여유가 없다'는 뜻으로도 씁니다. 꼭 끼는 옷을 입거나 빡빡한 일정을 따라가거나 움직일 여유가 없는 건 비슷하겠네요.

I couldn't go anywhere recently because of my tight schedule.
일정이 빡빡해서 요즘 들어 아무데도 갈 수 없었다.

We have a very tight schedule to finish this project.
이 프로젝트를 끝내려면 우리 일정이 매우 촉박하다.

It sounds like a seriously tight schedule.
일정이 심각하게 촉박한 것 같네.

Duh, absolutely! I'm a total people person.

완전! 난 사람들하고 어울리는 거 정말 좋아해!

Duh는 짧지만 자주 사용되는 표현입니다. duh(약간 길게 끌면서 올렸다 내리듯 발음합니다)는 상대방이 한 이야기가 너무 당연해서 어이없어 할 때 씁니다. 예전에는 미국의 젊은 여성들이 많이 썼는데, 요즘은 유튜브와 페이스북 등 소셜 미디어를 통해 영미권 대중문화 콘텐츠가 활발히 공유되다 보니 미국영어와 영국영어의 어휘적인 차이도 점점 사라지는 것 같아요.

A: Math is really boring. B: Well, duh.
A: 수학은 정말 따분해 B: 그걸 말이라고.

A: How did you get in here? B: Duh, through the door.
A: 여기 어떻게 들어왔어? B: 당연히 문으로 들어왔지.

A: It's always hot in summer. B: Well, duh!
A: 여름엔 언제나 더워 B: 당근이지!

I wish I could have travelled alone when I was young.

나도 어릴 때 혼자 여행할 수 있었으면 좋았을 텐데

I wish I could~는 '지금 ~할 수 있으면 좋을 텐데'라는 희망을 담은 표현입니다. 반면, 〈I wish I could have+과거분사〉는 '~할 수 있었다면 좋았을 텐데' 하는 과거에 하지 못한 어떤 것에 대한 후회와 아쉬움을 나타낼 때 씁니다.

I wish I could have spent more time with my dad, then.
그때 아버지와 시간을 더 많이 보낼 수 있었다면 좋았을 텐데.

I wish I could have been kinder to myself.
나 자신에게 더 친절할 수 있었다면 좋았을 텐데.

I wish I could have helped you more.
너를 더 많이 도와줄 수 있었으면 좋았을 거야.

Thanks to you ladies, I've decided to give traveling all by myself to California a go.

덕분에 혼자서 캘리포니아를 여행해 보기로 결심했어요.

thanks to

thanks to를 글자 그대로 해석하면 '~에게 고마움을' 정도가 되겠네요. 누군가에게 고마워 할 이유가 있다는 걸 '~ 덕분에'라는 말로 바꿔도 크게 이상하진 않겠죠?

We won the match thanks to Tom. 톰 덕분에 경기에서 승리했어.

Thanks to his treatment, her condition has improved.
그의 치료 덕분에 그녀의 상태가 좋아졌어.

+ 우리말의 '덕분에'도 그렇지만, thanks to도 비꼬는 뜻으로 쓸 때가 있어요.

The traffic system is terrible, thanks to the government's incompetence. 정부의 무능 탓에 교통시스템이 엉망입니다.

give ~ a go

give ~ a go는 '~을 시도해보다'라는 뜻입니다. give ~ a try나 give it a shot과 같은 뜻입니다.

You should at least give it a go. 시도라도 해봐야지.
Okay, let's give it a go. 좋아, 한번 해보자.
Why don't you just give it a go? 시도라도 해보는 게 어때?

Drill 1

학습한 내용을 응용하여 영작해보세요.

1 ______________________

그녀는 빡빡한 일정 때문에 여행을 갈 수 없었어.

보기 trip, her, the, tight, going, schedule, from, on, prevented, her

2 ______________________

A: 저 기차 정말 빠르다! B: 당연하지. 초고속 열차잖아.

보기 A: fast, that, so, train, is B: duh, that, a, train, well, high-speed, is

3 ______________________

지난주에 거길 갔으면 좋았을 텐데. 보기 I, I, last, could, there, have, week, been, wish

4 ______________________

조언해주신 덕분에 어려움을 극복할 수 있었습니다.

보기 thanks, hardship, to, your, the, advice, over, I, got

5 ______________________

어쨌든 시도는 해 볼 거야. 보기 anyway, go, give, I, will, it, a

Drill 2

영어를 가리고 한국어를 보면서 바로 말할 수 있는지 체크해보세요. 

□	빡빡한 스케줄을 원하지 않으면, 혼자 여행을 떠나보라고 하고 싶어.	If you don't want tight schedules, I say try going on a trip by yourself.
□	완전! 난 사람들하고 어울리는 거 정말 좋아해.	Duh, absolutely! I'm a total people person.
□	나도 어릴 때 혼자 여행했으면 좋았을 텐데.	I wish I could have travelled alone when I was young.
□	두 분 덕분에 혼자서 캘리포니아를 여행해 보기로 결심했어요.	Thanks to you ladies, I've decided to give traveling all by myself to California a go.
□	좋은 생각이야!	Sounds like a plan!
□	그럼 새로운 사람들과 어울리는 걸 개의치 않겠구나.	That means you don't mind mingling with strangers.

정답 **1** Her tight schedule prevented her from going on the trip. **2** A: That train is so fast! B: Well, duh. That is a high-speed train. **3** I wish I could have been there last week. **4** Thanks to your advice, I got over the hardship. **5** I will give it a go anyway.

명절

한국에서는 명절에 고향에 많이들 가시죠.
크리스마스는 친구나 연인과 함께 보내는 경우도 많은 것 같고요.
미국은 어떨까요?

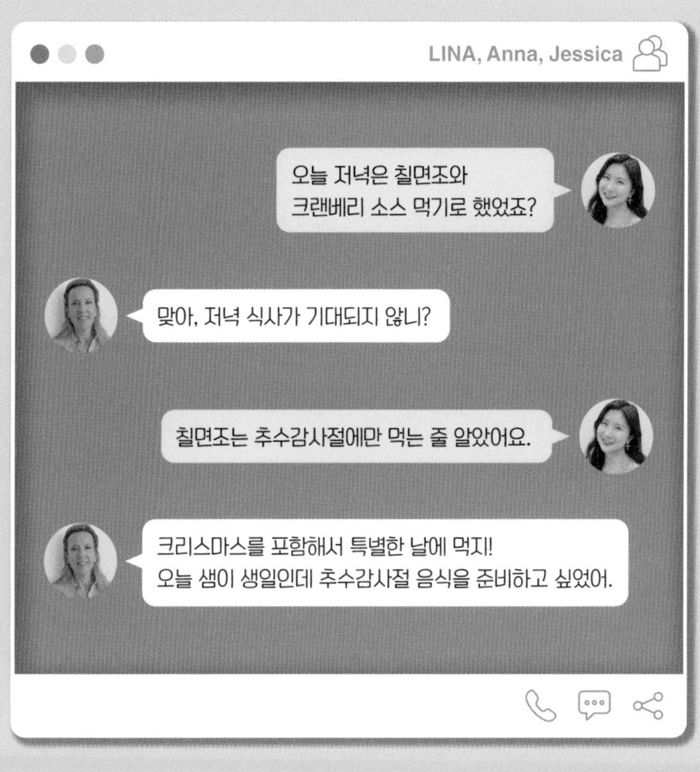

LINA, Anna, Jessica
오늘 저녁은 칠면조와 크랜베리 소스 먹기로 했었죠?
맞아, 저녁 식사가 기대되지 않니?
칠면조는 추수감사절에만 먹는 줄 알았어요.
크리스마스를 포함해서 특별한 날에 먹지! 오늘 샘이 생일인데 추수감사절 음식을 준비하고 싶었어.

Live Talk

오늘의 대화문을 귀 기울여 들어보세요. 

Lina	Today, we're going to talk about holidays with Anna and Jessica.
Lina	We're having a turkey with cranberry sauce for dinner. I thought turkey was only for Thanksgiving. But I guess not!
Anna	We usually have roasted turkey for special occasions including Christmas! Today is Sam's birthday so I wanted to cook Thanksgiving Day food! I have to make the gravy before Sam gets home.
Lina	*Chuseok* is a holiday like Thanksgiving and we have *songpyeon*. I should stop by a Korean market and get them too!
Jessica	That sounds fantastic! I would love to try that! Do all of your family members gather for *Chuseok* in Korea?
Lina	For major traditional holidays like New Year's and *Chuseok* families definitely get together and celebrate.
Jessica	What about Christmas? Do you guys celebrate Christmas?
Lina	We do! But Christmas is more of holidays for couples in Korea. Actually I think people consider Christmas more romantic than Valentine's day.
Anna	That is very interesting! Christmas is no different from Thanksgiving here in America.
Lina	Oh, then everybody must be happy to see their families on Christmas.
Anna	Well, for some people who have family issues Christmas season could also turn into a nightmare.
Jessica	Well, that's why my favorite holiday is Halloween sometimes because I can just party with my friends and get wasted.

리나 오늘은 애나, 제시카와 함께 명절 이야기를 나눠보겠습니다.

리나 오늘 저녁엔 칠면조와 크랜베리 소스를 먹기로 했잖아요. 칠면조는 추수감사절에만 먹는 줄 알았는데 아닌가 봐요!

애나 미국 사람들은 크리스마스를 포함해서 특별한 날에 칠면조 구이를 먹는단다! 오늘은 샘의 생일인데 추수감사절 음식을 준비하고 싶었어! 샘이 오기 전에 그레이비 소스를 만들어야 해.

리나 추석은 추수감사절과 같은 명절인데 송편을 먹어요. 한인 마트에 가서 그것도 사 올게요!

제시카 너무 좋다! 먹어 보고 싶어! 한국에서는 추석에 온 가족이 모여?

리나 설날이나 추석과 같이 큰 전통명절에는 가족이 꼭 함께 모여서 즐겁게 시간을 보내지.

제시카 크리스마스는? 크리스마스도 기념하니?

리나 그럼! 하지만 한국에서 크리스마스는 커플을 위한 휴일인 편이지. 사실 사람들이 밸런타인데이보다 크리스마스를 더 로맨틱하게 여기는 것 같아.

애나 정말 흥미롭다! 여기서 크리스마스는 추수감사절과 크게 다르지 않거든.

리나 아, 그럼 모두 크리스마스에 가족을 만나니 좋겠어요.

애나 음, 가족 문제가 있는 사람들에겐 크리스마스 시즌이 악몽이 될 수도 있단다.

제시카 그래서 가끔 내가 제일 좋아하는 휴일은 핼러윈이야. 왜냐면 그냥 친구들이랑 파티 하고 취할 수 있으니까.

holiday 명절, 휴일 **turkey** 칠면조 **Thanksgiving** 추수감사절 **roasted** 구운 **special occasion** (기념일이나 명절과 같은) 특별한 날 **gravy (sauce)** 그레이비 소스 (고기나 으깬 감자에 뿌려 먹는 소스) **stop by** 잠깐 들르다 **gather (around)** 모이다 **major** 중대한, 주요한, 주된 **traditional holiday** 전통 명절 **get together** 모이다 (= gather) **celebrate** 기념하다, 축하하다 **no different** 다르지 않은 (= not different) **issue** 이슈, 문제, 사안, 쟁점 **turn into** ~로 변하다 **nightmare** 악몽 **get wasted** 술에 완전히 취하다

Expression Point

회화 실력을 업그레이드해주는 표현을 익혀보세요.

We usually have roasted turkey for special occasions including Christmas!

우리는 크리스마스를 포함해서 특별한 날에 칠면조 구이를 먹는단다!

special occasions는 직역하면 '특별한 경우들'이죠? 특별할 것 없는 일상에서 기념일이나 명절 등이 가끔씩 찾아오는 '특별한 경우들' 아닐까요? special occasions는 그런 '특별한 날들'을 뜻합니다.

We eat cherry pie only on special occasions.
우리는 특별한 날에만 체리파이를 먹는다.

I wear a suit only on special occasions.
난 특별한 날에만 정장을 한다.

She drinks only on special occasions.
그녀는 특별한 날에만 술을 마신다.

I should stop by a Korean market and get them too!

한인마트 가서 그것도 사올게요!

stop by는 '(어딘가 가는 길에) 잠깐 들르다'라는 뜻입니다. 비슷한 뜻으로 drop by, swing by도 많이 씁니다. 그런데 이 표현들 사이에 약간의 차이가 있습니다. stop by는 여기서처럼 어떤 목적을 가지고 잠깐 (예를 들어 가게에 뭔가를 사러) 들르는 경우에 주로 쓰는 반면, drop by는 계획에 없이 잠깐 (주로 누군가를 만나러) 들르는 경우에 많이 씁니다. swing by는 drop by와 비슷하지만 원래 가려던 길에서 벗어나 들른다는 느낌이 강합니다. 이건 주로 미국식 영어에서 써요.

I'll stop by the bank on my way home.
집에 오는 길에 은행에 잠깐 들를 거야.

He stopped by the grocery store to buy some vegetables.
그는 채소를 좀 사려고 식료품 가게에 들렀다.

＋ '계획에 없이 잠깐 들렀다'는 뜻으로 쓰는 drop by가 들어간 문장도 한 번 살펴볼게요.

Ted will drop by on his way to the airport.
테드가 공항 가는 길에 잠깐 (우리 보러) 들를 거야.

Families definitely get together and celebrate.

가족이 꼭 함께 모여서 즐겁게 시간을 보내지.

together는 '함께'라는 뜻이죠? get together는 '함께하다', 즉 '모이다'라는 뜻이에요. 대화문에 나온 gather와 같은 뜻입니다.

We must get together to practice more. 우린 모여서 연습을 더 해야만 해.
How about getting together Tuesday night? 화요일 밤에 모이는 거 어때?
We should all get together sometime. 우리 언제 다같이 모여야지.

Everybody must be happy to see their families on Christmas.

모두 크리스마스에 가족을 만나니 좋겠어요.

happy to see는 '만나서 좋다, 기쁘다' 정도의 느낌으로 하는 인사예요. 오랜만에 만난 누군가에게 So happy to see you again!이라고 인사해 보세요.

We are happy to see you here. 여기서 너희를 만나니 기쁘구나.
I was so happy to see her there. 거기서 그녀를 만나서 무척 기뻤어.
Are you happy to see Jose again in Korea?
호세를 한국에서 다시 만나니까 좋아?

Because I can just party with my friends and get wasted.

왜냐면 그냥 친구들이랑 파티 하고 취할 수 있으니까.

waste는 '낭비하다'라는 뜻입니다. 그런데 get(be) wasted는 '술에 완전 취하다'라는 뜻이에요. 술은 적당히 즐기며 마셔야지 취하면 낭비가 많아지죠. 필름도 끊길 수 있고 지갑을 잃어버리는 경우도 있고요. Let's get wasted = Let's get drunk = Let's get hammered(모두 '흠뻑 취해보자'의 뜻)입니다.

I'm so wasted. 나 완전 취했어.
She only calls when she gets wasted. 그녀는 취했을 때만 전화해.
We got wasted after drinking beer for five hours.
우린 맥주를 5시간 동안 마시고 완전히 취했어.

Drill 1

학습한 내용을 응용하여 영작해보세요.

1

이 방은 특별한 날에만 사용한다. **보기** occasions, this, for, only, special, room, is

2

도서관 들러서 책 좀 빌릴게. **보기** borrow, a, library, and, stop, the, few, by, books, I'll

3

다 같이 모여서 한잔 해야지. **보기** for, together, a, must, drink, we, get

4

날 다시 봐서 기쁘지 않아? **보기** me, again, you, see, happy, to, aren't

5

나 아직 안 취한 거 모르겠어? **보기** see, can't, not, I'm, you, yet, wasted

Drill 2

영어를 가리고 한국어를 보면서 바로 말할 수 있는지 체크해보세요. 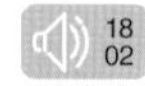

□	우리는 보통 특별한 날에 칠면조 구이를 먹는단다!	We usually have roasted turkey for special occasions!
□	가족이 꼭 함께 모여서 즐겁게 시간을 보내지.	Families definitely get together and celebrate.
□	모두 크리스마스에 가족을 만나니 좋겠어요.	Everybody must be happy to see their families on Christmas.
□	왜냐면 그냥 친구들이랑 파티 하고 취할 수 있으니까.	Because I can just party with my friends and get wasted.
□	한국에서는 추석에 온 가족이 모여?	Do all of your family members gather for Chuseok in Korea?
□	미국에서 크리스마스는 추수감사절과 크게 다르지 않거든.	Christmas is no different from Thanksgiving here in America.

1 This room is only for special occasions. **2** I'll stop by the library and borrow a few books. **3** We must get together for a drink. **4** Aren't you happy to see me again? **5** Can't you see I'm not wasted yet?

여가

여가 시간에 여러분은 주로 뭘 하시나요?
좋아하는 취미 활동으로 시간을 잘 보내시나요?
리나는 등산을 좋아한다는군요.
다른 가족들은 어떨지 리나와 존슨 부부의 대화를 볼까요?

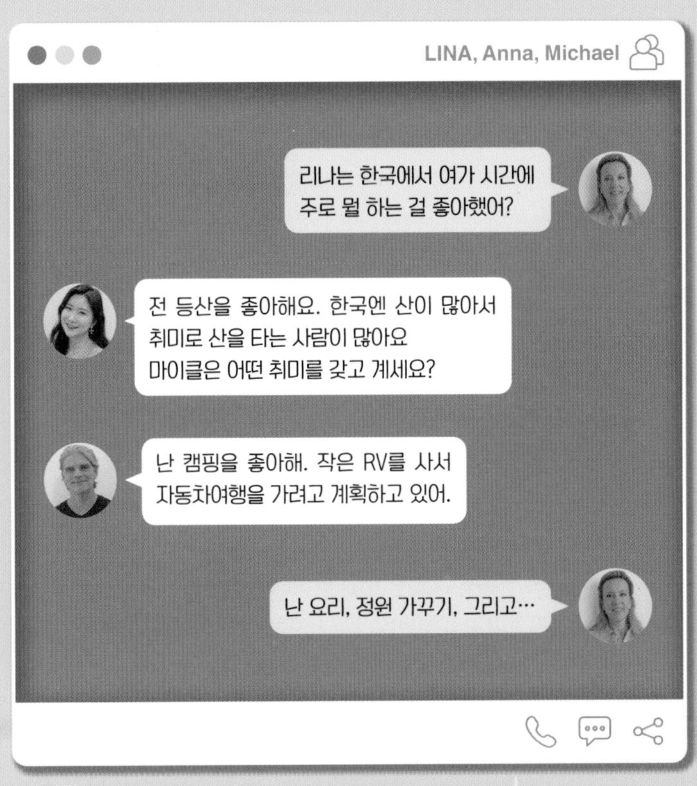

LINA, Anna, Michael
리나는 한국에서 여가 시간에 주로 뭘 하는 걸 좋아했어?
전 등산을 좋아해요. 한국엔 산이 많아서 취미로 산을 타는 사람이 많아요 마이클은 어떤 취미를 갖고 계세요?
난 캠핑을 좋아해. 작은 RV를 사서 자동차여행을 가려고 계획하고 있어.
난 요리, 정원 가꾸기, 그리고…

Live Talk

오늘의 대화문을 귀 기울여 들어보세요. 

Lina Today, we're going to talk about what we would like to do in our spare time with Anna and Michael.

Anna Lina, how do you usually like to spend your time back home?

Lina I usually like to go on a hike. There are many mountains in Korea and a lot of people enjoy hiking as a hobby. What do you do in your free time?

Michael I love camping. I plan to get a small RV to go on road trips.

Anna Mine are cooking, gardening and reading. Nothing special. By the way honey, you forgot to tell Lina how much you love baseball!

Michael Oh, yeah! I can't live without baseball.

Lina American people really do love sports, huh?

Anna Oh, yes. Wait until the Super Bowl season.
I hardly see cars on the street.

Lina I don't really know much about American football but I always look forward to the Super Bowl halftime show.

Anna So do we!

Michael Lina, are you available this weekend?

Lina I haven't made any plans for this weekend yet, so yes.

Anna We are planning on inviting our neighbors over for BBQ in the backyard. Would you like to join us?

Lina I would love to! Thank you.

리나	오늘은 애나, 마이클과 함께 여가 시간에 하고 싶은 활동에 관해 이야기해볼게요.
애나	리나, 한국에서는 보통 어떻게 시간을 보내는 걸 좋아해?
리나	전 보통 등산하는 걸 좋아해요. 한국엔 산이 많아서 취미로 산을 타는 사람이 많아요. 취미가 어떻게 되세요?
마이클	난 캠핑을 좋아해. 작은 RV를 사서 자동차여행을 가려고 계획하고 있어.
애나	난 요리, 정원 가꾸기, 그리고 독서야. 별거 없단다. 그런데 여보, 리나한테 당신이 얼마나 야구를 좋아하는지 말하는 걸 잊었군요!
마이클	아 맞다! 난 야구 없이는 못 살아.
리나	미국 사람들은 정말 스포츠를 좋아하죠, 그죠?
애나	그렇고말고. 슈퍼볼 시즌을 기다려 보렴. 길에서 차를 거의 보지 못할 정도야.
리나	미식축구에 대해 아는 건 별로 없지만, 슈퍼볼 하프타임 쇼는 항상 기대돼요.
애나	우리도 마찬가지란다!
마이클	리나, 이번 주말에 시간 괜찮니?
리나	이번 주말은 아직 계획 없어서 괜찮아요.
애나	이웃들을 초대해서 마당에서 바비큐를 할 거야. 너도 올래?
리나	너무 좋죠! 감사해요.

spend one's time 시간을 보내다 **go on a hike** 하이킹 가다, 등산하다 **RV(Recreational vehicle)** 레저용 차량 **Nothing special.** 그냥 그래., 별거 없어. **Super Bowl** 슈퍼볼(해마다 열리는 미국 프로 미식축구의 우승팀을 결정하는 경기) **hardly** 거의 ~ 아닌, 없는 **look forward to** ~을 손꼽아 기다리다, 기대하다 **halftime show** (운동 경기 전반전이 끝난 뒤의) 중간 휴식 시간에 보여주는 관중들을 위한 쇼 **available** 시간적 여유가 있는, 이용 가능한 **plan on** ~하려고 하다, ~할 계획[예정]이다

Expression Point

회화 실력을 업그레이드해주는 표현을 익혀보세요.

I usually like to go on a hike.

전 보통 등산하는 걸 좋아해요.

go on은 원래 '(하던 것을 멈추지 않고) 계속하다'라는 뜻입니다. 영국의 전설적인 록그룹 퀸의 〈The Show Must Go On(쇼는 계속되어야 한다)〉이란 명곡도 있지요. 그런데 go on이 trip(여행), hike(하이킹) 등과 함께 쓰이면 '여행을 떠나다(go on a trip), 하이킹을 떠나다(go on a hike)'라는 뜻이 됩니다. 명사 앞에 a를 붙이는 것도 잊지 마세요.

We went on a camping trip to South America 10 years ago.
우리는 10년 전에 남미로 캠핑 여행을 갔어.

The students will go on a field trip to see wild animals at the zoo.
학생들은 야생동물들을 보러 동물원으로 현장학습을 떠날 겁니다.

A year later, I went on a hike with Jeff to the top of a hill in Wales.
1년 뒤, 나는 제프와 웨일즈에 있는 언덕 꼭대기로 하이킹을 떠났다.

I can't live without baseball.

난 야구 없이는 못 살아.

뭔가를 정말 좋아한다고 할 때 '난 ~ 없이는 못 살아'라고 하잖아요. 여기에 딱 대응되는 표현입니다.

Trust me. He can't live without you.
날 믿어, 그는 너 없이는 살 수 없어.

How can I ever live without hearing your voice?
내가 네 목소리를 못 들으면 어떻게 살겠니?

Can you live without eating fried chicken?
치킨 안 먹고 살 수 있어?

American people really do love sports.

미국 사람들은 스포츠를 정말 좋아하죠,

do는 뭔가를 '하다'라는 뜻입니다. 그런데 '하다' 계열의 동사가 있는 문장에서 동사 앞에 do가 함께 쓰이는 경우가 있습니다. 이때 do는 특별한 의미 없이 뒤에 나오는 동사의 의미를 강조하는 역할을 합니다.

Don't you see? He does love you!
모르겠어? 그는 널 정말 사랑한다고!

She did learn how to cook.
그녀가 요리하는 법을 정말 배우긴 했어.

Sorry, I don't remember you, but I do remember your name.
미안하게도 너는 기억이 안 나지만 이름은 분명 기억해.

Are you available this weekend?

이번 주말 시간 괜찮니?

available은 '사용 가능한'이라는 뜻이에요. 도서관 같은 곳에서 자리가 비었다고 할 때(This seat is available)나 스마트폰이 다섯 가지 색상으로 출시됐다고 할 때(This smartphone is available in 5 different colors)처럼 말이죠. 그런데 사람이 available하다고 하면? 그건 '시간 여유가 있다'는 뜻입니다.

Are you available tonight?
오늘 밤에 시간 되세요?

Dr. Kim is available for an interview any time this week.
김 박사님은 이번 주 언제든 인터뷰 가능합니다.

Please call me whenever you are available.
언제든 시간 되실 때 전화 주세요.

We are planning on inviting our neighbors.

우리는 이웃들을 초대할 계획이야.

plan은 '계획' 또는 '계획하다'라는 뜻인데 '~하는 것을 계획하다'라고 할 때는 plan on~ 또는 plan to~라고 표현해요. 의미의 차이는 없다고 봐도 무방합니다, 다만 on을 쓰는 경우에는 뒤에 동사의 -ing형이, to를 쓰는 경우에는 동사원형이 이어진다는 것만 주의하시면 되겠습니다.

We plan on going to Australia next year.
우리는 내년에 호주에 갈 계획이야.

Are you planning on asking her out?
그녀에게 데이트 신청 할 계획이야?

My dad was not planning on returning to Jeju Island until he met his old friend. 아빠는 옛 친구를 만나기 전까지는 제주도로 돌아갈 계획이 없으셨어.

Drill 1

학습한 내용을 응용하여 영작해보세요.

1 ______________________________

우린 아이들과 캠핑 여행을 계획하고 있어.

보기 camping, we, our, planning, trip, to, on, go, kids, a, with, are

2 ______________________________

난 김치 없이는 못 살아.

보기 without, I, live, can't, kimchi

3 ______________________________

도움은 안 됐지만 그가 저를 정말 도우려고 했어요.

보기 although, he, help, try, wasn't, he, to, me, helpful, did

4 ______________________________

내일 미팅에 참석할 시간 되겠어?

보기 will, available, attend, you, be, meeting, to, tomorrow's

5 ______________________________

우린 딸 결혼식에 우리 친구들을 전부 초대할 계획이야.

보기 our, friends, we, are, wedding, inviting, planning, on, all, of, daughter's, our, to

Drill 2

영어를 가리고 한국어를 보면서 바로 말할 수 있는지 체크해보세요.

□ 전 보통 등산하는 걸 좋아해요.	I usually like to go on a hike.
□ 난 야구 없이는 못 살아.	I can't live without baseball.
□ 미국 사람들은 정말 스포츠를 좋아하죠.	American people really do love sports.
□ 이번 주말 시간 괜찮니?	Are you available this weekend?
□ 이웃들을 초대할 계획이야.	We are planning on inviting our neighbors.
□ 길에서 차를 거의 보지 못할 정도야.	I hardly see cars on the street.

1 We are planning to go on a camping trip with our kids. **2** I can't live without kimchi. Not even one day. **3** He did try to help me, although he wasn't helpful. **4** Will you be available to attend tomorrow's meeting? **5** We are planning on inviting all of our friends to our daughter's wedding.

어린이와 어르신 시설

한국에는 어르신들이 갈 수 있는 노인복지관이나 경로당이 동네마다 있고, 아이들도 곳곳에 있는 키즈 카페에 자주 가는데요. 미국에도 그런 시설이 있겠죠? 리나와 함께 알아봅시다.

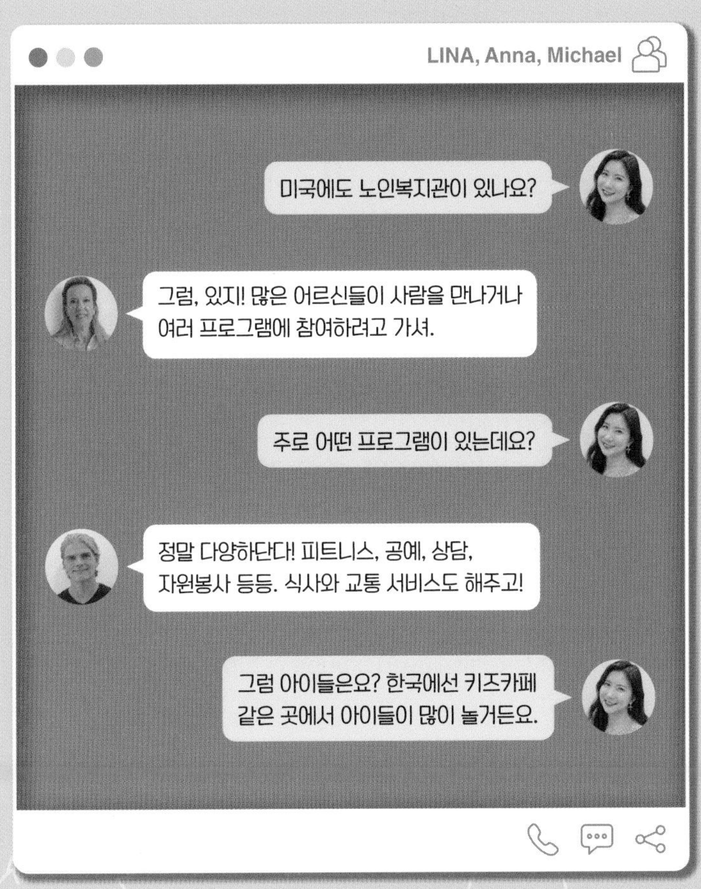

LINA, Anna, Michael
미국에도 노인복지관이 있나요?
그럼, 있지! 많은 어르신들이 사람을 만나거나 여러 프로그램에 참여하려고 가셔.
주로 어떤 프로그램이 있는데요?
정말 다양하단다! 피트니스, 공예, 상담, 자원봉사 등등. 식사와 교통 서비스도 해주고!
그럼 아이들은요? 한국에선 키즈카페 같은 곳에서 아이들이 많이 놀거든요.

Live Talk

오늘의 대화문을 귀 기울여 들어보세요. 

Lina Today, we're going to talk about where kids and elders go with Anna and Michael.

Lina Are there any senior centers in America too?

Anna Oh, yes. Absolutely! Many elders go to senior centers to meet people and participate in a wide variety of programs they offer.

Lina What kind of programs do they have?

Michael They provide fitness, wellness programs, craft, counseling, volunteering opportunities, and so on. They also offer nutritious meals and transportation services.

Anna More seniors are actively working these days too.

Lina What about kids? Where do they usually go to play? For example, there're many "kids cafes" in South Korea.

Anna You mean indoor playgrounds? There's lots of places that kids can go to besides indoor playgrounds.

Michael There're many family fun centers where anyone can go to have fun regardless of age.

Anna There're kids museums, zoos, amusement centers... you name it.

Michael We got our kids out in nature a lot when they were little.

Anna Our kids really loved camping. Oh, I miss those times!

Michael Mother Nature is the greatest teacher.

Lina I can tell that Sam and Jessica had a beautiful childhood.

리나 오늘은 애나, 마이클과 아이들과 어르신이 가는 곳에 대해 이야기해 볼게요.

리나 미국에도 노인복지관이 있나요?

애나 그럼, 당연하지! 많은 어르신이 노인복지관에 사람을 만나거나 거기서 제공하는 다양한 프로그램에 참여하려고 가시지.

리나 어떤 프로그램을 진행하나요?

마이클 피트니스, 웰니스 프로그램, 공예, 상담, 자원봉사 기회 등을 제공해. 영양가 있는 식사와 교통 서비스도!

애나 요즘은 활발하게 일하시는 어르신이 많지.

리나 아이들은요? 놀기 위해 주로 어디를 가나요? 예를 들어 한국엔 키즈 카페가 많거든요.

애나 실내 놀이터를 말하는 거니? 실내 놀이터 말고도 아이들이 갈 만한 곳이 많단다.

마이클 나이와 상관없이 누구나 즐길 수 있는 가족 놀이 센터도 많아.

애나 어린이 박물관, 동물원, 놀이센터 등이 있지. 뭐든 있어.

마이클 아이들이 어렸을 때 자연으로 많이 데리고 다녔지.

애나 우리 아이들은 캠핑을 정말 좋아했단다. 아, 그때가 그립구나!

마이클 대자연은 최고의 선생님이지.

리나 샘과 제시카는 아름다운 어린 시절을 보냈군요.

elder 노인 **senior** 노인, 어르신 **wide** 폭넓은, 넓은 **variety** 다양성, 여러 가지 **offer** 제공하다 **wellness** (몸과 마음의) 건강[함] **nutritious** 영양가 높은 **transportation** 교통, 차편 **indoor playground** 실내 놀이터 **family fun centers** 가족 놀이 센터 **You name it**. 뭐든 말해봐. 뭐든 있어. **can tell** ~라는 것을 알 수 있다

Expression Point

회화 실력을 업그레이드해주는 표현을 익혀보세요.

Are there any senior centers in America?

미국에 노인복지관이 있나요?

senior는 '(~보다) 연장자' 또는 '(~보다) 서열이 높은'이란 뜻의 단어예요. '노인, 어르신'은 senior citizen이라는 표현을 많이 쓰는데 그냥 senior라고도 합니다(특히 미국 영어에서).

More and more seniors are using social media.
점점 더 많은 어르신들이 소셜 미디어를 이용하고 계셔.

Senior citizens these days are healthier than ever before.
요즘 어르신들은 이전보다 건강하시다.

Seniors 60 and older receive a 10 percent discount here.
60세 이상 어르신들은 10% 할인해 드립니다.

Many elders go to senior centers to participate in a wide variety of programs.

많은 어르신이 다양한 프로그램에 참여하려고 노인복지관에 가시지.

elder

elder는 '(형제나 자매들 중) 나이가 위인, 연장자인'이란 뜻이에요. 또한 '노인'이란 뜻도 있습니다. 같은 뜻으로 elderly란 말도 써요. elder에 지혜와 경륜의 느낌이 묻어난다면 senior에는 '서열'의 느낌이 강합니다(반대말이 junior라 더 그렇지요).

He is my elder brother.
그는 내 형이야.

Most elders don't want to change their lifestyle.
대부분의 어르신들은 생활방식을 바꾸고 싶어 하지 않으셔.

Elders can receive nursing care.
어르신들은 돌봄 서비스를 받을 수 있어요.

a (wide) variety of

variety는 various(다양한)의 명사형이에요. '다양성', '각양각색' 정도로 해석하면 되겠네요. a variety of~는 '다양한 ~'라는 뜻입니다. 거기에 wide(넓은)가 더해지니 그만큼 더 다양하다는 뜻이겠죠. wide 대신 big을 쓰기도 합니다.

This machine can be used for a variety of purposes.
이 기계는 다양한 목적으로 사용 가능하다.

She does a variety of volunteer activities.
그녀는 다양한 봉사활동을 한다.

The market sells a wide variety of fruits.
그 시장은 아주 다양한 과일들을 판매한다.

They provide fitness, craft, counseling, and so on.

피트니스, 공예, 상담 등을 제공해.

우리말의 '기타 등등'에 해당하는 대표적인 표현이 and so on이에요. on 대신 forth를 넣어, and so forth도 흔히 쓰여요. 그 밖에 etc.와 and whatnot도 있습니다.

I like all kinds of meat, such as beef, pork, chicken, and so on.
나는 모든 종류의 육류를 좋아해. 소고기, 돼지고기, 닭고기, 기타 등등.

Employees complain about their wages, their working conditions, and so on. 직원들은 임금과 근무환경 등에 대해 불평한다.

Our combo meal includes a burger, French fries, and so on.
우리 세트메뉴에는 햄버거와 감자튀김 등이 포함되어 있습니다.

I can tell that Sam and Jessica had a beautiful childhood.

샘과 제시카는 아름다운 어린 시절을 보낸 것 같군요.

tell에는 '말하다'라는 뜻과 '구별하다'라는 뜻이 있어요. 여기서는 후자의 의미로 보면 됩니다. '그렇게 보이네', '딱 보니까 알 것 같네' 정도로 해석하면 되겠습니다.

A: I'm from England. B: Yeah, I can tell.
A: 난 잉글랜드에서 왔어. B: 그래, 그런 것 같네(말투를 보니).

A: I've been putting on some weight. B: I can tell.
A: 나 살이 좀 쪘어. B: 그런 것 같다.

I can tell the reason somehow.
왠지 이유를 알 것 같네.

Drill 1

학습한 내용을 응용하여 영작해보세요.

1 ______________________________

그의 두 아들 중 큰아들이 제이크야. **보기** Jake, the, is, elder, sons, of, two, his

2 ______________________________

어르신들은 언제든 환영입니다. **보기** welcome, seniors, always, are

3 ______________________________

그 호텔의 식당은 매우 다양한 음식들을 제공합니다.

보기 food, the, choices, restaurant, hotel's, offers, of, a, variety, wide

4 ______________________________

파리, 런던 등 방문해야 할 멋진 곳들이 있다.

보기 such, there, are, London, and so on, Paris, visit, wonderful, to, as, places

5 ______________________________

A: 우린 절친이야. B: 그래 보이네.

보기 A: are, we, friends, best B: tell, yeah, can, I

Drill 2

영어를 가리고 한국어를 보면서 바로 말할 수 있는지 체크해보세요. 

□ 미국에도 노인복지관이 있나요?	Are there any senior centers in America too?
□ 피트니스, 공예, 상담 등을 제공해.	They provide fitness, craft, counseling and so on.
□ 뭐든 있어.	You name it.
□ 실내 놀이터를 말하는 거니?	You mean indoor playgrounds?
□ 나이와 상관없이 누구든 즐길 수 있어.	Anyone can go to have fun regardless of age.
□ 그때가 그립구나!	I miss those times!

1 The elder of his two sons is Jake. **2** Seniors are always welcome. **3** The hotel's restaurant offers a wide variety of food choices. **4** There are wonderful places to visit such as Paris, London, and so on. **5** A: We are best friends. B: Yeah, I can tell.

건강 식품

세계 각국에는 나름의 보양식들이 있을 텐데요.
한국에서는 기력이 떨어질 때 한약을 지어 먹기도 하고, 비타민을 챙겨 먹기도 하죠.
미국에선 몸이 좋지 않을 때 어떤 음식을 먹을까요?

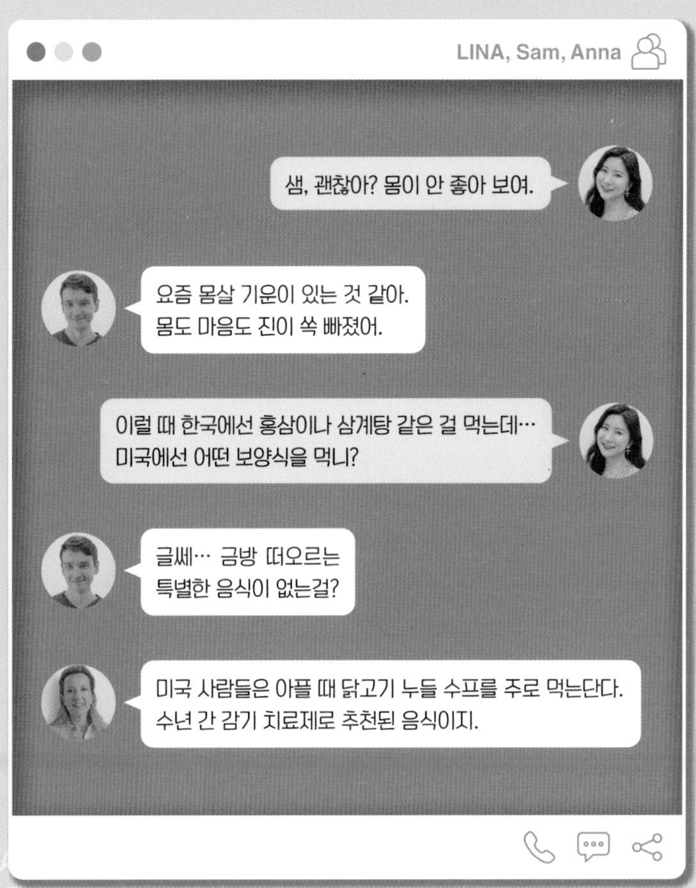

LINA, Sam, Anna
샘, 괜찮아? 몸이 안 좋아 보여.
요즘 몸살 기운이 있는 것 같아.
몸도 마음도 진이 쏙 빠졌어.
이럴 때 한국에선 홍삼이나 삼계탕 같은 걸 먹는데…
미국에선 어떤 보양식을 먹니?
글쎄… 금방 떠오르는
특별한 음식이 없는걸?
미국 사람들은 아플 때 닭고기 누들 수프를 주로 먹는단다.
수년 간 감기 치료제로 추천된 음식이지.

Live Talk

오늘의 대화문을 귀 기울여 들어보세요. 

Lina Today we're going to talk about energy-boosting foods with Sam and Anna.

Lina Sam, are you OK? You don't look well.

Sam I've been feeling under the weather lately. Mentally and physically a bit drained.

Lina In Korea, people eat ginseng chicken soup, red ginseng and stuff like that to boost energy.
What are typical energy-boosting foods in America?

Sam Hmm. Nuts, chicken, salmon, oatmeal and lots of water, I guess? I can't really think of anything special off the top of my head right now.

Anna Well, American people eat chicken noodle soup when they're sick. It's been a recommended cold remedy for decades.

Lina That sounds very similar to *samgyetang*, which is also chicken soup.

Anna Have you heard of a book *called Chicken Soup for the Soul*?

Lina Oh, yes! Because the book is meant to heal and soothe the soul, it's called chicken soup!
Now everything's falling into place!

Sam Well, I just try to stay hydrated and sleep well.

Anna I'll get you a hot ginger tea later.

Sam Oh, thanks Mom.

Anna Today's dinner is chicken noodle soup, everyone!

Lina I'll help! Sam, hope you feel better!

Sam Thank you, ladies. I feel better already!

리나 오늘은 샘, 애나와 기운이 나는 음식에 관해 이야기 나눠 보겠습니다.

리나 샘, 괜찮아? 몸이 안 좋아 보이는네.

샘 요즘 몸살 기운이 있는 것 같아. 정신적으로도 육체적으로도 진이 좀 빠졌어.

리나 한국 사람들은 힘을 내기 위해서 삼계탕과 홍삼 등을 먹어. 미국의 대표적인 보양식은 뭐가 있어?

샘 음… 견과류, 닭, 연어, 오트밀 그리고 물 많이? 지금 당장 딱 떠오르는 특별한 음식은 없는 것 같아.

애나 음, 미국 사람들은 아플 때 닭고기 누들 수프를 먹는단다. 수십 년 간 감기 치료제로 추천된 음식이야.

리나 삼계탕과 굉장히 비슷한데, 그것도 닭고기 수프예요.

애나 〈영혼을 위한 닭고기 수프〉라는 책, 들어 본 적 있니?

리나 아, 맞아요! 책이 영혼을 치유하고 달래줘서 닭고기 수프라고 하는군요! 이제 모든 퍼즐이 맞춰지네요.

샘 난 그냥 물을 많이 마시고 잘 자려고 해.

애나 좀 있다가 뜨거운 생강차를 끓여 줄게.

샘 고마워요, 엄마.

애나 오늘 저녁은 닭고기 누들 수프입니다, 여러분!

리나 제가 도울게요! 샘, 낫길 바라.

샘 고마워요, 여러분. 벌써 괜찮아진 것 같아요!

energy-boosting 힘이 나는 **under the weather** 몸이 안 좋은 **mentally** 정신적으로, 마음속으로 **physically** 신체적으로, 물리적으로 **drained** 진이 빠진 **ginseng** 인삼 **red ginseng** 홍삼 **and stuff like that** ~와 같은, 등등 **typical** 전형적인, 대표적인 **remedy** 치료제, 치료 방안 **be meant to** ~인 것으로 여겨지다, ~하기로 되어 있다 **heal** 치유되다, 치료하다, 낫다 **soothe** 달래다, 누그러뜨리다 **fall into place** 일이 문제없이 진행되다, 앞뒤가 맞아 떨어지다 **hydrated** 수분이 충분한

 회화 실력을 업그레이드해주는 표현을 익혀보세요.

I've been feeling under the weather lately.

요즘 몸살 기운이 있는 것 같아.

under the weather를 직역하면 '날씨의 영향을 받는' 정도가 되겠네요. 흐리고 비만 오면 '삭신이 쑤신다'고 하시는 어르신의 모습이 떠오르지 않으세요? 그렇게 생각하면 under the weather가 왜 '몸이 좋지 않다'는 뜻인지 이해할 수 있을 것 같네요.

Are you feeling under the weather? 몸이 안 좋은 거야?
I was under the weather last night, but I'm feeling better now.
지난 밤엔 몸이 좋지 않았는데 지금은 나아졌어.
I didn't go to work today because I felt a bit under the weather.
몸이 좀 안 좋아서 오늘 출근 안 했어.

I can't really think of anything special off the top of my head right now.

지금 당장 딱 떠오르는 특별한 음식은 없는 것 같아.

off에는 붙어 있던 것이 떨어져 나오는 '분리'의 의미가 있습니다. 그럼 내 머리 꼭대기에서 떨어져 나오는 건 뭘까요? off the top of one's head는 머리에서 떠오르는 생각과 관련이 있습니다. 따라서 '얼핏 드는 생각엔', '막 떠오르는 생각으로는'이란 뜻이 됩니다.

I'm speaking off the top of my head. 생각나는 대로 말씀 드리는 겁니다.
It is just an idea off the top of my head. 그냥 막 떠오른 아이디어예요.
I cannot think of any good examples off the top of my head.
좋은 예가 당장 떠오르지 않네.

It's been a recommended cold remedy for decades.

수십 년 간 감기 치료제로 추천된 음식이야.

remedy는 '치료법' 또는 '치료약'을 뜻해요. 여기에서 파생되어 어떤 문제에 대한 '해결책'이란 의미로도 쓰입니다. '민간요법'은 home remedy나 folk remedy라고 합니다.

Ginger is a popular cold remedy around the world.
생강은 전 세계적으로 인기 있는 감기 치료제다.

Fish oil is used as a folk remedy.
생선기름은 민간 치료제로 쓰인다.

◘ remedy가 '해결책'이란 뜻으로 쓰이는 문장도 한 번 볼까요?

There is no simple remedy for unemployment.
실업문제에 대한 간단한 해결책은 없다.

Because the book is meant to heal and soothe the soul, it's called chicken soup!

그 책이 영혼을 치유하고 달래줘서 닭고기 수프라고 하는군요!

meant는 '뜻하다, 의도하다'라는 뜻의 동사 mean의 과거, 과거분사형입니다. 여기서는 mean이 수동형(is meant)으로 사용된 것이죠. 뜻은 '~하도록 의도되다'가 되겠네요. 사람이 주어인 경우 '~해야만 하다'라고 해석하는 것이 자연스럽습니다.

The computer is meant to simplify our lives.
컴퓨터는 우리 삶을 단순하게 만들기 위해 탄생했다.

This proves that you two are meant to be a couple.
이건 너희 둘이 커플이 될 운명이라는 증거야.

The police were meant to protect people.
경찰은 사람들을 보호해야 한다.

I just try to stay hydrated and sleep well.

난 그냥 물을 많이 마시고 잘 자려고 해.

'머무르다'라는 뜻의 stay 다음에 형용사가 오면 그 상태를 '유지하다'라는 의미가 됩니다. stay healthy(건강을 유지하다), stay warm(따뜻하게 지내다), stay calm(평정심을 유지하다) 등등. hydrated은 '수분이 충분하다'라는 뜻이에요.

You should stay focused.
집중해야만 돼.

We have to stay consistent to become winners.
승자가 되려면 꾸준해야 해.

Try to stay positive even during hard times.
힘든 시기에도 긍정적인 태도를 유지하도록 해봐.

Drill 1

학습한 내용을 응용하여 영작해보세요.

1 ______________________________

지난 금요일 이후로 몸이 안 좋아. **보기** I've, Friday, been, last, under, the, since, weather

2 ______________________________

당장 생각이 안 나서 이야기 못하겠네. **보기** head, I, can't, my, tell, you, of, off, top, the

3 ______________________________

비타민 C는 피부 트러블에 인기 있는 치료약이다.

보기 Vitamin C, troubles, is, a, skin, popular, for, remedy

4 ______________________________

그 영화는 사람들을 웃기려고 만들어졌다. **보기** funny, the, film, meant, is, be, to

5 ______________________________

곧 돌아올 테니 채널 고정하세요. **보기** be, stay, tuned, we'll, back, right

Drill 2

영어를 가리고 한국어를 보면서 바로 말할 수 있는지 체크해보세요.

□ 요즘 몸살 기운이 있는 것 같아.	I've been feeling under the weather lately.
□ 지금 바로 떠오르는 특별한 것은 없는 것 같아.	I can't really think of anything special off the top of my head right now.
□ 수십 년 간 감기 치료제로 추천된 음식이야.	It's been a recommended cold remedy for decades.
□ 난 그냥 물을 많이 마시고 잘 자려고 해.	I just try to stay hydrated and sleep well.
□ 이제 모든 퍼즐이 맞춰지네요!	Now everything's falling into place!
□ 좀 있다가 뜨거운 생강차를 만들어 줄게.	I'll get you a hot ginger tea later.

정답 **1** I've been under the weather since last Friday. **2** I can't tell you off the top of my head. **3** Vitamin C is a popular remedy for skin troubles. **4** The film is meant to be funny. **5** Stay tuned, we'll be right back.

건강 보험

한국은 국가가 운영하는 국민건강보험이 있는데, 미국은 그렇지 않은 것 아시나요?
오늘은 리나가 보험에 관해 이야기를 나눴다고 하는데요, 함께 보시죠.

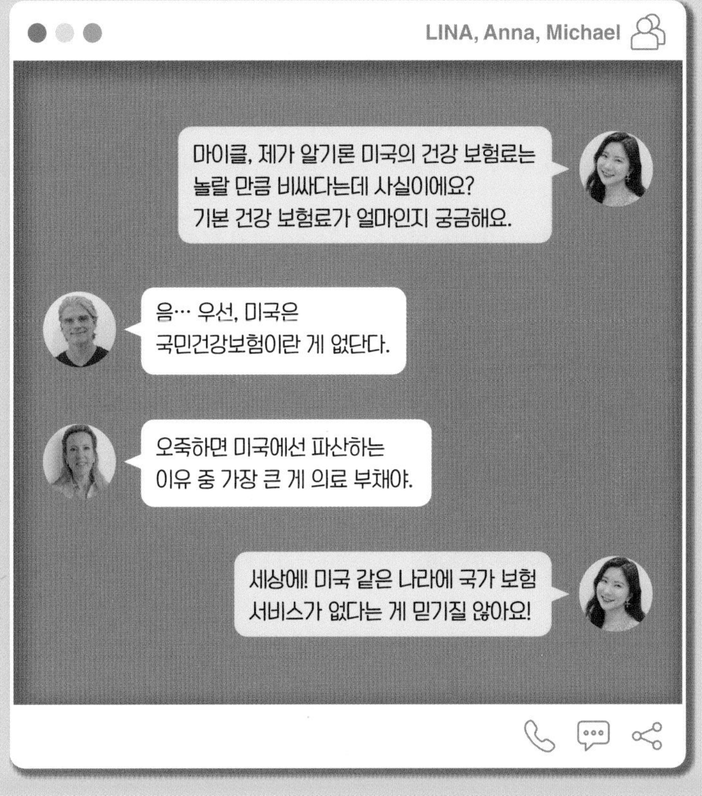

LINA, Anna, Michael
마이클, 제가 알기론 미국의 건강 보험료는 놀랄 만큼 비싸다는데 사실이에요? 기본 건강 보험료가 얼마인지 궁금해요.
음… 우선, 미국은 국민건강보험이란 게 없단다.
오죽하면 미국에선 파산하는 이유 중 가장 큰 게 의료 부채야.
세상에! 미국 같은 나라에 국가 보험 서비스가 없다는 게 믿기질 않아요!

Live Talk

오늘의 대화문을 귀 기울여 들어보세요. 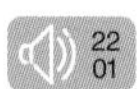

Lina Today, we're going to talk about health insurance with Anna and Michael.

Lina America's health insurance is known to be alarmingly expensive. I was wondering how much basic health insurance costs.

Michael First of all, there is no national health insurance service in the States.

Anna One of the biggest reasons for bankruptcy is medical debt here in America.

Lina Oh, no! In a way I find it extremely hard to believe that a country like America has no national insurance service.

Michael However, there are Medicaid and Medicare. These are federal social insurances designed only for the poor, elderly, young and disabled.

Anna Back to your question! On average, insurance costs are about $456 for an individual and about $1,152 for a family.

Lina What does basic health insurance cover?

Anna There are 10 categories insurance plans must cover. Doctor's services, inpatient and outpatient services, prescription drug coverage, pregnancy and childbirth, mental health services, and so on.

Lina Why is health care so expensive? I don't understand.

Michael In a nutshell, U.S. health care is based on a for-profit insurance system.

Lina Nothing is more important than saving people's lives, I believe.

Anna I was informed that Korea has a wonderful medical health insurance. You should be thankful for that!

Lina We do. Yes, I should be!

리나 오늘은 애나, 마이클과 건강 보험에 관해 이야기 나누어 보도록 하겠습니다.

리나 미국의 건강 보험료는 놀랄 만큼 비싸다고 알려져 있어요. 기본 건강 보험료가 얼마인지 궁금해요.

마이클 우선, 미국은 국민건강보험이 없단다.

애나 여기 미국에선 파산하는 가장 큰 이유 중 하나가 의료 부채야.

리나 세상에! 어찌 보면 미국 같은 나라에 국가 보험 서비스가 없다니 믿기지 않아요.

마이클 하지만 메디케이드와 메디케어가 있어. 형편이 어려운 사람들, 노인들, 아이들과 장애인들을 위한 연방 사회 보험이지.

애나 네 질문으로 돌아가서! 한 사람 보험료가 평균 456달러 정도고 가족은 1,152달러 정도 한대.

리나 기본 보험은 무엇을 보장해 주나요?

애나 보험 플랜에 반드시 들어가야 하는 카테고리가 10가지 있어. 의사의 진료, 입원과 외래 진료, 처방 약 보장, 임신과 출산, 정신 건강 서비스 등이야.

리나 의료 서비스가 왜 이렇게 비싸죠? 이해가 안 돼요.

마이클 간단히 말해서, 미국의 의료 서비스는 영리적 보험 제도를 기반으로 하거든.

리나 사람의 목숨을 살리는 것보다 더 중요한 건 없을 것 같은데요.

애나 한국은 굉장히 좋은 의료 건강 보험이 있다고 들었단다. 감사해야 할 것 같구나!

리나 네, 맞아요. 그래야겠어요!

health insurance 건강 보험 **alarmingly** 놀랄 만큼, 걱정스러울 만큼 **national health insurance** 국민건강보험 **bankruptcy** 파산 **medical debt** 의료 부채[빚] **in a way** 어떤 면에서는, 어떻게 보면 **federal social insurance** 연방사회보험 **design for** ~을 목적으로 계획하다 **back to** ~로 돌아가서 **on average** 평균적으로 **inpatient** 입원 환자 **outpatient** 외래 환자 **prescription drug** 처방약 **coverage** 보장 **pregnancy** 임신 **childbirth** 출산 **mental health** 정신 건강 **in a nutshell** (핵심만) 간단히 말해서 **be informed** 알다, 파악하다

I was wondering how much basic health insurance costs.

기본 건강 보험료가 얼마인지 궁금해요.

I was wondering은 뭔가 궁금할 때 공손하게 사용하는 표현이에요. 왜 I am wondering이라고 안 하고 굳이 과거형(was)을 썼을까요? I am wondering이라고 해도 틀린 건 아니지만 이렇게 현재형을 쓰면 '저 지금 궁금해요 (그러니까 얼른 답변을)'라고 직접적으로 물어보는 느낌인 반면에 I was wondering은 '저는 그게 궁금했어요'가 되니까 한결 부드럽고 정중한 느낌을 줍니다.

I was wondering if I could borrow your book.
책을 좀 빌릴 수 있을지 궁금해요.

I was wondering if we could talk.
이야기를 좀 할 수 있을지 궁금합니다.

I was wondering when you are gonna be here.
네가 언제 도착하는지 궁금해.

One of the biggest reasons for bankruptcy is medical debt here in America.

여기 미국에선 파산하는 가장 큰 이유 중 하나가 의료 부채야.

one of는 '~ 중 하나'라는 뜻입니다. 그러니까 의미상 one of 다음엔 복수형 명사가 나옵니다. 최소한 두 개는 있어야 '그 중 하나'라는 말을 하게 될 테니까요. 그런데 중요한 건 어디까지나 주어는 one이기 때문에 이어지는 동사는 단수형이 와야 한다는 것입니다.

One of his friends uses a brand new smartphone.
내 친구 중 하나는 최신 스마트폰을 써.

One of my brothers is a carpenter.
내 형제들 중 하나는 목수야.

One of my favorite films is *Life is Beautiful.*
내가 제일 좋아하는 영화 중 하나는 〈인생은 아름다워〉야.

I find it extremely hard to believe that a country like America has no national insurance service.

미국 같은 나라에 국가 보험 서비스가 없다니 믿기지 않아요.

부사 extremely를 빼면 뼈대 문장이 보이죠? I find it hard to believe는 '~하다는 것을 믿을 수 없다'라는 뜻이에요. find는 '찾다'보다 '발견하다'로 생각하면 해석이 쉬우실 거예요.

I find it hard to believe that today is only Tuesday.
오늘이 아직 화요일이라니 믿기 어렵네.

I find it hard to believe that you came here alone.
자네가 여기 혼자 왔다니 믿기 어렵군.

On average, insurance costs are about $456 for an individual.

한 사람 보험료가 평균 456달러 정도래.

average는 '평균, 보통'의 의미로 on average는 '평균적으로'라는 뜻입니다. on average는 의미상 숫자들과 쓰는 일이 많겠지요. 애나는 456을 four hundred fifty six라고 말했는데 이걸 four fifty six라고 할 수도 있어요.

On average, women live longer than men.
평균적으로 여성이 남성보다 오래 산다.

On average, I read 20 books per year.
난 1년에 평균 20권 정도 책을 읽어.

In a nutshell, U.S. health care is based on a for-profit insurance system.

간단히 말해서, 미국의 의료 서비스는 영리적 보험 제도를 기반으로 하거든.

nutshell은 견과류의 '껍질'이죠? 안에는 영양분이 꽉 차 있는 nut이 있고요. 그래서 in a nutshell은 '핵심만 간단히 말하면'이란 뜻이에요.

In a nutshell, I was fired. 핵심만 요약하면 나 해고당했어.

I'll tell you what happened in a nutshell. 어떻게 된 건지 핵심만 말해줄게.

Drill 1

학습한 내용을 응용하여 영작해보세요.

1 ______

두 분이 어떻게 만나셨는지 궁금했어요. **보기** you, two how, met, I, wondering, was

2 ______

우리의 가장 큰 문제 중 하나는 음식물 쓰레기다.

보기 of, food, biggest, is, problems, one, waste, our

3 ______

네가 아직도 산타클로스가 있다고 믿는다니 믿기 어렵다.

보기 Santa Clause, still, believe, in, find, that, you, it, to, I believe, hard

4 ______

평균적으로 그는 매달 5,000달러 정도 번다.

보기 $5,000, he, on, earns, month, average, per, about

5 ______

핵심만 이야기하면 우리 선생님 엄청 화나셨어.

보기 is, teacher, very, in, angry, nutshell, our, a

Drill 2

영어를 가리고 한국어를 보면서 바로 말할 수 있는지 체크해보세요. 

□ 기본 건강 보험료가 얼마인지 궁금해요.	I was wondering how much basic health insurance costs.
□ 여기 미국에선 파산하는 가장 큰 이유 중 하나가 의료 부채야.	One of the biggest reasons for bankruptcy is medical debt here in America.
□ 한 사람 보험료가 평균 456달러 정도래.	On average, insurance costs are about $456 for an individual.
□ 간단히 말해서, 미국의 의료 서비스는 영리적 보험 제도를 기반으로 하거든.	In a nutshell, U.S. health care is based on a for-profit insurance system.
□ 미국의 건강 보험료는 놀랄 만큼 비싸다고 알려져 있어요.	America's health insurance is known to be alarmingly expensive.
□ 사람의 목숨을 살리는 것보다 더 중요한 건 없어.	Nothing is more important than saving people's lives.

 **1**. I was wondering how you two met. **2** One of our biggest problems is food waste. **3** I find it hard to believe that you still believe in Santa Clause. **4** On average, he earns about $5,000 per month. **5** In a nutshell, our teacher is very angry.

민간요법

한국에서는 딸꾹질을 할 때 갑자기 놀라게 하거나
감기에 걸리면 생강차를 마시는 등 여러 민간요법이 있지요.
가벼운 증상이거나 급히 병원을 가기 힘든 상황에서 민간요법이 도움이 될 때가 많은데요,
미국에도 이들만의 민간요법이 있을까요?

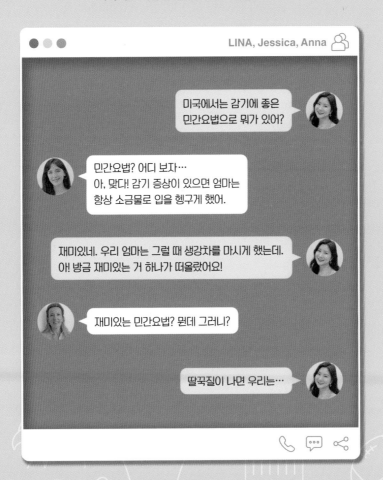

LINA, Jessica, Anna

미국에서는 감기에 좋은 민간요법으로 뭐가 있어?

민간요법? 어디 보자…
아, 맞다! 감기 증상이 있으면 엄마는 항상 소금물로 입을 헹구게 했어.

재미있네. 우리 엄마는 그럴 때 생강차를 마시게 했는데.
아! 방금 재미있는 거 하나가 떠올랐어요!

재미있는 민간요법? 뭔데 그러니?

딸꾹질이 나면 우리는…

Live Talk

오늘의 대화문을 귀 기울여 들어보세요. 

Lina	Today, we're going to talk about home remedies with Anna and Jessica.
Lina	What are home remedies for a cold in the States?
Jessica	Let me see... Home remedies... My mom has always had us gargle salt water when Sam and I had cold symptoms. It's kind of like a home remedy.
Lina	Interesting! My mom had me drink ginger tea when I had a cold. The most odd home remedy I've ever heard was drinking soju with a bit of red pepper powder in it.
Anna	I'm not surprised because there are many people who believe drinking alcohol kills bacteria.
Lina	Oh! Another interesting one just came across my mind! To get rid of hiccups we would try to jump out and startle people in some way.
Jessica	My friends would hit me hard on the back. But now I just hold my breath and count to 10.
Anna	My mother told me to bite on a lemon when I was young to stop hiccups instantly.
Lina	What if you have an upset stomach? In Korea people prick their thumb with a needle to treat indigestion. You need to squeeze your thumb and let some blood out.
Anna	Ginger ale!
Lina	Oh, right! When I vomited on an airplane, flight attendants offered me ginger ale!
Jessica	Now, you know why!

리나	오늘은 애나, 제시카와 민간요법에 관해 이야기 나눠볼게요.
리나	미국의 감기 민간요법에는 뭐가 있어?
제시카	어디 보자… 민간요법이라… 샘하고 내가 감기 증상이 있으면 엄마는 항상 소금물로 입을 헹구게 했어. 민간요법 같은 거야.
리나	재미있다! 내가 감기에 걸리면 우리 엄마는 생강차를 마시게 했는데. 내가 들어 본 가장 독특한 민간요법은 소주에 고춧가루를 약간 넣어서 마시는 거야.
애나	술 마시면 박테리아가 죽는다고 생각하는 사람이 많으니 그리 놀랍진 않구나.
리나	아! 방금 재미있는 거 하나가 떠올랐어요! 딸꾹질을 안 나게 하려고 우리는 펄쩍 뛰어서 사람들을 깜짝 놀라게 하기도 했어요.
제시카	내 친구들은 등을 세게 치곤 했지. 그런데 지금은 숨을 참고 열까지 세.
애나	어릴 적 우리 어머니는 딸꾹질을 바로 멈추게 하려고 레몬을 깨물게 하셨지.
리나	배탈이 났을 때는요? 한국에서는 소화가 안 될 때 엄지를 바늘로 따기도 해요. 엄지를 꾹 누르고 피가 나게 해야 해요.
애나	진저에일!
리나	아, 맞아요! 비행기에서 토했을 때 승무원분들이 진저에일을 주셨어요!
제시카	이제 왜 그랬는지 알겠네!

home remedies 민간요법 **gargle** 입안을 헹구다, 양치질하다 **symptom** 증상, 징후 **odd** 이상한, 특이한 **a bit of** 소량의, 한 조각의 **bacteria** 박테리아, 세균 **come across one's mind** 우연히 떠오르다, 뇌리에 스치다 **get rid of** ~을 제거하다, 없애다, 처리하다 **hiccups** 딸꾹질 **startle** 깜짝 놀래키다 **hit someone on the back** ~의 등을 때리다 **count** 세다 **instantly** 바로 **have an upset stomach** 배탈이 나다, 체하다 **prick** (피가 나도록 피부를) 찌르다 **treat** 다루다, 치료하다 **indigestion** 소화불량 **vomit** 토하다 **flight attendant** 승무원

My mom had me drink ginger tea when I had a cold.

내가 감기에 걸리면 우리 엄마는 생강차를 마시게 했는데.

have에는 '가지다, 먹다' 외에 '시키다, ~하게 하다'라는 뜻도 있어요. 이 경우에는 have 다음에 시키는 대상이 나오고 동사원형이 이어집니다. 〈have+목적어+동사원형〉의 형태이죠. let이나 make도 비슷한 의미로 쓰여요. 그래서 이 셋을 묶어서 '사역동사'라고 부르기도 해요.

I will have her call you as soon as possible.
가능한 한 빨리 전화 드리라고 할게요.

She had her sister do the dishes.
그녀는 여동생이 설거지하도록 시켰어.

My mom had me do all the house chores.
엄마는 내가 온갖 집안일을 다 하도록 시키셨다.

I'm not surprised because there are many people who believe drinking alcohol kills bacteria.

술 마시면 박테리아가 죽는다고 생각하는 사람이 많으니 그리 놀랍진 않구나.

I'm not surprised를 곧이곧대로 해석하면 '난 놀랍지 않아' 정도가 되겠네요. 그런데 상황에 따라서는 여기서와 같이 '(생각해보면) 놀랄 것도 없지 뭐' 하는 식으로 별일 아니라는 뜻으로 말하거나 더 나아가서 약간은 빈정거리는 듯한 느낌으로 자주 쓰여요.

Again? I'm not surprised anymore.
또야? 이젠 놀랍지도 않다.

I'm not surprised at all. Why should I be?
전혀 놀라지 않았어. 왜 놀라야 하지?

I'm not surprised because I've seen it before.
전에도 본 적이 있어서 놀랍지 않아.

Another interesting one just came across my mind!

재미있는 거 하나 더 생각났어요!

come across에는 '우연히 만나다, 마주치다'라는 뜻이 있어요. 그런데 뭔가가 내 마음(my mind)과 마주쳤다는 건 그게 '생각났다, 떠올랐다'는 뜻으로 바꿔 생각할 수 있지 않을까요? 그래서 ~ come across my mind라고 하면 '~가 생각났다, 떠올랐다'는 의미입니다.

You just came across my mind. 갑자기 네 생각이 났어.
This kimchi pasta recipe came across my mind just now.
이 김치파스타 요리법이 방금 막 떠올랐어.
A good idea just came across my mind. 갑자기 좋은 생각이 떠올랐어.

My friends would hit me hard on the back.

내 친구들은 등을 세게 치곤 했지.

would

would는 will의 과거형으로 많이 알고 있을 거예요. 그런데 과거의 습관을 나타낼 때도 would를 써요. 우리말로는 '~하곤 했다'가 됩니다.

We would eat lunch together. 우리는 점심을 함께 먹곤 했죠.
After lunch, I would take a nap. 점심을 먹은 후, 난 낮잠을 자곤 했어요.

+ 과거의 습관을 나타낼 때 would와 함께 used to도 많이 씁니다. 예전에는 would는 '불규칙적인 습관' used to는 '규칙적인 습관'이라고 구분하기도 했는데, 요즘은 혼용해서 쓰는 편입니다. 분명한 차이는 used to는 '과거 습관이 지금은 계속되지 않는 경우'에 쓴다는 겁니다. would의 경우엔 '지금도 그렇게 하는지' 따로 설명하지 않으면 그 자체로 알 수는 없어요.

We used to play soccer together in the street.
우리는 길거리에서 함께 축구를 하곤 했어.

hit ~ on...

hit은 누군가(뭔가)를 '때리다'라는 뜻입니다. I hit him이라고 하면 '내가 걔를 때렸어'라는 뜻인데, 여기에 때린 부위까지 말하려면 〈I hit him on + 때린 신체부위〉처럼 표현합니다.

I hit him on his head by mistake. 실수로 걔 머리를 때렸어.
The ball hit me on my left eye. 그 공에 내 왼쪽 눈을 맞았어.
I hit my friend on his back really hard. 난 내 친구의 등을 엄청 세게 쳤어.

Drill 1

학습한 내용을 응용하여 영작해보세요.

1 ______________________________

코치는 그를 이례적인 방식으로 훈련시켰다.

보기 unusual, train, the coach, had, in, him, ways

2 ______________________________

그들이 미쳤다는 걸 알고 있었기 때문에 놀라지 않았어.

보기 because, I'm, surprised, not, crazy, I, they, knew, were

3 ______________________________

마침내 끝내주는 아이디어가 떠올랐어요.

보기 at, came, last, a, across, brilliant, mind, idea, my

4 ______________________________

은퇴 후에 그 부부는 골프 치며 시간을 많이 보냈곤 했어.

보기 the, would, after, time, retirement, spend, couple, golf, a lot of, playing

5 ______________________________

그 남자아이는 친구의 이마를 막대기로 때렸어.

보기 the, his, lad, forehead, hit, stick, friend, on, with, the, a

Drill 2

영어를 가리고 한국어를 보면서 바로 말할 수 있는지 체크해보세요. 

□ 내가 감기에 걸리면 우리 엄마는 생강차를 마시게 했는데.	My mom had me drink ginger tea when I had a cold.
□ 방금 재미있는 거 하나 더 생각났어요!	Another interesting one just came across my mind!
□ 내 친구들은 등을 세게 치곤 했지.	My friends would hit me hard on the back.
□ 미국의 감기 민간요법에는 뭐가 있어?	What are home remedies for a cold in the States?
□ 배탈이 났을 때는요?	What if you have an upset stomach?
□ 승무원분들이 진저에일을 주셨어요!	Flight attendants offered me ginger ale!

1 The coach had him train in unusual ways. **2** I'm not surprised because I knew they were crazy. **3** At last, a brilliant idea came across my mind. **4** After retirement, the couple would spend a lot of time playing golf. **5** The lad hit his friend on the forehead with a stick.

해장

한국에서는 숙취 해소를 위해 콩나물국이나 북엇국을 많이 먹죠.
숙취용 음료도 있고, 아이스 아메리카노를 마시며 해장하는 분도 계시고요.
미국에서는 뭘로 해장하는지 같이 알아볼까요?

LINA, Jessica, Sam
샘, 어제 술 많이 마셨다며? 괜찮아?
아직도 숙취 때문에 죽겠어…
그러게, 왜 그렇게 많이 마셨어?
친한 친구가 여자친구랑 헤어져서
밤새 술이나 마시자 그런 거지 뭐.
미국에선 보통 숙취를 어떻게 해소해?

Live Talk

오늘의 대화문을 귀 기울여 들어보세요. 

Lina — Today, we're going to talk about hangover cures with Sam and Jessica. Sam said he drank like a fish last night.

Lina — Are you okay?

Sam — Yeah. I still have a horrible hangover though.

Jessica — Why did you drink so much?

Sam — Well, one of my best friends broke up with his girlfriend and we decided to booze the night away.

Lina — How do you usually nurse hangovers? What would be the typical hangover cures in America?

Sam — I usually drink milk or eat pizza in the morning. Pizza works the best for me.

Jessica — A typical hangover cure would be something greasy. Fried bacon and eggs, I guess? Well, it all depends. I just drink a lot of water.

Lina — I can't imagine having anything greasy when I feel like throwing up. Koreans usually go for hot soups or hangover cure drinks.

Jessica — Drinks like Gatorade?

Lina — No, drinks specifically made to cure hangovers.

Sam — I think I tried a pharmaceutical product once. Wasn't worth it though.

Lina — How much do you drink usually?

Sam — I have a pretty high tolerance but I don't enjoy it much. More of a social drinker.

Jessica — Get yourself together, Sam! You better stop getting blackout drunk!

리나 오늘은 해장에 관해 샘과 제시카와 이야기 나눠보겠습니다. 샘이 어제 너무 많이 마셨다네요.

리나 괜찮아?

샘 응, 아직도 숙취 때문에 죽겠지만.

제시카 왜 이렇게 많이 마셨어?

샘 친한 친구가 여자친구랑 헤어져서 밤새 술이나 마시자고 그랬지.

리나 보통 숙취는 어떻게 해결해? 미국의 대표적인 숙취 해소 방법은 뭐가 있을까?

샘 난 보통 아침에 우유를 마시거나 피자를 먹어. 나한테는 피자가 제일 잘 들어.

제시카 대표적인 해장은 뭔가 기름진 거. 구운 베이컨과 계란 프라이 정도? 사람에 따라 다르지 뭐. 난 그냥 물을 많이 마셔.

리나 난 토할 것 같은데 기름진 걸 먹는 게 상상이 안 가. 한국 사람들은 보통 뜨거운 국물이나 숙취용 음료를 마셔.

제시카 게토레이 같은 거?

리나 아니, 숙취 해소를 위해 특별히 만든 음료야.

샘 나도 제약 제품을 한번 먹어본 적 있는 것 같아. 별로였지만.

리나 샘은 보통 주량이 어떻게 돼?

샘 난 잘 마시는데 술을 막 즐기지는 않아. 사회생활을 위해 마시는 편이지.

제시카 샘, 정신 차려라. 필름 끊길 때까지 마시는 거 그만하는 게 좋을 거야!

hangover 숙취 **cure** 치유법 **break up with** ~와 결별하다 **booze** 술; 술을 진탕 마시다 **nurse** 간호하다 **typical** 전형적인, 대표적인 **work** 일하다, 작동하다 **greasy** 기름진, 기름투성이의 **throw up** 토하다 **specifically** 특별히, 명확하게 **made to** ~에 맞춘 **pharmaceutical** 약, 제약의 **tolerance** 허용치, 내성 **blackout** 일시적 기억상실 **drunk** 술 취한

Expression Point

회화 실력을 업그레이드해주는 표현을 익혀보세요.

Sam said he drank like a fish last night.

샘이 어젯밤에 너무 많이 마셨다는데요.

drink는 '술을 마시다'라는 뜻이에요. drink like a fish는 직역하면 '물고기처럼 마시다'인데 진짜 뜻은 '술을 물처럼 많이 마시다'예요.

She drinks like a fish at least six nights each week.
그녀는 일주일에 최소 6일 밤은 술을 엄청나게 마신다.

Drinking like a fish is bad for your health.
술을 물처럼 마시는 건 건강에 좋지 않아.

Scott literally drank like a fish yesterday.
스콧은 어제 말 그대로 물고기처럼 술을 마셨다.

One of my best friends broke up with his girlfriend.

친한 친구가 여자 친구랑 헤어졌어.

break up에는 뭔가가 '(작은 단위로) 쪼개지다, 나뉘다'라는 뜻이 있어요. 이걸 인간관계에 적용하면 '관계가 깨지다'라는 뜻이 됩니다. 따라서 break up with는 '~와 헤어지다'라는 뜻의 표현이에요. 특히 연인이나 부부관계가 좋지 않게 끝날 때 많이 써요.

Jeff and Tina have broken up.
제프와 티나가 깨졌어.

How can I break up gracefully with my boyfriend?
어떻게 하면 남자친구와 우아하게 헤어질 수 있을까?

How dare you break up with me?
어떻게 감히 나랑 헤어질 수가 있어?

Pizza works the best for me.

나한테는 피자가 제일 잘 들어.

work은 '일하다' 말고 '(기계 등이) 작동하다'나 '효과가 있다'라는 뜻으로 자주 씁니다. 그 효과가 약효일 수도 있고, 체중을 줄이기 위한 운동일 수도 있고, 상사의 마음을 얻기 위한 아부일 수도 있습니다. 그때그때 문맥에 따라 자연스럽게 번역하고 이해하시면 되겠습니다.

It works great for relieving stress.
그 방법이 스트레스를 줄이는 데 효과가 있어.

This pill works the best for weight loss.
살 빼는 데는 이 알약이 최고야.

I don't know why, but the cold remedy doesn't work for me.
이유는 모르겠지만 그 감기 치료법은 내게 효과가 없어.

A typical hangover cure would be something greasy.

대표적인 해장은 뭔가 기름진 것일 거야.

더운 여름 날 갈증이 나면 '뭔가 시원한 게' 마시고 싶을 때가 있죠? 이때 '뭔가 ~한 것'이란 말은 〈something+형용사〉로 표현합니다. '뭔가 시원한 것'은 something cold, '뭔가 신선한 것'은 something fresh라고 하면 되겠네요. 이렇게 something 다음에 형용사가 오는 것에 유의하세요.

I want to drink something cold.
뭔가 시원한 걸 마시고 싶어.

I'm planning something special for my wife.
난 아내를 위해 뭔가 특별한 계획을 세우고 있어.

I need to have something warm and comfortable to wear.
난 뭔가 따뜻하고 편안한 입을 거리가 있어야 할 것 같아.

More of a social drinker.

사회생활을 위해 마시는 편이지.

'난 (고양이보다) 개를 더 좋아하는 사람이야'라고 할 때 I'm a dog person이라고 해요. 그런데 dog person이라고 고양이를 싫어한다는 법은 없잖아요. 그래서 개와 고양이 중 어느 쪽을 좋아하냐고 물으면 굉장히 고민하는 사람도 있어요. 고민 끝에 '난 고양이를 더 좋아하는 것 같아'라고 이야기하려면 I'm more of a cat person이라고 하면 됩니다. more of~는 '~에 더 가깝다'로 이해하시면 됩니다.

She is more of a people person. 그녀는 사교적인 사람에 더 가까워.
He is more of a friend than a boss. 그는 상사라기보다 친구에 가깝다.
My mom is more of a realist. 우리 엄마는 현실주의자에 더 가까워.

Drill 1

학습한 내용을 응용하여 영작해보세요.

1 ______________________________

너 매일 그렇게 술을 물처럼 마시는 거 그만 해야 돼.

보기 day, you, every, have, fish, drinking, to, like, stop, a

2 ______________________________

여자친구와 헤어지기 전에 잘 생각해봐야 해.

보기 girlfriend, your, breaking, you, with, should, up, think, before, carefully

3 ______________________________

난 절대 여러 가지 일을 동시에 못해. 보기 me, multitasking, for, never, works

4 ______________________________

웃기는 이야기 좀 해봐. 보기 funny, tell, something, me

5 ______________________________

나는 낙천주의자에 가까워. 보기 optimist, I, an, of, more, am

Drill 2

영어를 가리고 한국어를 보면서 바로 말할 수 있는지 체크해보세요. 

□ 샘이 어젯밤에 너무 많이 마셨다는데요.	Sam said he drank like a fish last night.
□ 나한테는 피자가 제일 잘 들어.	Pizza works the best for me.
□ 대표적인 해장은 뭔가 기름진 것일 거야.	A typical hangover cure would be something greasy.
□ 나는 술을 꽤 잘 마셔.	I have a pretty high (alcohol) tolerance.
□ 보통 주량이 어떻게 돼?	How much do you drink usually?
□ 필름 끊길 때까지 마시는 거 그만하는 게 좋을 거야!	You better stop getting blackout drunk!

정답 **1** You have to stop drinking like a fish every day. **2** You should think carefully before breaking up with your girlfriend. **3** Multitasking never works for me. **4** Tell me something funny. **5** I am more of an optimist.

심리 치료

미드를 보면 등장인물이 상담이나 심리 치료를 받는 장면이 자주 나옵니다.
제시카가 최근 좀 힘든 일이 있었던지 리나, 샘과 심리 치료 이야기를 나눴다는데요,
어떤 이야기인지 함께 볼까요?

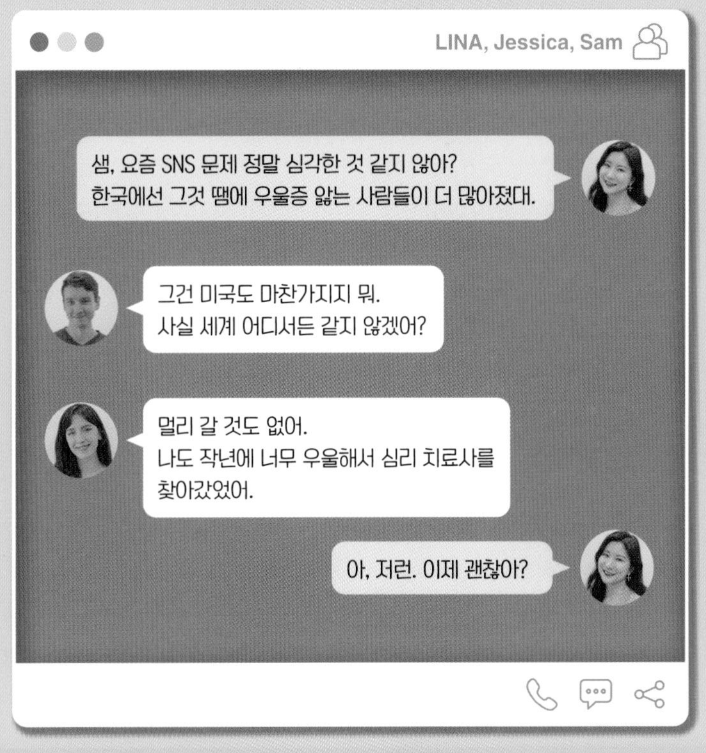

LINA, Jessica, Sam
샘, 요즘 SNS 문제 정말 심각한 것 같지 않아?
한국에선 그것 때문에 우울증 앓는 사람들이 더 많아졌대.
그건 미국도 마찬가지지 뭐.
사실 세계 어디서든 같지 않겠어?
멀리 갈 것도 없어.
나도 작년에 너무 우울해서 심리 치료사를
찾아갔었어.
아, 저런. 이제 괜찮아?

Live Talk

오늘의 대화문을 귀 기울여 들어보세요. 

Lina Today, we're going to talk about seeking a therapist with Sam and Jessica.

Lina I heard more people are suffering from depression due to social media these days.

Sam It's like that here in America too. Actually I believe it's a worldwide phenomenon.

Jessica You don't have to go far. I was in a dark place and I had to talk to a therapist last year.

Lina I'm so sorry to hear that. Are you OK now?

Jessica Thank you. Yes, therapy helped a lot. There're still people out there who think only the weak go to a therapist and actually, I used to think the same way. But now I strongly recommend it to everyone.

Lina I thought American people were more open about it.

Sam Yes and no. There's a stigma still attached, but the majority think it's not a big deal. Especially younger generations.

Lina Korea used to be extremely conservative about it, but now it's slowly changing too.

Jessica You go when you want to improve your quality of life.

Lina I was kinda shook to hear that there're also conservative people in America too.

Sam You've watched too many Hollywood movies!

Jessica More people may be more open about it compared to other Asian countries but there are absolutely many people who won't let go of the old ways of thinking.

Sam Seeking a doctor when you're sick should never be embarrassing. But at the same time we should respect and embrace differences.

리나 오늘은 샘과 제시카와 함께 심리 치료사 방문에 관해 이야기를 나눠볼게요.

리나 요즘 SNS 때문에 우울증을 앓는 사람들이 더 많아졌대.

샘 이곳 미국도 마찬가지야. 사실 전 세계적인 현상이라고 봐.

제시카 멀리 갈 것도 없어. 나도 너무 우울해서 작년에 심리 치료사를 찾아갔었어.

리나 아, 저런. 이제 괜찮아?

제시카 고마워. 응, 심리 치료가 도움이 많이 됐어. 아직도 약한 사람들만 심리 치료를 받는다고 생각하는 사람들이 있고 사실 나도 그랬거든. 하지만 지금은 모두에게 강력하게 추천하지.

리나 미국 사람들은 그 부분에 굉장히 열려 있는 줄 알았는데.

샘 맞기도 하고 아니기도 해. 여전히 오명이 붙지만, 대부분 대수롭지 않게 여겨. 특히 젊은 세대는 말이야.

리나 한국도 심리 치료에 굉장히 보수적이었는데 조금씩 변하고 있어.

제시카 삶의 질을 높이고 싶으면 가는 거지.

리나 미국에도 보수적인 사람들이 있다길래 좀 놀랐어.

샘 할리우드 영화를 너무 많이 봤구나!

제시카 다른 아시아 국가보다 개방적인 사람이 많긴 하겠지만, 당연히 구시대적인 사고를 버리지 못한 사람들도 많아.

샘 아플 때 의사를 찾아가는 게 부끄러운 일이어선 절대 안 돼. 하지만 동시에 서로 다른 점을 존중하고 포용해야겠지.

therapist 심리 치료사, 치료사 **suffer from** ~로 고통받다 **due to** ~ 때문에 **worldwide** 세계적인 **phenomenon** 현상 **be in a dark place** 매우 우울하다 **the weak** 약한 사람들 **stigma** 오명 **attach** 붙다 **a big deal** 대단한 것, 중대 사건 **generation** 세대 **conservative** 보수적인 **improve** 높이다, 향상시키다 **quality of life** 삶의 질 **be shook** 놀라다 **let go of** ~을 떼어내다, 버리다 **seek a doctor** 의사를 찾아가다 **embarrassing** 부끄러운 **embrace** 포용하다

Expression Point

회화 실력을 업그레이드해주는 표현을 익혀보세요.

I heard more people are suffering from depression due to social media.

더 많은 사람들이 SNS 때문에 우울증을 앓고 있다고 들었어.

suffer from은 '~로 고통받다'라는 뜻입니다. from 뒤에는 질병이나 좋지 않은 상황 등 고통의 원인이 나옵니다. due to는 '~ 때문에'란 뜻이에요.

They suffered from hunger and air pollution.
그들은 배고픔과 대기 오염 때문에 고통받았다.

I'm suffering from insomnia.
나 불면증으로 고통받고 있어.

Many suffer from emotional problems.
감정적인 문제로 고통받는 사람들이 많다.

There're still people out there who think only the weak go to a therapist.

아직도 약한 사람만 심리 치료를 받는다고 생각하는 사람들이 있어.

out there은 '저쪽에, 그곳에' 정도로 해석됩니다. 왜 없어도 되는 out there이라는 표현을 넣었을까요? 사실 굉장히 많이 쓰는 표현입니다. 일반적으로 그냥 there은 내 근처의 느낌인데 out there는 나와는 좀 멀다는 뉘앙스가 담겨 있어요. 그러니까 여기서 문맥상 '(나는 안 그런데) 아직도 그런 사람들이 있어요'라는 느낌이라고 이해하시면 되겠습니다. 한편, the weak은 '약한 사람들'이란 뜻입니다. 그럼 '강한 사람들'은? the strong이라고 하면 되겠죠?

There are still nice people out there doing nice things.
세상에는 아직 좋은 일을 하는 좋은 사람들이 있어.

There are people out there who need help.
도움을 필요로 하는 사람들이 있어.

But there are so many people out there who don't even wear masks.
하지만 마스크도 쓰지 않는 사람들이 아직도 많이 있어.

But now I strongly recommend it to everyone.

하지만 지금은 모두에게 강력하게 추천하지.

recommend는 '추천하다'라는 의미의 동사인데. 앞에 strongly(강력하게)가 더해져 strongly recommend라고 하면 말 그대로 '강력 추천한다'는 뜻이 됩니다.

Jason strongly recommended the fried rice at the restaurant.
제이슨은 그 식당에서 볶음밥을 강력히 추천했어.

I strongly recommend that you visit Paris.
파리는 가보시라고 강력 추천 드립니다.

My boss strongly recommended that we learn Chinese.
내 상사는 우리에게 중국어를 배우라고 강력 추천했어.

I was kinda shook to hear that there're also conservative people in America too.

미국에도 보수적인 사람들이 있다길래 좀 놀랐어.

〈be동사 + shook〉은 소셜 미디어 대화에서 많이 사용하는 표현입니다. shook up이라고도 합니다. '흔들다'라는 뜻의 shake를 수동형으로 쓴 건데요, 직역하면 '흔들림을 당했다'는 뜻이 되겠네요. 거기서 파생된 '놀랐다', '충격을 받았다'는 뜻으로 사용합니다.

She was really shook when the earthquake happened.
지진이 일어났을 때 그녀는 무척 놀랐어.

I'm shook and don't know what to do. 충격을 받아서 뭘 해야 할지 모르겠어.

There are absolutely many people who won't let go of the old ways of thinking.

당연히 구시대적인 사고를 버리지 못한 사람들도 많아.

let go of~는 '~을 손에서 놓다'라는 뜻입니다. 의미를 좀 확장해서 여기서처럼 '떼어내다', '버리다'라는 뜻으로도 자주 쓰입니다.

It's hard to let go of old habits. 오랜 습관을 버리는 건 어려운 일이다.
It's time to let go of the past. 과거와 결별할 때가 됐다.

Drill 1

학습한 내용을 응용하여 영작해보세요.

1 ______________________________

만성적인 스트레스로 고통받고 있나요? **보기** suffering, you, from, stress, are, chronic,

2 ______________________________

아직도 재활용 안 하는 사람들이 있어?

보기 still, people, are, who, are, not, out, there, recycling, there

3 ______________________________

그는 우리에게 그 리조트에서 하룻밤 묵으라고 강력히 추천했다.

보기 we, he, night, at, strongly, that, spend, one, the, resort, recommended

4 ______________________________

그런 걸 전에 본 적이 없었기 때문에 난 충격을 받았어.

보기 I, anything, before, was, shook, like, that, never, because, I've, seen

5 ______________________________

이 낡은 차와 작별할 때가 됐어. **보기** to, let, this, car, it's, go, of, old, time

Drill 2

영어를 가리고 한국어를 보면서 바로 말할 수 있는지 체크해보세요.

□	더 많은 사람들이 SNS 때문에 우울증을 앓고 있어.	More people are suffering from depression due to social media.
□	모두에게 강력히 추천해.	I strongly recommend it to everyone.
□	미국에도 보수적인 사람들이 있다길래 좀 놀랐어.	I was kinda shook to hear that there're also conservative people in America too.
□	당연히 구시대적인 발상을 버리지 못한 사람들도 많아.	There are absolutely many people who won't let go of the old ways of thinking.
□	나는 너무 우울해서 작년에 심리 치료사와 상담해야 했어.	I was in a dark place and I had to talk to a therapist last year.
□	아플 때 의사를 찾아가는 게 부끄러운 일이어선 절대 안 돼.	Seeking a doctor when you're sick should never be embarrassing.

1 Are you suffering from chronic stress? **2** Are there still people out there who are not recycling? **3** He strongly recommended that we spend one night at the resort. **4** I was shook because I've never seen anything like that before. **5** It's time to let go of this old car.

결혼식

젊은 세대의 최고 관심사 중 하나죠? 바로 결혼식인데요,
한국과 미국의 문화가 여러 면에서 다르듯 결혼 문화도 다르기 마련이지요.
마침 제시카가 제일 친한 친구의 결혼식에 간다니,
미국 결혼 문화에 관해 알 수 있는 좋은 기회가 왔네요. 함께 볼까요?

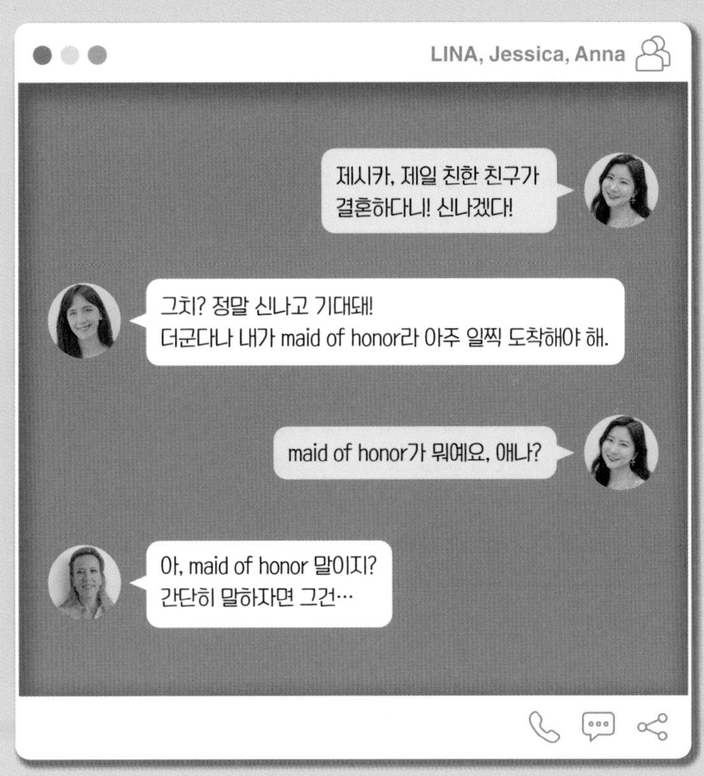

LINA, Jessica, Anna
제시카, 제일 친한 친구가 결혼하다니! 신나겠다!
그치? 정말 신나고 기대돼!
더군다나 내가 maid of honor라 아주 일찍 도착해야 해.
maid of honor가 뭐예요, 애나?
아, maid of honor 말이지? 간단히 말하자면 그건…

Live Talk

오늘의 대화문을 귀 기울여 들어보세요. 

Lina Today, we are going to talk about weddings with Anna and Jessica. Jessica is going to her best friend's wedding tomorrow.

Lina Jessica, your best friend is getting married! How exciting!

Jessica I'm her maid of honor too. I have to get there very early.

Lina What's "maid of honor"?

Anna Simply the leader of the bridesmaids, I would say. The maid of honor is also in charge of the bachelorette party, the bridal shower, and that kind of stuff.

Lina Bachelorette party?

Jessica It's a party for the bride-to-be. It's the female version of a bachelor party.

Lina Wait, what's the big difference between a bridal shower and a bachelorette party?

Anna A bridal shower is all about the wedding and her life ahead. Friends bring gifts and the bride unwraps them surrounded by everyone invited. On the other hand, a bachelorette party is like a bye-bye single life kind of party.

Lina Like we in Korea give congratulatory money and you guys give gifts, huh?

Jessica Yes! I can't wait for the wedding reception. I'm going to have lots of cocktails and dance through the night!

Anna Don't stay out past midnight, Jessica!

리나 오늘은 애나, 제시카와 결혼식에 관해 이야기 나눠 보도록 하겠습니다. 제시카가 내일 제일 친한 친구 결혼식에 간댔거든요.

리나 제시카, 제일 친한 친구가 결혼하다니! 신나겠다!

제시카 난 maid of honor이기도 해. 아주 일찍 도착해야 해.

리나 maid of honor가 뭐예요?

애나 간단하게 들러리들의 리더라고 할 수 있어. maid of honor는 처녀 파티, 브라이덜 샤워 등을 책임지지.

리나 처녀 파티?

제시카 신부가 될 사람을 위한 파티야. 총각 파티의 여자 버전이지.

리나 잠깐, 브라이덜 샤워와 처녀 파티의 큰 차이가 뭐예요?

애나 브라이덜 샤워는 결혼식과 앞으로 살아갈 신부의 인생에 관한 파티야. 친구들은 선물을 가져오고 신부는 초대받은 모든 사람들에게 둘러싸여 선물을 풀지. 반면에 처녀 파티는 '잘 가, 싱글 인생아' 같은 거야.

리나 우리가 축의금을 주는 것처럼 미국 사람들은 선물을 주는구나?

제시카 응! 빨리 피로연을 하면 좋겠다. 칵테일 엄청 많이 마시고 밤새 춤을 출 거야!

애나 제시카, 12시를 넘기지 말거라!

get married 결혼하다 **maid of honor** (결혼식 신부의) 대표 들러리 **in charge of** ~을 맡은, 담당하는 **bachelorette party** 처녀 파티 **bridal shower** 신부 파티, 브라이덜 샤워 **bride-to-be** 곧 신부가 될 사람, 예비 신부 **bachelor party** 총각 파티 **upwrap** (포장지를) 뜯다, 벗기다 **on the other hand** 반면에, 다른 한편으로는 **congratulatory money** 축의금 **can't wait for** 빨리 ~이 왔으면 좋겠다 **through the night** 밤새 **past** 지나간, 지난

Expression Point

회화 실력을 업그레이드해주는 표현을 익혀보세요.

How exciting!

신나겠다!

멋진 것을 보고 감탄할 때 How 다음에 형용사만 붙여주면 됩니다. 끝에 느낌표 잊지 마시고요. How는 '어떻게'니까 '어떻게 저럴 수가!' 정도의 느낌으로 이해하면 될 것 같네요.

Oh, your mom gave it to you? How nice!
와, 엄마가 그걸 너에게 주셨다고? 멋지다!

Some civilians have been killed. How horrible!
민간인들이 죽었어. 얼마나 끔찍한지!

+ How가 들어가는 감탄문에서 감탄의 내용을 좀 더 구체적으로 표현하길 원한다면 'How+형용사' 다음에 주어와 동사를 차례로 붙여주시면 됩니다. 형용사 대신 부사를 쓸 수도 있습니다.

How expensive the car is! 그 차 정말 비싸네!

Simply the leader of bridesmaids, I would say.

간단하게 들러리들의 리더라고 할 수 있어.

I would say에서 would는 과거의 의미가 아니라 '공손함'의 표현입니다. I will say보다 공손한 표현이란 뜻이죠. 뜻은 '내(제) 생각에는' 정도로 보면 됩니다. 보통 듣는 사람이 내 의견에 동의하지 않을 수 있다는 걸 감안하고 이야기할 때 많이 씁니다.

I would say we have about a 50-50 chance of winning this game.
내 생각에 우리가 이 경기에서 이길 확률은 50 대 50이야.

The greatest basketball player of all time? I would say Michael Jordan. 역사상 가장 위대한 농구선수? 난 마이클 조던이라고 생각해.

It's a party for the bride-to-be.

신부가 될 사람을 위한 파티야.

'아직은 ~가 안 됐는데 곧 될 사람'이란 말을 간단하게 표현하는 방법이 있어요. 앞으로 될 ~ 뒤에 to be를 붙이는 거예요. 뜻은 '~가 될 사람' 또는 '예비 ~'예요. 한 단어처럼 쓰기 때문에 하이픈(-)으로 묶어줍니다. bride-to-be라고 하면 곧 신부가 될 사람, 즉 '예비신부'를 뜻합니다.

The groom-to-be is the son of Daniel and Doena.
신랑이 될 사람은 다니엘과 도에나의 아들이야.

This is a perfect gift for a mom-to-be.
이건 예비 엄마에게 딱 맞는 선물이네요.

Lawyers-to-be have to pass an ethics section on bar exams too.
예비 변호사들은 변호사 시험의 윤리 과목도 통과해야 한다.

A bridal shower is all about the wedding and her life ahead.

브라이덜 샤워는 결혼식과 앞으로 살아갈 신부의 인생에 관한 파티야.

all about~는 우리말로 해석하기 쉽지 않은 표현 중 하나입니다. 의미만 놓고 따지면 A is all about B는 'A에서 가장 중요한 건 B다' 또는 'A는 B를 위해 (존재)하는 거야' 정도로 이해하는 게 가장 무난합니다.

Life is all about having a good time.
인생에서 제일 중요한 건 좋은 시간을 보내는 거야.

Friendship is all about loving your friend.
우정에서 제일 중요한 건 네 친구를 사랑하는 것이지

He believes business is not all about money.
그는 사업에서 가장 중요한 건 돈이 아니라고 믿는다.

I can't wait for the wedding reception.

빨리 결혼식 피로연을 하면 좋겠다.

소풍이나 방학처럼 즐거운 일은 기다리기 참 어렵죠? 그건 영어 쓰는 사람들도 마찬가지예요. 그래서 can't wait for~라고 하면 '~가 너무 기다려진다'는 뜻이 됩니다.

I can't wait for the weekend.
주말이 너무 기다려지네.

We can't wait for the baseball season to begin.
야구 시즌 시작이 무척 기다려진다.

I can't wait for Christmas.
크리스마스가 너무 기다려진다.

Drill 1

학습한 내용을 응용하여 영작해보세요.

1 ______________________________

이 피자 정말 맛있다! 보기 is, how, pizza, delicious, this

2 ______________________________

내 생각에 팀은 그다지 친근한 사람은 아닌 것 같아.

보기 friendly, I, person, would, not, say, very, Tim, is, a

3 ______________________________

약 100명의 예비 의사들이 그 의학전문대학원에 재학 중이다.

보기 doctors-to-be, about, the medical school, 100, attending, are

4 ______________________________

훌륭한 교육을 위해 가장 중요한 건 훌륭한 사람들입니다.

보기 great, about, education, people, is, great, all

5 ______________________________

금요일 밤이 너무 기다려져. 보기 night, we, Friday, wait, can't, for

Drill 2

영어를 가리고 한국어를 보면서 바로 말할 수 있는지 체크해보세요. 

□ 간단하게 들러리들의 리더라고 할 수 있어.	Simply the leader of bridesmaids, I would say.
□ 신부가 될 사람을 위한 파티야.	It's a party for the bride-to-be.
□ 브라이덜 샤워는 결혼식과 앞으로 살아갈 신부의 인생에 관한 파티야.	A bridal shower is all about the wedding and her life ahead.
□ 빨리 결혼식 피로연을 하면 좋겠다.	I can't wait for the wedding reception.
□ 총각 파티의 여자 버전이지.	It's the female version of a bachelor party.
□ 12시를 넘겨서 밖에 있지 말거라!	Don't stay out past midnight!

정답 **1** How delicious this pizza is! **2** I would say Tim is not a very friendly person. **3** About 100 doctors-to-be are attending the medical school. **4** Great education is all about great people. **5** We can't wait for Friday night.

베이비 샤워

제시카가 친구의 베이비 샤워에 가는 모양인데요.
대화를 통해 베이비 샤워가 정확히 뭔지 같이 알아볼까요?

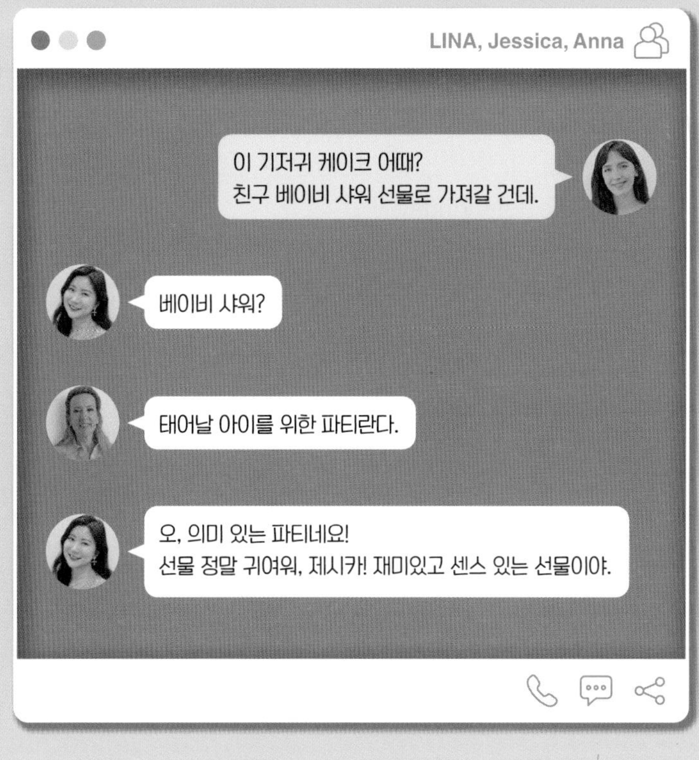

Live Talk

오늘의 대화문을 귀 기울여 들어보세요. 

Lina Today, we're going to talk about a baby shower with Anna and Jessica.

Lina I've heard of a bridal shower. But what's a baby shower?

Anna It's a party for the expected birth of a child.
Usually a mom, or a sister or a close friend host this ceremony. It's usually held a month before the due date.

Lina How interesting! So, do you guys not celebrate the 100th day of a new born baby?

Jessica No, we don't. But we have a big celebration for the baby's 1st birthday.
What do you think about this diaper cake?

Lina I love it! It's the cutest! This is such a brilliant idea.
What are the most common gifts for a baby shower then?

Jessica A stroller, diapers, baby clothes, baby furniture and stuff like that.

Lina Do people go to a naming place to pick a baby's name here too?

Anna There are naming places? How interesting! Some people look at their family trees. We picked our grandparents' name to honor them. It depends though.

Lina What about postpartum care?

Anna My mother cooked a lot of healthy food for me.
But more than anything else, Yoga worked for me.

Lina Not much, huh? If I had a chance and money, I would start a postpartum care center in the States!

리나 오늘은 애나, 제시카와 함께 베이비 샤워에 관해 이야기를 나눠보겠습니다.

리나 브라이덜 샤워는 들어 봤는데 베이비 샤워는 뭐예요?

애나 태어날 아이를 위한 파티란다. 보통 엄마나 언니 아니면 친한 친구가 파티를 열지. 예정일 한 달 전쯤 파티가 열리고.

리나 재밌다! 태어난 아기의 백일 잔치는 안 해?

제시카 백일잔치는 없어. 하지만 아기의 첫돌은 크게 축하하지. 이 기저귀 케이크 어때?

리나 너무 좋아! 정말 귀엽다. 아주 좋은 아이디어야. 그럼 가장 일반적인 베이비 샤워 선물은 뭐야?

제시카 유모차, 기저귀, 아기 옷, 아기 가구 등을 줘.

리나 여기서도 아기 이름을 지으러 작명소에 가나요?

애나 작명소가 있니? 흥미롭구나! 가계도를 보는 사람들은 있단다. 우리는 할아버지 할머니를 기리려고 그분들의 이름을 골랐어. 상황에 따라 다르긴 하지만.

리나 산후조리는요?

애나 어머니가 몸에 좋은 음식을 많이 만들어 주셨단다. 하지만 그 무엇보다 요가가 효과 있더구나.

리나 별다른 걸 하지 않으셨군요? 저한테 기회와 돈이 있다면 전 미국에서 산후조리원을 시작할 것 같아요!

bridal shower 브라이덜 샤워, 신부 파티 **host** ~을 주최하다 **ceremony** 행사[파티], 의식 **be held** (미팅이나 여러 사람이 모이는 행사가) 열리다 **due date** (출산) 예정일, (지불) 만기일 **celebrate** 기념하다, 축하하다 **new born baby** 신생아 **diaper** 기저귀 **brilliant** 훌륭한, 멋진, 뛰어난 **stroller** 유모차 **stuff** 것, 물건, 일 **pick** 고르다, 뽑다, 선택하다 **family tree** 가계도 **honor** 기리다, 중히 여기다, 공경하다 **postpartum** 산후조리

What's a baby shower?

베이비 샤워는 뭐예요?

선물을 주고받는 파티를 shower라고 하는데 미국에서는 축하할 때 일반적으로 현금을 주고받지는 않아요. 대신 받는 사람이 선물을 마음에 안 들어할 수 있으니 선물 받을 사람이 뭘 받고 싶은지 아주 자세히 적게 한 다음, 친구들이 그걸 보고 뭘 사줄지 결정해요. 비싼 물건은 돈을 모아서 사 주기도 하고요.

Jane plans to throw a baby shower for her friend.
제인은 그녀의 친구를 위해 베이비 샤워를 할 계획이야.

Throwing a bridal shower can be expensive.
브라이덜 샤워는 돈이 많이 들 수 있다.

I'm looking for a place to have my friend's baby shower.
내 친구의 베이비샤워 장소를 알아보는 중이야.

Usually a mom, a sister or a close friend hosts this ceremony.

보통 엄마나 언니 아니면 친한 친구가 파티를 개최하지.

host는 행사나 이벤트를 '주최하다'라는 뜻입니다. 이 외에도 의미가 다양한데요, 명사로는 그런 행사나 이벤트를 주최하는 '사람' 또는 '조직'이란 뜻도 있습니다. 해외 이학연수 중 묵고 있는 집의 주인도 host(여성은 hostess)라고 해요. ceremony는 원래 '의식'이란 뜻인데(축구 경기에서 골 넣고 하는 goal ceremony 아시죠?) 행사나 파티 정도로 이해하시면 됩니다.

China will host the next Winter Olympics.
중국이 다음 동계올림픽을 개최한다.

The Korean embassy hosted a special Chuseok party.
한국 대사관에서 특별한 추석 파티를 열었다.

Korea and Japan co-hosted the 2002 World Cup.
한국과 일본은 2002년 월드컵을 함께 개최했다.

It's usually held a month before the due date.

예정일 한 달 전쯤 파티가 열려.

hold는 '열다, 개최하다'의 뜻으로, 수동형 〈be동사 + held〉는 미팅이나 여러 사람이 모이는 행사가 '열린다'고 할 때 쓰는 표현이에요.

The next annual meeting will be held in Poland.
다음 연례 회의는 폴란드에서 열린다.
His funeral will be held at the church. 그의 장례식은 교회에서 진행된다.
The band's concert was held at the large conference hall.
그 밴드의 콘서트는 대회의장에서 열렸다.

This is such a brilliant idea.

아주 좋은 아이디어다.

여기서 such는 우리가 잘 아는 '그런'이란 뜻이 아니라 강조의 의미로 쓰는 표현입니다. '정말, 아주' 정도로 해석되죠.

It's such a beautiful day. 정말 아름다운 날이네요.
He is such a nice person. 그는 아주 좋은 사람이야.
Her new dress is such a beauty. 그녀의 새 드레스는 정말 아름다워.

But more than anything else, Yoga worked for me.

하지만 그 무엇보다 요가가 효과 있더구나.

사고 싶은 것, 가고 싶은 곳, 먹고 싶은 것이 뭐냐고 누가 물으면 '다른 것보다 이걸 제일 원해'라고 말하게 되죠. 이럴 때 쓰는 표현이 more than anything else입니다. '다른 무엇보다도'라는 의미입니다.

More than anything else, I'd like to visit London.
다른 어디보다 난 런던에 가고 싶어.
More than anything else, I trust you. 다른 무엇보다 난 당신을 믿어.
I love you more than anything else. 다른 어떤 것보다 당신을 사랑해.

Drill 1

학습한 내용을 응용하여 영작해보세요.

1 ________________________________

베이비샤워에 그녀를 초대할 거야?

보기 going, invite, to, her, baby, you, to, are, shower, your

2 ________________________________

다음 월드컵은 어느 나라가 개최하나요?

보기 country, next, which, is, World Cup, hosting, the

3 ________________________________

결혼식은 공원에서 열렸어.

보기 held, ceremony, at, the, wedding, was, park, the

4 ________________________________

정말 흥미진진한 경기였어.

보기 such, was, an, it, game, exciting

5 ________________________________

무엇보다 우린 당신이 안전하길 바랍니다.

보기 want, than, anything, more, else, you, to, we, safe, be

Drill 2

영어를 가리고 한국어를 보면서 바로 말할 수 있는지 체크해보세요.

□ 베이비 샤워는 뭐예요?	What's a baby shower?
□ 보통 엄마나, 언니 아니면 친한 친구가 파티를 개최하지.	Usually a mom, a sister or a close friend hosts this ceremony.
□ 보통 예정일 한 달 전쯤 파티가 열려.	It's usually held a month before the due date.
□ 아주 좋은 아이디어다.	This is such a brilliant idea.
□ 하지만 그 무엇보다 나는 요가가 효과 있더구나.	But more than anything else, Yoga worked for me.
□ 상황에 따라 다르긴 하지만.	It depends though.

1 Are you going to invite her to your baby shower? **2** Which country is hosting the next World Cup? **3** The wedding ceremony was held at the park. **4** It was such an exciting game. **5** More than anything else, we want you to be safe.

학교

한국은 초중고 교육과정이 각각 6년, 3년, 3년인데
혹시 미국은 어떤지 아시나요? 한국과는 조금 다르답니다.
오늘은 리나가 미국의 학교 이야기를 하는데요, 같이 들어보시죠.

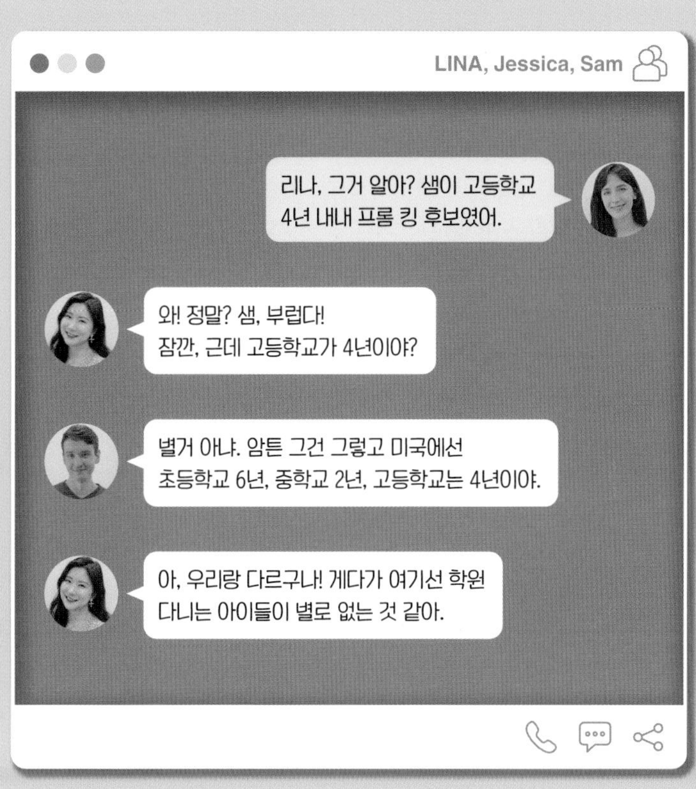

LINA, Jessica, Sam
리나, 그거 알아? 샘이 고등학교 4년 내내 프롬 킹 후보였어.
와! 정말? 샘, 부럽다! 잠깐, 근데 고등학교가 4년이야?
별거 아냐. 암튼 그건 그렇고 미국에선 초등학교 6년, 중학교 2년, 고등학교는 4년이야.
아, 우리랑 다르구나! 게다가 여기선 학원 다니는 아이들이 별로 없는 것 같아.

Live Talk

오늘의 대화문을 귀 기울여 들어보세요. 

Lina Today, we're going to talk about schools with Sam and Jessica.

Lina Whenever I watch teen movies, it seems like kids are having so much fun. There're dances like proms and Sadies where you get to dress up and all.

Jessica Did you know Sam was nominated as a king in all four years of high school?

Lina Wow Sam! I'm so jealous! But wait, there're 4 years in high school?

Sam I only won once! No big deal. Anyways, there are 6 years in elementary school, 2 years in middle school and 4 years in high school in the States.

Lina Oh, I see. It seems like not a lot of kids go to private institutions here.

Jessica Well, in order to enter prominent universities you have to have not only a good GPA but also recommendations, leadership, volunteering experiences, an amazing essay. And you also need to play one or two sports in high school too.

Sam Obviously you don't really have time for private classes.

Lina That makes sense. Universities in the States are looking for well-rounded and competent leaders, I was informed. So, what universities are considered good?

Jessica There're top Ivy League universities, state universities like UCs and other options depending on the major.

Sam Also if you're exceptionally good at one thing, good schools will scout you out.

Lina That's how it is in Korea too. I wish I had a chance to spend my high school years in America. All I did was study for the entrance exam.

Jessica Aww! I'm sorry.

Sam It's OK, you're living your best life now.

리나	오늘은 샘, 제시카와 학교에 관해 이야기해 보겠습니다.
리나	청소년 영화를 보고 있으면 아이들이 정말 즐거워 보여. 멋지게 차려입는 프롬이나 세이디스와 같은 댄스 파티도 있고 말이야.
제시카	샘이 고등학교 4년 내내 왕 후보였던 거 알았어?
리나	와, 샘! 부럽다! 잠깐, 근데 고등학교가 4년이야?
샘	왕은 한 번밖에 안 됐어! 별것도 아니고. 그건 그렇고 미국에선 초등학교는 6년, 중학교는 2년, 고등학교는 4년이야.
리나	아, 그렇구나. 여기선 학원에 다니는 아이들이 많지 않은 것 같아.
제시카	일류 대학에 들어가기 위해서는 좋은 내신뿐만 아니라 추천, 리더십, 봉사 경험, 훌륭한 에세이가 있어야 하고. 고등학교에서도 한두 가지 스포츠를 해야 해.
샘	학원에 갈 시간은 당연히 없겠지.
리나	일리가 있네. 미국 대학은 다재다능한 리더들을 찾고 있다고 들었어. 어떤 대학이 좋은 대학이야?
제시카	가장 좋은 아이비리그와 UC 같은 주립대가 있고, 전공에 따라 달라.
샘	그리고 하나를 특출나게 잘하면 좋은 대학에서 스카우트 제의가 와.
리나	그건 한국도 그래. 나도 미국에서 고등학교를 다닐 기회가 있었다면 좋았겠다. 난 수능 공부한 게 다야.
제시카	아이고, 어떡해.
샘	괜찮아. 넌 지금 네 삶을 꽉 차게 살고 있잖아.

dances 댄스 파티 **prom** 프롬, (졸업을 앞둔 고등학생들을 위한) 댄스 파티 **Sadies** (특히 여성이 남성을 초대하는) 파티 **dress up** 잘 차려입다 **nominate** (후보자를) 추천하다, 지명하다 **the States** 미국 **prominent** 저명한, 유명한 **not only A but also B** A뿐만 아니라 B도 **GPA(Grade Point Average)** 학점 **make sense** 이해가 되다, 말이 되다 **well-rounded** 다방면에 출중한, 두루두루 갖춘 **competent** 유능한, 능력 있는 **UCs(universities of California)** 캘리포니아 소재 주립대학들 **scout** 스카우트하다, 영입하다 **entrance exam** 입학 시험

Expression Point

회화 실력을 업그레이드해주는 표현을 익혀보세요.

Did you know Sam was nominated as a king in all four years of high school?

샘이 고등학교 4년 내내 왕 후보였던 거 알았어?

nominate는 '(중요한 역할이나 수상자, 직책 등의) 후보로 지명하다' 또는 '추천하다'라는 뜻입니다. 아카데미상이나 빌보드상 시상식에서 많이 들을 수 있는 단어죠. 수동형인 be nominated는 '지명받다, 추천받다'의 뜻입니다. '~로 지명받다'의 '~로'에 해당하는 부분에는 as나 for를 쓰는데, 어떤 상의 수상 후보라고 할 때는 be nominated for를 씁니다. be nominated as 다음에는 직책이나 역할이 나오는 경우가 많고요.

He was nominated as Ambassador to China in 2002.
그는 2002년에 중국 대사로 지명됐다.

The professor was nominated for the Nobel Peace Prize in 1992.
교수님은 1992년 노벨평화상 후보 지목을 받았다.

I want to nominate him as the CEO of my company.
나는 그를 우리 회사 CEO(최고경영자)로 추천하고 싶습니다.

No big deal.

별것 아니야.

big deal은 '중요한 일', '대단한 일'이란 뜻이에요. 원래 뜻은 사업이나 외교협상에서 '큰 거래'인데 의미가 확장된 것이죠. No big deal이라고 했으니까 '별거 아니야', '대단한 일 아니야'라는 뜻이 됩니다.

That may not seem like a big deal, but it's a major breakthrough.
대단한 일처럼 안 보일 수 있지만 중요한 진전이야.

It's no big deal. Everybody makes mistakes sometimes.
대단한 일 아냐. 누구나 때로 실수를 하잖아.

+ big deal은 원래의 뜻과 달리 일상 대화에서는 비꼬는 의미로 쓸 때도 많아요. 우리말에도 상대방이 실수했을 때 '잘났다 정말!', '참 큰일 하셨네요'처럼 비꼬면서 쓰는 반어적인 표현들이 있잖아요? 바람직하다고 볼 수는 없겠지만요. 이런 경우, 말은 "Big deal!"이라고 하지만 뜻은 No big deal이 됩니다.

So he is my boss' son? Big deal!
걔가 내 상사 아들이라고? 대단한 일이네(그래서 어쩌라고?)!

There are 2 years in middle school and 4 years in high school in the States.

미국에선 중학교는 2년이고 고등학교는 4년이야.

미국의 공식적인 이름은 The United States of America(미합중국)입니다. 50개 주가 모여 하나의 국가를 이루고 있는 것이죠. 조금 길죠? 그래서 간단히 줄여서 the United States, 더 줄여서 the US 또는 the States(S는 대문자)라고 하는 것이죠.

I've been to the States several times. 난 미국에 여러 번 다녀왔어.

His father is Korean and his mother is from the States.
그의 아버지는 한국인이고 어머니는 미국 출신이다.

My previous trip to the States was amazing. 지난번 미국 여행은 끝내줬어.

Universities in the States are looking for well-rounded and competent leaders.

미국 대학은 다방면에 출중하고 유능한 리더를 찾아.

look for

look은 '바라보다'인데 look for는 '~을 찾다'라는 의미로 뭔가를 열심히 찾는다는 뉘앙스가 있어요. 잃어버린 물건을 찾을 때도 쓰고, 위의 예문에서처럼 숨은 인재를 찾을 때도 쓸 수 있죠.

Where were you? I was looking for you all day yesterday.
어디 갔었어? 어제 하루 종일 널 찾아다녔어.

I've been looking for a person like you. 난 여태 자네 같은 사람을 찾아왔네.

What are you looking for? 뭘 찾고 계세요?

well-rounded

well-rounded라는 말은 '다재다능한'이란 뜻이에요. 사람이 아닌 어떤 글이나 수업 커리큘럼 등이 well-rounded하다고 하면 '균형이 잘 잡힌'이란 뜻이 됩니다.

We encourage the students to be well-rounded.
우린 학생들이 다재다능해지도록 독려한다.

At school, she received a well-rounded education.
그녀는 학교에서 균형 잡힌 교육을 받았다.

He has a well-rounded background in business.
그는 비즈니스 분야에서 경력이 다양하다.

Drill 1

학습한 내용을 응용하여 영작해보세요.

1 ______________________________

그는 최우수 남자배우 후보에 올랐다. **보기** he, actor, was, nominated, best, the, for

2 ______________________________

대단한 일 아니에요. 명령대로 했을 뿐입니다.

보기 ordered, no, we, big, ordered, deal, did, just, were, as, we

3 ______________________________

여기 미국에서는 총기 소지가 합법이야. **보기** owning, States, gun, the, is, here, a, legal, in

4 ______________________________

우리는 저렴한 호텔을 찾고 있어요. **보기** cheap, we, looking, are, for a, hotel

5 ______________________________

그녀는 정말 다재다능한 배우야. **보기** actress, she, a, is, well-rounded, such

Drill 2

영어를 가리고 한국어를 보면서 바로 말할 수 있는지 체크해보세요. 

□ 샘이 고등학교 4년 내내 왕 후보였던 거 알았어?	Did you know Sam was nominated as a king in all four years of high school?
□ 미국에선 고등학교는 4년이야.	There are 4 years in high school in the States.
□ 미국 대학은 다방면에 출중하고 유능한 리더를 찾아.	Universities in the States are looking for well-rounded and competent leaders.
□ 그건 한국도 그래.	That's how it is in Korea too.
□ 좋은 학점뿐만 아니라 리더십이 있어야 해.	You have to have not only a good GPA but also leadership.
□ 일리가 있네.	That makes sense.

1 He was nominated for the best actor. **2** No big deal. We just did as we were ordered. **3** Owning a gun is legal here in the States. **4** We are looking for a cheap hotel. **5** She is such a well-rounded actress.

이혼

미드나 영화를 보면 전 배우자나 양육권 이야기가 많이 나오는데요,
한국에서도 최근 이혼 후 양육비 의무에 관해 사회적으로 큰 이슈가 되고 있지요.
리나가 애나, 제시카 모녀와 나눈 이야기를 함께 볼까요?

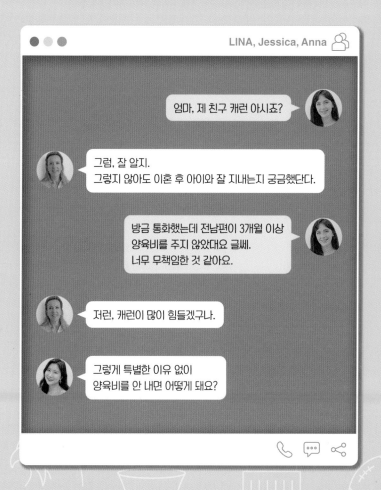

LINA, Jessica, Anna

엄마, 제 친구 캐런 아시죠?

그럼, 잘 알지.
그렇지 않아도 이혼 후 아이와 잘 지내는지 궁금했단다.

방금 통화했는데 전남편이 3개월 이상
양육비를 주지 않았대요 글쎄.
너무 무책임한 것 같아요.

저런, 캐런이 많이 힘들겠구나.

그렇게 특별한 이유 없이
양육비를 안 내면 어떻게 돼요?

Live Talk

오늘의 대화문을 귀 기울여 들어보세요. 

Lina Today, we're going to talk about relationships with previous spouses with Anna and Jessica.

Jessica Guess what? My friend Karen called and told me that her ex-husband hasn't paid child support for 3 months.

Anna Is he having financial difficulties?

Jessica She believes he's just being irresponsible.
Not paying child support is a federal offense!

Lina What happens if you fail to pay child support for no specific reason?

Anna Wage garnishments, fines, driver's license suspension and so on. You could even get arrested.

Jessica I hated Karen's ex-husband from the get-go.
I saw this coming!

Lina I thought Americans mostly stayed good friends with their ex-spouses.

Jessica It all depends. If you decide to co-parent your children, then you obviously don't have a choice.

Anna Yes, I've seen many divorced couples remain on speaking terms for their children. But I believe the vast majority move on.

Jessica If it was a logical and mutual break-up, then I guess staying friends could be possible.

Anna But life isn't always pretty like that.

Lina Once again I realized that we're all human beings after all.

Jessica Many Hollywood stars put on a chill facade after a break-up or whatnot but there's a high chance they're hurting inside just like all of us would be.

리나 오늘은 애나, 제시카와 전 배우자와의 관계에 관해 이야기를 나눠볼게요.

제시카 내 얘기 좀 들어봐. 내 친구 캐런이 전화해서 말해줬는데 전남편이 3개월 이상 양육비를 내지 않았대.

애나 경제적으로 어렵다고 하니?

제시카 그냥 무책임하게 군다고 생각하던데요. 양육비를 지급하지 않는 건 연방 범죄인데!

리나 특별한 이유 없이 양육비를 내지 않으면 어떻게 돼요?

애나 임금 압류, 벌금, 운전면허 정지 등을 당해. 심지어 체포될 수도 있어.

제시카 난 처음부터 캐런의 전남편이 싫었어. 이럴 줄 알았다고!

리나 난 미국 사람은 대부분 전 배우자랑 친구처럼 잘 지내는 줄 알았어.

제시카 다 다르지. 아이를 공동 양육하기로 했다면 당연히 선택의 여지가 없지.

애나 그렇지. 난 이혼해도 아이들을 위해 말은 하고 지내는 사이로 남는 걸 많이 봤어. 하지만 대부분 새로운 삶을 찾아 떠나는 것 같아.

제시카 이치에 맞고 서로 동의한 결별이라면 친구로 지내는 게 가능하다고 생각해.

애나 하지만 인생이 항상 그렇게 아름답지만은 않지.

리나 다시 한번 결국 우리는 모두 인간일 뿐이란 걸 깨닫네요.

제시카 할리우드 스타들도 결별이나 그런 거 이후에 겉으로는 쿨해 보이지만 우리 모두가 그렇듯 속으로는 아플 가능성이 높아.

relationship 관계 **previous** 이전의, 바로 앞의 **spouse** 배우자 **ex-husband** 전남편 **child supoort** 양육비 **financial** 경제적인 **irresponsible** 무책임한 **federal offense** 연방 범죄 **fail to** ~하지 못하다 **specific** 특별한, 구체적인 **wage garnishment** 임금 압류 **fine** 벌금 **driver's license** 운전면허 **suspension** 정지 **get arrested** 체포되다 **from the get-go** 처음부터, 시작부터 **co-parent** 공동으로 양육하다 **divorced** 이혼한, ~와 분리된 **remain** 남다, 남아 있다, 지속하다 **terms** 관계, 사이 **move on** 삶을 살아가다. 다음으로[새로운 주제로] 넘어가다. **logical** 이치에 맞는, 타당한, 논리적인 **mutual** 공동의, 상호간의, 서로의 **break-up** 결별, 종말 **put on** 가장하다, ~을 입다 **facade** 표면, 외관 **or whatnot** 기타 등등 (= and so on)

Expression Point

회화 실력을 업그레이드해주는 표현을 익혀보세요.

Guess what?

내 얘기 좀 들어봐.

guess what은 대화를 시작할 때 '있잖아, 내 말 좀 들어봐'란 뜻으로 쓰는 표현이에요. 글자 그대로 '뭔지 맞혀봐'로 이해하시면 대화가 시작부터 미궁으로 빠져들 수 있습니다.

Guess what? I finally got a job. 있잖아, 나 드디어 취업했어.
Guess what? He asked me out! 있잖아, 그가 나에게 데이트 신청했어!
Guess what? I have great news. 내 말 좀 들어봐. 끝내주는 소식이 있어.

What happens if you fail to pay child support for no specific reason?

특별한 이유 없이 양육비를 내지 않으면 어떻게 돼요?

fail의 원래 뜻은 '실패하다'인데 fail to는 '~하지 못하다'라는 의미가 돼요. 예를 들어 fail to pass the exam은 '시험을 통과하지 못하다'입니다. 문장 끝의 for no specific reason은 '특별한 이유 없이'란 뜻입니다.

She failed to keep her promise.
그녀는 약속을 지키지 못했다.

Once again, I failed to achieve my goal.
난 또 한번 목표 달성에 실패했다.

We failed to reach an agreement.
우리는 합의를 이루지 못했다.

I hated Karen's ex-husband from the get-go.

난 처음부터 캐런의 전남편이 싫었어.

'처음부터', '시작부터'라는 뜻의 표현에는 여러분이 잘 아는 from the beginning이나 from the start가 있죠. 그런데 원어민들은 일상 대화에서 from the get-go도 많이 사용하니 알아 두면 좋겠네요.

There was something wrong from the get-go.
처음부터 뭔가 잘못됐어.

I didn't like him from the get-go.
난 처음부터 걔가 싫었어.

He was a part of the project from the get-go.
그는 처음부터 그 계획의 일부였어.

I've seen many divorced couples remain on speaking terms for their children.

이혼해도 아이들을 위해 말은 하고 지내는 사이로 남는 걸 많이 봤어.

---

on speaking terms에서 terms는 '관계' 또는 '사이'라는 뜻이에요. 예를 들어 We are on good terms는 '우리 좋은 사이야, 우린 사이 좋아'란 의미죠. 따라서 on speaking terms는 '말하고 지내는 사이'란 뜻이에요.

We had a fight, but we're back on speaking terms.
우리는 싸웠지만 다시 말하고 지내는 사이가 됐어요.

We are on speaking terms, but I don't think we're friends.
우린 말하고 지내는 사이지만 친구는 아닌 것 같아.

I'm on speaking terms with my ex-girlfriend.
난 전 여자친구와 이야기는 하며 지낸다.

But I believe the vast majority move on.

하지만 대부분 새로운 삶을 찾아 떠나는 것 같아.

살아가다 보면 사랑하는 사람과 헤어지거나 인간관계에서 상처를 받는 일이 생기기도 합니다. 그렇다고 멈춰 설 수는 없는 게 인생이잖아요. 잠시 주저앉아 쉬다가도 새로운 힘을 얻어 '다음 단계로' 넘어가야죠. move on은 '삶을 살아가다', '다음으로[새로운] 주제로 넘어가다'라는 뜻입니다. on에는 '계속하다'란 뉘앙스가 있거든요.

Let's move on to the next chapter.
다음 챕터로 넘어갑시다.

It's time to move on.
이제 앞으로 나아갈 때야.

He thought it's time to move on to a new job.
그는 이제 새로운 일을 할 때가 됐다고 생각했다.

Drill 1

학습한 내용을 응용하여 영작해보세요.

1 ______________________________

내 얘기 좀 들어봐. 나 로또 당첨됐어! **보기** what, I've, the, Lotto, guess, won

2 ______________________________

난 이걸 문제로 인식하지 못했다. **보기** a, problem, I, realize, this, to, as, failed

3 ______________________________

그 프로젝트는 시작부터 쉽지 않았어. **보기** the, wasn't, from, easy, the, get-go, project

4 ______________________________

우리는 이야기하고 지내는 사이지만 단지 그것뿐이다.

보기 we're, but, speaking, that's, terms, it, on

5 ______________________________

다음 질문으로 넘어갑시다. **보기** on, move, to, next, let's, question, the

Drill 2

영어를 가리고 한국어를 보면서 바로 말할 수 있는지 체크해보세요. 

□ 특별한 이유 없이 양육비를 내지 않으면 어떻게 돼요?	What happens if you fail to pay child support for no specific reason?
□ 난 처음부터 캐런의 전남편이 싫었어.	I hated Karen's ex-husband from the get-go.
□ 이혼한 부부가 아이들을 위해 말은 하고 지내는 사이로 남는 걸 많이 봤어.	I've seen many divorced couples remain on speaking terms for their children.
□ 그가 경제적으로 어렵니?	Is he having financial difficulties?
□ 양육비를 지급하지 않는 건 연방 범죄인데!	Not paying child support is a federal offense!
□ 심지어 체포될 수도 있어.	You could even get arrested.

1 Guess what? I've won the Lotto! **2** I failed to realize this as a problem. **3** The project wasn't easy from the get-go. **4** We're on speaking terms, but that's it. **5** Let's move on to the next question.

독립

한국에서는 자녀가 성인이 되어도 경제적 이유로 같이 사는 경우가 꽤 있죠. 학교를 졸업하고도 사회적으로 취업이나 결혼이 늦어지니 부모로부터의 독립 시기도 늦춰질 밖에요. 그렇다면 미국은 어떨지 함께 볼까요?

LINA, Jessica, Sam
제시카, 혹시 독립하는 걸 생각해 본 적 있어?
당연히 해봤지. 보통 미국에선 최소 19세쯤 되면 많이들 독립하거든. 근데 난 학교가 15분 거리라 그냥 집에 머물기로 했어.
샘, 넌 어때?
난 대학 졸업하고 독립하려고.

Live Talk

오늘의 대화문을 귀 기울여 들어보세요. 

Lina	Today we're going to talk about being an adult with Jessica and Sam.
Lina	Jessica, have you thought about getting your own place?
Jessica	Of course I have. Usually the majority of people move out as early as the age of 19 here in America. But my school is only 15 minutes away, so I decided to just stay.
Lina	Sam, how about you?
Sam	I plan on moving out after I graduate from college.
Lina	I see. Right now an increasing number of not-so-young Koreans still live with their parents and depend on them financially.
Sam	Why so?
Lina	Due to the high unemployment rate and high living expenses, I guess.
Jessica	I see. No matter what I think pretty much everyone here moves out by the time they are in their late 20s regardless of their financial situation.
Lina	I've seen people in their 40s or even married with their kids still living with their parents.
Sam	Wow, that is unimaginable.
Jessica	That would be considered very odd in our culture. But like I always say difference is still beautiful. Everyone has their own way of living and we need to respect that.
Lina	Right. It is possible that they might have some personal reasons we can't fathom.
Jessica	So let's not be so quick to judge!

리나	오늘은 제시카, 샘과 어른이 되는 것에 관해 이야기를 나눠볼게요.
리나	제시카, 독립하는 걸 생각해 본 적 있어?
제시카	당연히 해봤지. 보통 미국에선 최소 열아홉 살이 되면 많이들 독립하거든. 하지만 난 학교가 15분밖에 걸리지 않아서 그냥 집에 머무르기로 했어.
리나	샘, 너는?
샘	난 대학 졸업하고 나서 독립하려고.
리나	그렇구나. 현재 어리다고 볼 수 없는 한국인들이 부모님과 함께 살면서 경제적으로도 기대는 경우가 늘고 있어.
샘	왜?
리나	실업률도 높고 생활비도 많이 들어서 그런 것 같아.
제시카	그렇구나. 경제 상황이 어떻든 20대 후반이 되면 여기선 거의 모두 독립하는 것 같아.
리나	40대이거나 결혼해서 아이들이 있는데 부모님과 사는 사람도 본 적 있어.
샘	와, 상상도 안 가는데.
제시카	그건 우리 문화에선 꽤 특이하다고 생각될 것 같아. 하지만 항상 말하듯이 다름은 아름다운 거니까. 모두 각자 삶의 방식이 있고 우리는 그걸 존중해야 해.
리나	맞아. 우리가 상상할 수 없는 개인적인 이유가 있을 가능성도 있잖아.
제시카	그러니 모르면서 쉽게 판단하지 말자!

get one's own place 자기 공간을 가지다, 독립하다 **move out** 이사 나가다 **plan on** ~할 계획이다 **not-so-** 별로 ~가 아닌 **Why so?** 왜 그런데? **due to** ~ 때문에 **unemployment rate** 실업률 **no matter what** 무슨 일이 있더라도, 어떤 일이 있어도 상관없이 **by the time** ~한 때가 되면 **regardless of** ~와 상관없이 **people in their 40s** 40대 **odd** (가벼운 정도의) 이상한, 특이한 **fathom** 헤아리다, 가늠하다 **judge** 판단하다, 짐작하다

Expression Point

회화 실력을 업그레이드해주는 표현을 익혀보세요.

Have you thought about getting your own place?

독립하는 걸 생각해 본 적 있어?

'독립한다'고 하면 independent라는 단어를 떠올릴 수도 있을 거예요. 그런데 성인이 되어 독립한다고 할 때는 get one's own place, 즉 '독립해 살 곳을 마련한다'고 하면 됩니다.

I'm thinking of getting my own place. 나 독립하는 걸 생각 중이야.
It's about time to get my own place. 이제 독립해야 할 시점인 것 같아.
My father encouraged me to get my own place.
아버지는 내가 독립하도록 독려했다.

My school is only 15 minutes away, so I decided to just stay.

학교가 15분밖에 걸리지 않아서 난 그냥 집에 머무르기로 했어.

〈시간+away〉는 '~ 시간이 걸리는'의 뜻이에요. '사무실이 집에서 1시간 걸린다'는 My office is an hour away from home이라고 합니다. 걸어서 1시간인지, 차로 1시간인지 더 자세히 표현해 주려면 뒤에 by car(차로), on foot(걸어서), by subway(지하철로) 등을 붙여주면 됩니다.

The church is less than 20 minutes away from where you live, on foot. 그 교회는 네가 사는 곳에서 걸어서 20분도 안 걸려.
Seoul is more than 10 hours away from Boston, by plane.
서울은 보스턴에서 비행기로 10시간 넘게 걸려.
I used to live just a few minutes' walk away from my office.
사무실에서 걸어서 몇 분 거리에 살았었어.

An increasing number of not-so-young Koreans still live with their parents.

어리다고 볼 수 없는 한국인들이 부모님과 함께 사는 경우가 늘고 있어.

an increasing number of

increase는 수가 '늘어나다'라는 뜻이고, 반대말은 decrease(줄어들다)입니다. an increasing number of ~는 '점점 더 많은 수의 ~'라는 뜻으로 경제기사에 자주 등장합니다.

An increasing number of Koreans think global warming is happening.
점점 더 많은 한국인들이 지구온난화가 일어나고 있다고 생각한다.

An increasing number of people are suffering from health problems.
건강 문제로 고통받는 사람들이 늘고 있다.

---

not-so-young

not so young은 '그리 어리지 않은'이란 뜻으로 동사 다음에 오는 게 일반적이죠. I'm not so young(나 그렇게 어리지 않아)처럼요. 그런데 하이픈(-)으로 not so young을 묶어서 하나의 형용사처럼 썼네요. 그러면 뒤에 오는 Koreans를 꾸며 주어 '그리 어리지 않은 한국인'이란 뜻을 만들 수 있습니다. young 대신 다른 형용사를 넣어 활용해 보세요.

My dad kept telling me not-so-funny jokes.
아빠는 별로 재미없는 농담을 계속 하셨다.

He complained about his not-so-interesting new team.
그는 그의 새 소속팀이 그다지 흥미롭지 않다고 불평했다.

It is possible that they might have some personal reasons we can't fathom.

우리가 상상할 수 없는 개인적인 이유가 있을 가능성도 있잖아.

---

fathom(패덤)은 미국에서 물의 깊이를 재는 단위예요. 1패덤이 대략 6피트이니까 1.8m 정도죠. 물의 깊이를 정확히 측정한다는 건 쉬운 일이 아니겠죠? 그래서 fathom을 동사로 쓰면 '헤아리다, 가늠하다'라는 뜻이 됩니다.

I just can't fathom why he lied.
그가 왜 거짓말을 했는지 짐작할 수 없다.

He couldn't fathom why she was so mad.
그는 그녀가 왜 그렇게 화가 났는지 알 수 없었다.

It is hard to fathom why it is even an issue.
그게 왜 이슈가 되는지 이해하기 어렵다.

Drill 1

학습한 내용을 응용하여 영작해보세요.

1 ______________________________

독립하는 건 흥미로운 모험일 수 있다.

보기 adventure, getting, your, exciting, own, can, place, be, an

2 ______________________________

부산은 서울에서 KTX로 대략 135분 거리에 있다.

보기 train, Busan, KTX, is, about, from, 135, Seoul, minutes, by, away

3 ______________________________

요즘 비만 아동이 늘고 있다.

보기 days, an, overweight, increasing, children, number, of, are, these

4 ______________________________

그리 좋지 않은 태도 때문에 그는 친구가 많지 않다.

보기 attitude, he, not-so-good, doesn't, his, have, many, because, friends, of

5 ______________________________

커피 없는 세상이 어떨지 짐작이나 할 수 있겠어?

보기 can, coffee, you, without, even, world, fathom, a

Drill 2

영어를 가리고 한국어를 보면서 바로 말할 수 있는지 체크해보세요.

□ 독립하는 걸 생각해 본 적 있어?	Have you thought about getting your own place?
□ 학교가 15분밖에 걸리지 않아서 난 그냥 집에 머무르기로 했어.	My school is only 15 minutes away, so I decided to just stay.
□ 우리가 상상할 수 없는 개인적인 이유가 있을 가능성도 있잖아.	It is possible that they might have some personal reasons we can't fathom.
□ 20대 후반이 되면 모두가 독립해.	Everyone moves out by the time they are in their late 20s.
□ 쉽게 판단하지 말자!	Let's not be so quick to judge!
□ 대학 졸업하고 독립할 계획이야.	I'm planning on moving out after I graduate from college.

1 Getting your own place can be an exciting adventure. **2** Busan is about 135 minutes away from Seoul, by KTX train. **3** An increasing number of children are overweight these days. **4** He doesn't have many friends because of his not-so-good attitude. **5** Can you even fathom a world without coffee?

음주

한국 사람들은 술 마시며 사람들과 어울리는 걸 참 좋아하죠.
한국에서 가장 많이 팔리는 술은 맥주인데요, 왠지 미국도 마찬가지일 것 같네요.
오늘은 리나가 샘, 제시카 남매와 술에 관한 이야기를 나누고 있어요. 함께 볼까요?

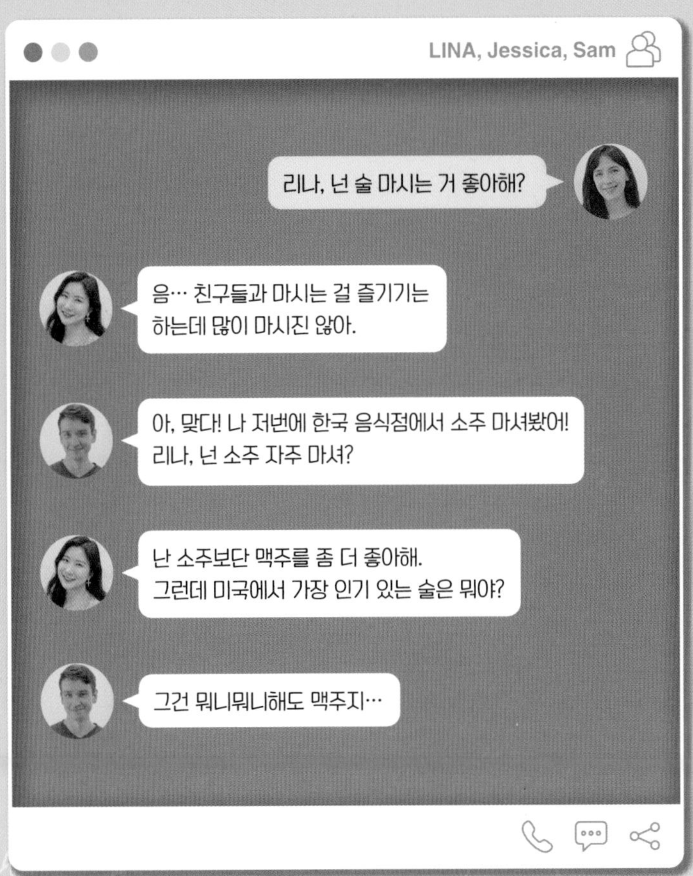

LINA, Jessica, Sam
리나, 넌 술 마시는 거 좋아해?
음… 친구들과 마시는 걸 즐기기는 하는데 많이 마시진 않아.
아, 맞다! 나 저번에 한국 음식점에서 소주 마셔봤어! 리나, 넌 소주 자주 마셔?
난 소주보단 맥주를 좀 더 좋아해. 그런데 미국에서 가장 인기 있는 술은 뭐야?
그건 뭐니뭐니해도 맥주지…

Live Talk

오늘의 대화문을 귀 기울여 들어보세요. 

Lina	Today, we're going to talk about alcohol with Sam and Jessica.
Jessica	Lina, do you like to drink?
Lina	I enjoy drinking with friends but I'm not a heavy drinker.
Sam	Oh, yeah! I tried *soju* once at a Korean restaurant! Do you drink *soju* often?
Lina	I'm more of a beer person! What's America's favorite alcohol?
Sam	Without a doubt, beer! And the best kind of beer is Bud Light.
Lina	Bud Light... If you guys drink, how do you get home?
Jessica	I definitely call an Uber.
Sam	Me too. Sometimes I just spend the night or wait at least 3 hours before driving.
Jessica	Sam! Don't ever take chances! Just grab a cab. Driving drunk is a criminal offense. Having a DUI affects your chances of getting a job too!
Sam	Yeah, I know that sis. No worries. Chill.
Lina	Koreans love fried chicken with beer. What's your favorite food when you drink beer?
Jessica	I like to pair beer with anything. Sometimes I have a bottle of beer with a salad.
Sam	In my opinion cheesy foods go best with beer. Why don't we go grab some burgers? I'm getting kind of hungry.
Lina	Yes! I wanna try Bud Light too!
Jessica	Yeah! Let's go!

리나 오늘은 샘, 제시카와 술에 관해서 이야기 나눠보도록 하겠습니다.
제시카 리나, 술 마시는 거 좋아해?
리나 친구들과 마시는 걸 즐기기는 하는데 많이 마시진 않아.
샘 아, 맞다! 나 한국 음식점에서 소주 한번 마셔봤어! 넌 소주 자주 마셔?
리나 난 맥주를 좀 더 좋아해! 미국에서 가장 인기가 좋은 술은 뭐야?
샘 의심의 여지 없이 맥주지! 가장 인기가 많은 맥주는 버드라이트야.
리나 버드라이트… 술 마시면 집에 어떻게 와?
제시카 난 당연히 우버를 불러.
샘 나도. 가끔 친구네에서 하룻밤 자거나 운전하기 전에 적어도 3시간을 기다려.
제시카 샘! 절대 그런 위험한 짓 하지 마! 그냥 택시 잡으라고. 음주 운전은 범죄야. 음주 운전으로 걸리면 구직에도 문제 생겨!
샘 알아, 누나. 걱정하지 마. 진정해.
리나 한국 사람들은 치킨에 맥주를 좋아하지. 너희는 맥주 마실 때 좋아하는 음식이 뭐야?
제시카 난 맥주랑은 다 좋아. 가끔 맥주 한 병이랑 샐러드도 먹는다니까.
샘 내 생각엔 치즈기 들어간 음식이 맥주랑 제일 잘 어울리는 것 같아. 우리 햄버거 먹지 않을래? 배가 고파진다.
리나 좋아! 난 버드라이트도 먹어볼래! 가자!
제시카 좋아! 가자!

drink 술을 마시다 **heavy drinker** 술 많이 마시는 사람, 술고래 **more of** 좀 더 **beer person** 맥주 좋아하는 사람 **without a doubt** 의심의 여지없이, 당연히 **get home** 귀가하다 **spend the night** 하룻밤 자다, 밤을 새우다 **at least** 최소 **take chances** 위험을 감수하다, 운에 맡기다 **driving drunk** 음주 운전 **criminal offense** 범죄 행위, 형사 범죄, 형사범 **DUI (driving under the influence)** 음주 운전 **chill** 놀다, 느긋이 쉬다 **pair A with B** A와 B를 함께 사용하다, A와 B가 잘 맞다 **cheesy foods** 치즈가 들어간 음식 **go best with** ~와 아주 잘 어울리다 **grab** (간단히) ~을 먹다

Expression Point

회화 실력을 업그레이드해주는 표현을 익혀보세요.

I enjoy drinking with friends but I'm not a heavy drinker.

친구들과 마시는 걸 즐기기는 하는데 많이 마시진 않아.

동사 drink의 원래 뜻은 '마시다'입니다. 그런데 drink 자체로 '술을 마시다'라는 뜻으로 쓰이는 경우도 많습니다. drink 뒤에 beer나 whisky 등 주류 이름이 나오지 않아도 그렇습니다. drink는 명사로도 '술 한잔, 음주'의 뜻이 있습니다.

Drinking and driving is a serious problem.
음주 운전은 심각한 문제다.

They went for a drink together.
걔들 같이 한잔 하러 갔어.

Don't expect to find a job until you quit drinking.
술 끊기 전에는 일자리 찾을 생각 하지 마.

I'm more of a beer person!

난 맥주를 좀 더 좋아해!

음주를 즐기는 '주당'들은 좋아하는 주류의 종류에 따라 '맥주파'와 '소주파' 등으로 나뉩니다. '난 ~파야', 즉 '난 ~를 좋아하는 사람이야'라는 말을 간단히 I'm a ~ person이라고 표현하기도 합니다. '난 애묘인이야'는 I'm a cat person이라고 하면 됩니다.

I'm a coffee person, but I also drink tea, occasionally.
난 커피를 좋아하지만 차도 가끔씩 마셔.

My wife is a dog person. She hates cats.
내 아내는 개를 좋아해. 고양이는 싫어하지.

I thought you were a wine person.
난 네가 와인파인 줄 알았는데.

Don't ever take chances!

위험한 짓 하지 마!

take chances 또는 take a chance는 '모험을 하다', '운을 시험해 보다'라는 뜻이에요. 위험 부담이 있어도 운에 맡기고 도전해본다는 이야기죠.

He is not afraid of taking chances.
그는 모험하는 걸 두려워하지 않는다.

You're never going to succeed unless you take a chance.
도전을 하지 않는다면 결코 성공하지 못할 거야.

David is not a man to take chances.
데이비드는 위험을 감수하고 도전할 사람이 아니야.

In my opinion cheesy foods go best with beer.

내 생각엔 치즈가 들어간 음식이 맥주랑 제일 잘 어울리더라고.

go with을 직역하면 '~와 함께 가다'가 됩니다. 함께 오래 가려면 일단 마음이 잘 맞아야겠죠? 그런 이유 때문인지는 모르겠지만 go with에는 '(서로 잘) 어울리다'라는 뜻이 있습니다. go와 with 사이에 '최고'를 뜻하는 best까지 들어가면 '최고로 잘 어울리다'란 뜻이 되고요.

Which wine goes best with salmon?
어떤 와인이 연어랑 제일 잘 어울려요?

Which hair style goes well with my dress?
어떤 헤어스타일이 제 드레스에 잘 어울릴까요?

I think this one would go perfectly with my shoes.
이게 내 신발과 완벽하게 어울릴 것 같네.

Why don't we go grab some burgers?

우리 햄버거 먹지 않을래?

미국 학생들은 '뭘 좀 먹으러 가자'라고 할 때 grab이란 단어를 자주 써요. Let's grab something to eat(뭐라도 좀 먹자)처럼요. grab은 '움켜쥐다'라는 뜻인데, 생각해 보니 미국 음식은 햄버거, 핫도그처럼 손으로 움켜쥐고 먹을 수 있는 게 많네요.

Let's go out and grab some burgers and French fries.
나가서 햄버거랑 감자튀김 좀 먹자.

Can we just grab some donuts?
우리 그냥 도넛이나 좀 먹을 수 있을까?

Let me grab some popcorn before we see the film.
영화 보기 전에 팝콘 좀 살게.

Drill 1

학습한 내용을 응용하여 영작해보세요.

1 ______________________

내가 보기에 넌 개를 더 좋아하는 것 같은데.

보기 person, I, dog, think, more, you, a, are, of

2 ______________________

화날 때는 술 마시지 않으려고 노력해봐.

보기 try, when, not, to, you're, drink, angry

3 ______________________

진정한 사랑을 위해서는 위험을 감수할 만한 가치가 있어.

보기 for, true, taking, love, chances, is, worth

4 ______________________

한국음식이 와인과 놀랄 만큼 잘 어울리네.

보기 Korean, wine, food, with, amazingly, goes, well

5 ______________________

우린 저녁으로 피자를 좀 먹었어.

보기 we, pizza, some, dinner, grabbed, for

Drill 2

영어를 가리고 한국어를 보면서 바로 말할 수 있는지 체크해보세요. 

□ 난 맥주를 좀 더 좋아해!	I'm more of a beer person!
□ 내 생각엔 치즈가 들어간 음식이 맥주랑 제일 잘 어울리더라고.	In my opinion cheesy foods go best with beer.
□ 우리 햄버거 먹지 않을래?	Why don't we go grab some burgers?
□ 의심의 여지 없이 맥주지!	Without a doubt, beer!
□ 음주 운전은 범죄야.	Driving drunk is a criminal offense.
□ 걱정하지 마. 진정해.	No worries. Chill.

1 I think you are more of a dog person. **2** Try not to drink when you're angry. **3** True love is worth taking chances for. **4** Korean food goes amazingly well with wine. **5** We grabbed some pizza for dinner.

소울푸드

힘들 때 먹으면 위로가 되는 음식, 여러분도 각자의 소울푸드가 있죠?
저는 삼계탕인데요.
마이클과 제시카의 소울푸드는 무엇일지 오늘 대화를 같이 들어보시죠.

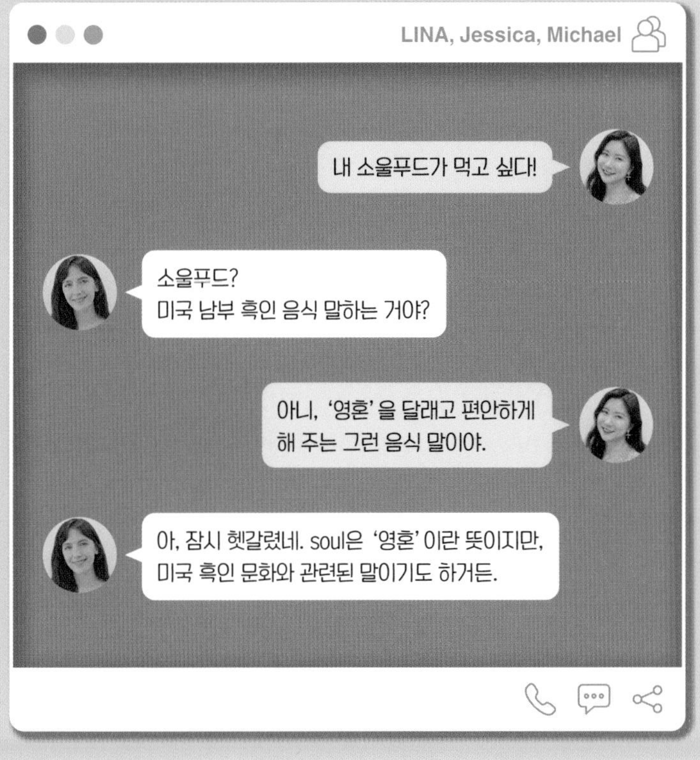

LINA, Jessica, Michael
내 소울푸드가 먹고 싶다!
소울푸드?
미국 남부 흑인 음식 말하는 거야?
아니, '영혼'을 달래고 편안하게
해 주는 그런 음식 말이야.
아, 잠시 헷갈렸네. soul은 '영혼'이란 뜻이지만,
미국 흑인 문화와 관련된 말이기도 하거든.

Live Talk

오늘의 대화문을 귀 기울여 들어보세요. 

Lina Today we're going to talk about "soul food" with Michael and Jessica.

Jessica Soul food? You mean, Southern African American food?

Lina No, it's a Korean term for comfort food. Food that soothes and comforts your "soul."

Jessica Ah, ha! That makes sense. I got confused for a sec because soul means spirit but also is associated with African American culture.

Lina Good to know! What are your comfort foods?

Jessica Mine is pepperoni pizza from my school cafeteria. I miss having it with nacho sauce after math class.

Michael Mine is the homemade waffles my mother used to make.

Lina You must miss her and her waffles a lot! I also miss my mom's *kimchi* stew. There's nothing better than that!

Jessica Woo! I wish I could try that too!

Lina If you haven't, you should try Korean BBQ first! You would love it! *Samgyupsal* is also my comfort food.

Michael Why don't we try Lina's comfort food today? There're a couple good Korean restaurants in town.

Jessica Wow, I would love to!

Lina You gotta try *ssam*! If you wrap pork with lettuce and a sesame leaf, it slaps.

Jessica I can't wait! My mouth is watering already!

리나 오늘 마이클, 제시카와 함께 '소울푸드'에 관해 이야기해볼게요.

제시카 소울푸드? 미국 남부 흑인 음식 말하는 거야?

리나 아니, 한국에서 위안을 주는 음식을 가리키는 말이야. '영혼'을 달래고 편안하게 해주는 음식 말이야.

제시카 아, 말이 되네. 잠시 헷갈렸어, soul은 '영혼'이란 뜻이지만, 미국 흑인 문화와 관련 있기도 하거든.

리나 그렇구나! 두 분의 소울푸드는 뭔가요?

제시카 내 소울푸드는 학교 카페테리아의 페퍼로니 피자야. 수학 시간 끝나고 나초 소스랑 먹었던 게 그립네.

마이클 내 소울푸드는 어머니가 만들어 주시던 와플이란다.

리나 어머님과 어머님의 와플이 많이 그리우시겠어요! 저도 엄마가 해주는 김치찌개가 그립네요. 그보다 맛있는 건 없죠!

제시카 와! 나도 먹어보고 싶다!

리나 아직 먹어본 적 없다면 한국식 바비큐 먼저 시도해봐. 좋아할 거야! 삼겹살도 내 소울푸드야!

마이클 오늘 리나의 소울푸드를 먹어보는 게 어떻겠니? 동네에 괜찮은 한국 식당이 몇 개 있단다.

제시카 와, 좋아요!

리나 쌈 한번 먹어봐야 해! 삼겹살을 상추랑 깻잎에 싸서 먹으면 진짜 맛있어.

제시카 빨리 가자! 벌써 군침이 돈다!

soul 영혼, 미국 흑인 문화 **term** 용어, 말 **comfort food** 소울푸드, 기분을 좋게 해주는 음식 **soothe** 달래다, 누그러뜨리다 **comfort** 위로하다, 위안을 주다 **sec(= second)** 잠깐, 1초 **stew** 스튜(고기와 채소를 찌개처럼 걸쭉하게 끓이는 음식) **a couple (of)** 몇몇, 둘이 **wrap** 감싸다, 싸다, 포장하다 **slap** 철썩 때리다, 탁 놓다 **water** 물을 주다

Expression Point

회화 실력을 업그레이드해주는 표현을 익혀보세요.

It's a Korean term for comfort food.

한국에서 위안을 주는 음식을 가리키는 말이야.

우리말의 '소울푸드'에 해당하는 영어 표현이 comfort food입니다. 뭔가 특별한 추억이 있거나 기분 전환에 도움이 되는 음식을 comfort food라고 합니다. '추억의 음식'은 아무래도 건강식이나 고급진 요리보다는 단순하고 칼로리가 높거나 달달한 음식들이 많을 것 같네요. 우리로 치면 떡볶이나 튀김 같은 거죠.

What is your comfort food? 네 소울푸드는 뭐야?
My comfort food is fried chicken. 내 소울푸드는 프라이드치킨이야.
Comfort food is meant to be delicious. 소울푸드는 맛있기 마련이야.

I got confused for a sec.

잠시 헷갈렸네,

sec은 시간의 '초'를 뜻하는 second를 줄인 말이에요. for a second는 직역하면 '1초 동안'인데요, 실제 뜻은 '잠깐'입니다. '1초만이라고 하더니 왜 그렇게 오래 걸리냐'고 따지시면 안 됩니다. for a minute도 같은 뜻으로 자주 씁니다.

Excuse me for a sec. (자리를 비우면서) 잠시 실례할게요.
Please wait for a sec. 잠시만 기다려주세요.
+ 일상 회화에서 for를 빼고 a sec만 쓰기도 해요.
Wait a sec! What do you mean by that?
잠깐! 그게 무슨 말이야? (wait = hold on)

There's nothing better than that!

그보다 맛있는 건 없죠!

There is(There's)~는 '~가 있다'는 뜻이죠. 그런데 nothing이 붙어서 '~가 없다'는 뜻이 됐어요. 그런데 뭐가 없다는 걸까요. better는 '~보다 나은(좋은)'이란 뜻이니까 There's nothing better than~ 전체의 의미를 조합하면 '~보다 나은 건(좋은 건) 없다'라는 뜻이 되겠네요.

There's nothing better than **homemade cookies.**
집에서 만든 쿠키보다 좋은 건 없지.

There's nothing better than **live music.**
라이브 음악보다 좋은 건 없지.

There's nothing better than **love.**
사랑보다 좋은 건 없지.

If you wrap pork with lettuce and a sesame leaf, it slaps.

삼겹살을 상추랑 깻잎에 싸서 먹으면 진짜 맛있어.

slap은 뭔가를 손바닥으로 '찰싹 때리다'라는 뜻이에요. 예를 들어 She slapped him in the face는 '그녀는 그의 얼굴을 쳤다'는 뜻입니다. 그런데 그런 slap이 요즘엔 속어로 to be excellent or amazing이란 뜻으로 많이 써요. 우리말로 '대박이야' 정도의 느낌이겠네요.

This pizza slaps! 이 피자 대박이다!
His new song slaps! 그의 신곡 끝내준다!
My mom's recipe slaps. 우리 엄마 요리법 대박이야.

My mouth is watering already!

벌써 군침이 도네!

입에 물이 고이는(?) 건 어떤 경우일까요? 건강에 이상이 있는 경우가 아니라면 뭔가 맛있는 걸 보거나 식욕을 자극하는 냄새를 맡았을 때가 그런 경우일 것 같아요. 물론 그냥 물이 아니라 '군침'이 도는 것이죠. 그래서 영어로 mouth is watering이라고 하면 '(맛있는 걸 먹고 싶어서) 군침이 돈다'는 뜻이랍니다.

My mouth is watering **for kimchi stew.**
김치찌개가 먹고 싶어.

My mouth is watering **just thinking of it.**
생각만 해도 군침이 도네요.

My mouth is watering **even talking about the food.**
그 음식에 대해 이야기하는 중에도 군침이 돌아요.

Drill 1

학습한 내용을 응용하여 영작해보세요.

1 ______________________________

내 소울푸드는 떡볶이야. **보기** comfort, *tteokbokki*, my, is, food

2 ______________________________

잠깐만요. **보기** on, hold, sec, one

3 ______________________________

밤에 잘 자는 것보다 좋은 건 없지.

보기 there, than, night's, a, good, is, better, sleep, nothing

4 ______________________________

새로 개봉한 〈어벤저스〉 영화 대박이야! **보기** movie, *Avengers*, the, slaps, new

5 ______________________________

그 생각을 하니까 군침이 고여요, **보기** watering, thought, at, my, the, mouth, it, of, is

Drill 2

영어를 가리고 한국어를 보면서 바로 말할 수 있는지 체크해보세요.

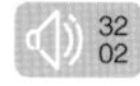

□ 잠시 헷갈렸네.	I got confused for a sec.
□ 그보다 맛있는 건 없죠!	There's nothing better than that!
□ 삼겹살을 상추랑 깻잎에 싸서 먹으면 진짜 맛있어.	If you wrap pork with lettuce and a sesame leaf, it slaps.
□ 벌써 군침이 도네!	My mouth is watering already!
□ '영혼'을 달래고 편안하게 해 주는 그런 음식 말이야.	Food that soothes and comforts your "soul."
□ 그걸 나초 소스랑 먹었던 게 그리워.	I miss having it with nacho sauce.

1 My comfort food is *tteokbokki*. **2** Hold on one sec. **3** There is nothing better than a good night's sleep. **4** The new *Avengers* movie slaps! **5** My mouth is watering at the thought of it.

총기

미국은 일반인의 총기 소지가 비교적 자유로운 나라죠.
때문에 빈번한 총기 사고가 매우 심각한 사회 문제이기도 하고요.
마이클, 샘 부자의 총기에 관한 대화를 함께 볼까요?

LINA, Sam, Michael
리나, 아빠랑 사격장 갈 건데 같이 갈래?
나도 가도 돼?
총은 실제로 본 적도 쏜 적도 없는데?
공기총도 여럿 있으니 같이 가자꾸나, 리나.
음… 무섭긴 하지만 한번 해볼게요.
근데 전 외국인인데 괜찮을까요?

Live Talk

오늘의 대화문을 귀 기울여 들어보세요. 

Lina Today, we're going to talk about guns with Michael and Sam. Sam asked me to go to a shooting range with Michael.

Michael They have a variety of airguns too, Lina.

Lina Umm... okay, I'll give it a try. But I'm a foreigner. Would that matter?

Sam Lina, you don't have to be scared. We're going to a place where even little kids can go. It should be fine as long as you bring your photo ID with you.

Lina Okay. What are the qualifications to purchase a firearm in the States?

Michael It may differ from state to state but you must be over 18 and pass the background check. You must be either a US citizen or a US resident.

Lina So, you don't need a permit to purchase one?

Sam Some states require a permit but some states don't. In California, for example, you have to pass a written test and take a gun safety class in order to obtain a purchase permit.

Michael But there's a loophole. Anyone can sell their gun from their home or online. I can give anyone a firearm as a gift if I believe they're eligible to own one.

Lina Oh, geez. Why can't the government just ban everyone from owning one?

Sam Because some people believe it's their right to possess guns to protect themselves.

Michael I also own a gun to protect my family from intruders. I've never used it for recreational activities and I also don't plan to in the future.

Lina No wonder gun control is the most controversial issue in America.

리나	오늘은 마이클과 샘하고 총기 얘기를 해볼 거예요. 샘이 저한테 마이클이랑 같이 사격장에 같이 가자고 했어요.
마이클	공기총도 여럿 있어, 리나야.
리나	음… 좋아요. 한번 해볼게요. 전 외국인인데 괜찮을까요?
샘	리나, 무서워할 필요 없어. 어린이들도 갈 수 있는 곳으로 갈 거야. 신분증만 가지고 가면 괜찮아.
리나	알았어. 미국에서 화기를 살 수 있는 자격은 어떻게 되나요?
마이클	주마다 다르겠지만 18세가 넘어야 하고 신원조회를 통과해야 한단다. 또한 미국 시민이거나 미국 거주자여야 하고.
리나	사려면 허가증이 필요한가요?
샘	어떤 주는 필요하고 어떤 주는 필요하지 않아. 예를 들어 캘리포니아에서는 필기 시험을 통과해야 하고 총기 안전 수업을 들어야 해. 총 구입 허가증을 받기 위해서 말야.
마이클	하지만 맹점이 있어. 누구나 집이나 온라인에서 자기 총을 팔 수 있어. 상대가 화기를 소유할 자격이 있다고 생각되면 누구에게나 선물로 줄 수 있단다.
리나	이런. 왜 정부는 모든 사람이 총을 소유하는 걸 금지하지 못할까요?
샘	자신을 보호하기 위해 총을 소지하는 걸 권리라고 생각하는 사람들이 있거든.
마이클	나 또한 침입자로부터 우리 가족을 보호하기 위해 총을 가지고 있어. 오락용으로 사용해 본 적이 없고 앞으로도 그럴 계획이 없단다.
리나	왜 총기 규제가 미국에서 가장 논란이 많은 사안인지 알겠어요.

shooting range 사격장 **matter** 중요하다, 문제가 되다 **qualification** 자격, 조건 **firearm** 화기 **background check** 신원조회 **resident** 거주자, 투숙객 **permit** 허가증 **require** 요구하다, 필요로 하다 **written test** 필기 시험 **safety** 안전 **obtain** 얻다, 구하다 **loophole** 허점, (규칙, 법률의 빠져나갈) 빈틈, 구멍 **eligible** 자격이 있는 **ban** 금지하다 **possess** 소유하다, 지니다 **intruder** 불법 침입자, 불청객 **recreational activity** 오락, 여가 활동 **controversial** 논란이 많은

Expression Point

회화 실력을 업그레이드해주는 표현을 익혀보세요.

But there's a loophole.

하지만 맹점이 있어.

loophole은 법이나 규칙의 '빠져나갈 수 있는 틈', 즉 '맹점'을 뜻합니다. 세상에 완벽한 법 제도는 없기 때문에 그걸 악용하려는 사람들이 있게 마련이죠. 그런 사람들이 호시탐탐 노리는 게 바로 loophole입니다.

Every law has a loophole.
모든 법에는 빠져나갈 구멍이 있게 마련이야.

He took advantage of the loophole in the law.
그는 그 법의 맹점을 이용했어.

There is a huge loophole in the policy.
그 정책에는 큰 맹점이 있다.

I believe they're eligible to own one.

나는 그들이 화기를 소유할 자격이 있다고 믿는다.

eligible은 '자격이 있는'이란 뜻인데 〈be동사+eligible+to동사원형/for+명사〉의 형태로 많이 써요. 예를 들어 '그는 회원이 될 자격이 있다'는 He's eligible for membership이라고 표현할 수 있습니다.

Only people over 18 are eligible to vote.
18세 이상만 투표 자격이 있습니다.

Are you eligible for a pension?
연금 수령 자격이 되세요?

I'm not eligible for student loans.
난 학자금 대출을 받을 자격이 안 돼.

Why can't the government just ban everyone from owning one?

왜 정부는 모든 사람이 총을 소유하는 걸 금지하지 못할까요?

ban이란 단어에는 '금지하다'라는 뜻도 있고 명사로 '금지(조치)'라는 뜻도 있어요. '누가 ~하는 걸 금지한다'라고 하려면 〈ban+금지 대상+from 명사/동사-ing〉 식으로 씁니다.

The police banned them from the area.
경찰을 그들이 그 지역에 오지 못하게 했다.

The soldiers banned us from seeing our family.
군인들은 우리가 가족을 만나지 못하도록 막았다.

Their government banned us from entering the country.
그들의 정부는 우리가 그 나라에 입국하지 못하게 막았다.

I've never used it for recreational activities.

난 그걸 오락용으로 사용해 본 적이 없단다.

I've(I have) never used it은 '(지금까지) 절대 사용한 적이 없다'라는 뜻입니다. 〈I've + 과거분사〉는 '경험'을 나타낼 때 쓰기도 하거든요. 그런데 강한 부정의 의미를 갖고 있는 never와 같이 썼으니 '~한 적이 없다'는 뜻이 되는 것이죠.

I've never been to Africa.
아프리카에는 못 가봤어.

I've never tried to learn a foreign language.
외국어를 배워본 적은 없어.

I've never met him before.
전에 그를 만난 적 없어.

No wonder gun control is the most controversial issue in America.

왜 총기 규제가 미국에서 가장 논란이 많은 사안인지 알겠어요.

wonder는 '놀랍다'는 뜻이죠? the seven wonders of the world(세계 7대 불가사의)에서처럼 '경이로운 것'이란 뜻으로도 씁니다. wonder 앞에 no가 붙은 No wonder는 '놀랄 일도 아니네', '당연한 것이지'라는 뜻입니다. 앞에 It is가 생략된 걸로 보면 됩니다.

No wonder you are hungry. 네가 배고픈 건 당연해.
No wonder he was surprised. 그가 놀란 건 당연해.
No wonder the kids are happy. 아이들이 행복한 건 당연해.

Drill 1

학습한 내용을 응용하여 영작해보세요.

1 ______________________________

그 법에는 몇 가지 맹점이 있어. **보기** a, loopholes, are, of, in, the, number, law, there

2 ______________________________

그는 아직 승진 자격이 안 돼. **보기** not, yet, is, promotion, for, he, eligible

3 ______________________________

그 학교는 학생들의 스마트폰 사용을 금지했다.

보기 the, from, its, students, banned, smartphones, using, school

4 ______________________________

나 파스타 요리해본 적 없어. **보기** cooked, never, pasta, before, I've

5 ______________________________

네가 아무것도 기억 못하는 건 당연해. **보기** no, remember, you, wonder, anything, don't

Drill 2

영어를 가리고 한국어를 보면서 바로 말할 수 있는지 체크해보세요. 

□ 하지만 맹점이 있어.	But there's a loophole.
□ 왜 정부는 모든 사람이 총을 소유하는 걸 금지하지 못할까요?	Why can't the government just ban everyone from owning guns?
□ 난 그걸 오락용으로 사용해 본 적이 없단다.	I've never used it for recreational activities.
□ 왜 총기 규제가 미국에서 가장 논란이 많은 사안인지 알겠어요.	No wonder gun control is the most controversial issue in America.
□ 사진이 있는 신분증을 가져와야 해.	You should bring your photo ID with you.
□ 앞으로도 그걸 사용할 계획이 없단다.	I also don't plan to use it in the future.

1 There are a number of loopholes in the law. **2** He is not eligible for promotion yet. **3** The school banned its students from using smartphones. **4** I've never cooked pasta before. **5** No wonder you don't remember anything.

지구온난화

지구온난화 문제가 정말 심각하죠.
각 나라와 개인이 지구온난화를 막기 위한 여러 노력을 하고 있을 텐데요,
미국은 어떤지 함께 알아볼까요?

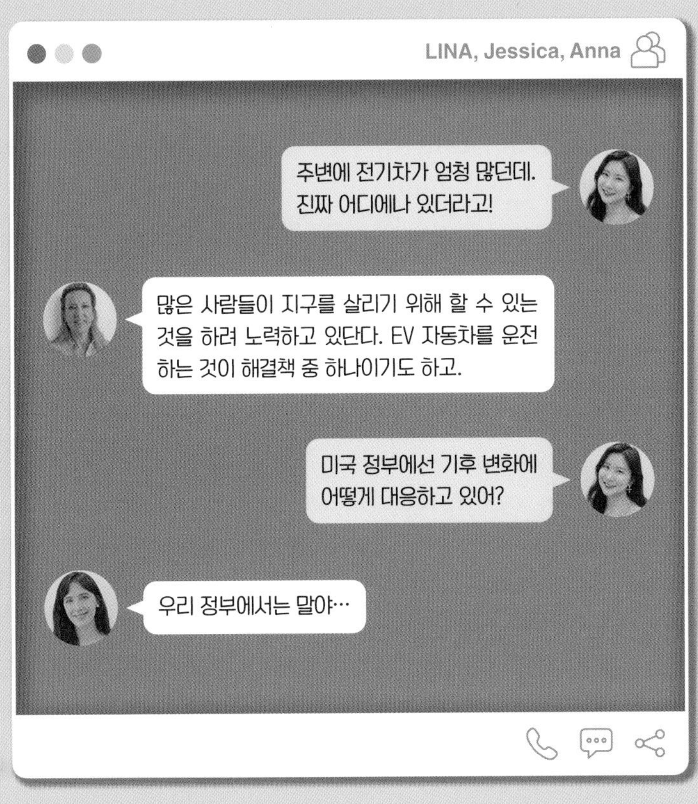

Live Talk

오늘의 대화문을 귀 기울여 들어보세요. 

Lina Today, we're going to talk about what we can do to stop global warming with Anna and Jessica.

Lina There're so many Teslas. They're literally everywhere!

Jessica Tesla is definitely iconic. The status quo of the entire auto industry is very challenged by Tesla.

Anna Their timing was good too. More people are trying to do what they can to save the Earth. Needless to say, driving EV cars is one of the solutions.

Lina Timing is truly everything! So, what exactly is America doing for climate change?

Jessica Our government is aiming not to sell greenhouse gas emitting cars by 2035, reach zero emissions from the energy sector by 2040 and reduce to zero all the greenhouse gas emissions of the country by 2050.

Anna By the way, I love how Starbucks eliminated plastic straws even though I'm not a big fan of their paper straws and strawless lids.

Jessica That's why I carry my tumbler and straw with me everywhere.

Lina I have my own metal straws too! I mean, it is too much of a hassle to clean them every time but I know I'm doing something right for the environment.

Anna I carry my own shopping bags when I go grocery shopping. Saying no to extra packaging would help too.

Jessica This is hard but I try not to buy something that I don't really need. Especially clothes.

Lina That would save not only our planet but my wallet as well!

리나 오늘은 지구온난화를 막기 위해 뭘 할 수 있는지 애나, 제시카와 함께 이야기해 볼게요.

리나 테슬라가 엄청 많던데요. 진짜 어디에나 있더라고요!

제시카 테슬라는 굉장히 상징적이야. 자동차 산업 전체의 현실이 테슬라한테 엄청나게 도전받고 있어.

애나 타이밍 역시 좋았지. 더 많은 사람이 지구를 살리기 위해 할 수 있는 것을 하려 노력하고 있단다. 두말할 필요도 없이, EV 자동차를 운전하는 것이 해결책 중 하나이기도 하고.

리나 진짜 타이밍이 전부죠! 미국은 기후 변화를 위해 정확히 무엇을 하고 있나요?

제시카 우리 정부는 2035년까지 온실가스 배출 자동차를 판매하지 않고, 2040년까지 에너지 부문에서 배출량을 제로로, 2050년까지 국가의 온실가스 배출량 전체를 제로로 줄이는 것을 목표로 해.

애나 그나저나 스타벅스가 플라스틱 빨대를 없앤 게 참 마음에 들어, 종이 빨대와 빨대 없는 뚜껑을 그리 좋아하지 않긴 하지만 말이야.

제시카 그래서 전 제 텀블러와 빨대를 어디든 들고 다녀요.

리나 나도 금속 빨대가 있어! 매번 닦는 것은 너무 번거롭지만 내가 환경을 위해 올바른 일을 한다는 걸 아니까.

애나 나는 장을 볼 때 장바구니를 가지고 다닌단다. 추가 포장을 거절하는 것도 도움이 될 거야.

제시카 어렵지만 내가 꼭 필요하지 않은 것을 사지 않으려고 해. 특히 옷.

리나 그건 지구뿐만 아니라 내 지갑도 살려주겠어!

global warming 지구온난화 **literally** 말 그대로 **iconic** 상징적인 **status quo** 현재 상황, 현 상태 **entire** 전체의, 온 **auto industry** 자동차 산업 **be challenged** 도전받다 **save the Earth** 지구를 살리다[구하다] **needless to say** 두말할 필요 없이 **EV car** 전기차 (EV=Electric Vehicle) **climate change** 기후 변화 **aim** 목표로 하다 **greenhouse gas** 온실가스 **emit** 배출하다 **reach** 도달하다, 들어가다 **emission** 배출[물], 배기가스 **sector** 부문 **reduce** 줄이다 **eliminate** 없애다, 제거하다 **lid** 뚜껑 **hassle** 번거로운 일 **packaging** 포장, 포장재

Expression Point

회화 실력을 업그레이드해주는 표현을 익혀보세요.

The status quo of the entire auto industry is very challenged by Tesla.

자동차 산업 전체의 현실이 테슬라한테 엄청나게 도전받고 있지.

status quo는 '현재 상황[상태]'라는 뜻이에요. '현상 유지'한다고 할 때 maintain the status quo처럼 많이 쓰는 표현입니다. challenge는 '도전하다', be challenged는 수동형으로 '도전받다'라는 뜻이지요.

He always wants to maintain the status quo.
그는 항상 현상 유지만 하려 해.

It's time to change the status quo.
현재 상황을 바꿀 때가 됐다.

Maintaining the status quo can't be an answer.
현상 유지가 답이 될 수는 없다.

Needless to say, driving EV cars is one of the solutions.

두말할 필요도 없이, EV 자동차를 운전하는 것이 해결책 중 하나이기도 하고.

need는 '~이 필요하다'는 뜻이죠? 그런데 -less는 단어 뒤에 붙어서 '~이 없는'이란 뜻을 만듭니다. '무선'이란 뜻으로 많이 쓰는 wireless가 대표적이죠. '셀 수 없는'이란 뜻의 countless도 있군요. 그래서 needless는 여기서 '필요 없다'가 됩니다. needless to say는 '두말할 필요도 없이'라는 뜻이에요.

Needless to say, you are a good friend. 두말할 것도 없이 넌 좋은 친구야.

Needless to say, I was very angry. 두말할 것도 없이 난 매우 화가 났어.

Needless to say, he will come back soon.
두말할 필요도 없이 그는 곧 돌아올 거야.

I'm not a big fan of their paper straws and strawless lids.

난 거기 종이 빨대랑 빨대 없는 뚜껑을 좋아하진 않아.

I'm a big fan of ~는 '~의 팬이다', '~을 아주 좋아하다'라는 뜻입니다. big 대신에 huge를 쓸 수도 있는데요. 이때는 huge를 강조해서 읽어주시면 의미를 더 강조할 수 있어요. 유명인의 팬이라고 할 때도 물론 쓸 수 있고, 좋아하는 것을 표현할 때도 쓸 수 있어요. 이 표현의 부정문인 I'm not a big fan of ~는 '~을 그렇게 좋아하지 않는다', '~은 별로다'라는 뜻이 됩니다.

I'm not a big fan of soccer. 나는 축구 별로야.
I'm not a big fan of coffee. 난 커피를 그렇게 좋아하지 않아.
I'm not a big fan of texting. 난 문자하는 거 별로야.

That's why I carry my tumbler and straw with me everywhere.

그래서 전 제 텀블러와 빨대를 어디든 들고 다녀요.

That's why는 상대방이 하는 이야기를 듣다가 '그래서 그런 거야'라고 앞서 언급한 내용의 이유를 설명할 때 씁니다. 1990년대 국내에서도 인기가 많았던 덴마크 출신 보이밴드 마이클런 스투락의 히트곡 중에 〈That's Why (You Go Away)〉가 있습니다. '그게 이유야 (네가 떠나간)' 정도로 번역해도 괜찮을 것 같네요.

That's why I still need you. 그래서 내겐 아직 네가 필요해.
That's why I like you. 그게 내가 널 좋아하는 이유야.
That's why you are not rich. 그래서 네가 부자가 못 된 거야.

It is too much of a hassle to clean them every time.

매번 그걸 닦는 것은 너무 번거롭다.

hassle은 '번거로운 일'이란 뜻이에요. '들볶다'라는 뜻도 있고요. 리나가 too much of를 썼는데 대신 such를 써서 It is such a hassle to clean them every time이라고 해도 같은 뜻이 됩니다.

Changing buses is a hassle. 버스를 갈아타는 건 번거로운 일이다.
Cooking every day is too much of a hassle. 매일 요리하는 건 너무 번거로워.
Don't hassle me. I'm doing my best. 들볶지 좀 마. 최선을 다하고 있어.

Drill 1

학습한 내용을 응용하여 영작해보세요.

1 ____________________

난 소셜미디어는 별로야. **보기** a, social media, big, I'm, of, not, fan

2 ____________________

현재 상황을 바꾸기 위해 우리가 뭘 할 수 있을까요?

보기 status quo, do, we, to, change, the, can, what,

3 ____________________

두말할 것도 없이 네가 최고야. **보기** needless, say, best, you're, to, the

4 ____________________

그게 내가 항상 언론인이 되고 싶었던 이유야.

보기 always, why, that's, I, to, journalist, a, wanted, be

5 ____________________

직접 사업을 하는 건 번거로운 일일 수 있다.

보기 running, own, can, your, hassle, business, be, a

Drill 2

영어를 가리고 한국어를 보면서 바로 말할 수 있는지 체크해보세요. 

□ 신싸 어디에나 있더라고요!	They're literally everywhere!
□ 그래서 전 제 텀블러와 빨대를 어디든 들고 다녀요.	That's why I carry my tumbler and straw with me everywhere.
□ 매번 그걸 닦는 것은 너무 번거로워.	It is too much of a hassle to clean them every time.
□ 미국은 기후 변화를 위해 정확히 무엇을 하고 있나요?	What exactly is America doing for climate change?
□ 스타벅스가 플라스틱 빨대를 없앤 게 참 마음에 들어.	I love how Starbucks eliminated plastic straws.
□ 나는 내 장바구니를 가지고 다닌단다.	I carry my own shopping bags.

1 I'm not a big fan of social media. **2** What can we do to change the status quo? **3** Needless to say, you're the best. **4** That's why I always wanted to be a journalist. **5** Running your own business can be a hassle.

스테레오타입

누구든 한두 가지 고정관념은 갖고 살기 마련이죠.
'한국 사람이니 당연히 김치를 좋아하겠지' 같은 걸 stereotype, 즉 고정관념이라고 합니다.
미국도 지역이나 도시별로 그런 stereotype이 있을 것 같은데요, 같이 알아볼까요?

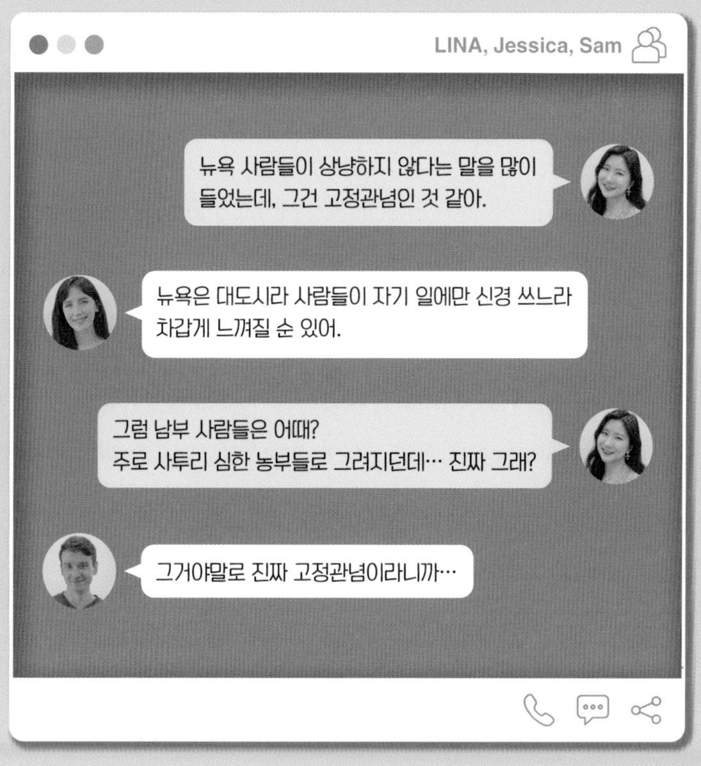

LINA, Jessica, Sam
뉴욕 사람들이 상냥하지 않다는 말을 많이 들었는데, 그건 고정관념인 것 같아.
뉴욕은 대도시라 사람들이 자기 일에만 신경 쓰느라 차갑게 느껴질 순 있어.
그럼 남부 사람들은 어때? 주로 사투리 심한 농부들로 그려지던데… 진짜 그래?
그거야말로 진짜 고정관념이라니까…

Live Talk

오늘의 대화문을 귀 기울여 들어보세요. 

Lina Today, we're going to talk about stereotypes in different States with Sam and Jessica.

Lina I was told that people in New York are not very friendly but I think it's just a stereotype!

Jessica Well, New York is a big city and people are just busy minding their own business. Compared to people in the west, we could be perceived as a bit cold and blunt, I guess.

Lina What about Southerners? They're mostly portrayed as farmers with heavy accents.

Sam So stereotypical!

Jessica People think Southerners would wear cowboy hats, listen to country music, love their guns and go to church. But it all depends.

Sam Yeah, those are just stereotypes. We should really stop judging others based on where they came from.

Lina That's so true. So, my mom is from a place with very famous food and they have a stereotype of being an excellent cook. But... let me just say I can cook much better than her.

Jessica That's so funny!

Lina What about Canadians? Do they have any stereotypes?

Sam I heard that they're hockey fanatics like we are into American football.

Jessica And they love maple syrup!

Lina Like Koreans love kimchi! By the way, did you guys know my boyfriend can't eat kimchi? And he was born and raised in Korea.

Sam Stereotypes are stereotypes!

리나 오늘은 샘, 제시카와 함께 여러 주의 고정관념에 대해 얘기해볼 거예요.

리나 뉴욕 사람들이 상냥하지 않다는 얘기를 들었는데 그건 그냥 고정관념인 것 같아.

제시카 뉴욕은 대도시라 사람들이 자기 일을 신경 쓰느라 정신 없어. 서부 사람하고 비교하면 약간 차갑고 무뚝뚝하게 느껴지는 것 같아.

리나 남부 사람들은 어때? 사투리가 심한 농부들처럼 그려지잖아.

샘 진짜 고정관념이야, 그거는.

제시카 사람들은 남부 사람들이 카우보이 모자를 쓰고, 컨트리 음악을 듣고, 총을 아끼고, 교회에 간다고 생각하지. 근데 사람 나름이야.

샘 맞아, 고정관념일 뿐이야. 출신지에 따라 사람을 판단하는 건 진짜 그만해야 해.

리나 정말 맞아. 우리 엄마는 유명한 음식이 있는 지역 출신이신데 그곳 사람들은 요리를 잘한다는 고정관념이 있거든. 근데 뭐… 그냥 내가 엄마보다 요리를 훨씬 잘한다고 해두자.

제시카 웃긴다!

리나 캐나다 사람은 어때? 캐나다 사람에게 있는 고정관념은 뭐야?

샘 우리가 미식축구를 좋아하는 것처럼 하키를 광적으로 좋아한다고 하던대.

제시카 메이플 시럽을 좋아한다고도 하지!

리나 한국인이 김치를 좋아하는 것처럼! 근데 내 남자 친구는 김치를 못 먹는다는 거 알았니? 한국에서 나고 자랐는데도 말이야.

샘 고정관념은 고정관념일 뿐이네!

stereotype 고정관념 **mind one's business** 자신의 일에 신경 쓰다 **be perceived** 여겨지다, 받아들여지다, 인식되다 **cold and blunt** 차갑고 무뚝뚝한, 무딘, 직설적인 **portray** 그리다, 나타내다, 연기하다 **heavy accent** 심한 사투리 **fanatic** 광적인 사람, 광신자 **be into** ~에 빠지다, ~에 관심이 많다 **maple syrup** 메이플시럽, 단풍나무시럽 **born and raised** 태어나고 자란, ~ 출신인

Expression Point

회화 실력을 업그레이드해주는 표현을 익혀보세요.

People are just busy minding their own business.

사람들이 자기 일을 신경 쓰느라 정신 없어.

'~하느라 바쁘다'는 말은 영어로 〈busy+동사-ing〉를 써요. 한편, busy가 사람이 아닌 장소와 함께 쓰이면 '혼잡하다'는 뜻이 됩니다. 예를 들어 This road is always busy는 '이 길은 늘 혼잡해'라는 뜻입니다.

Sorry, I'm busy making ends meet.
미안하지만 입에 풀칠하느라 바빠.

I was busy doing nothing.
아무것도 안 하느라 바빴어.

The kids are busy playing outside all day.
아이들은 온종일 밖에서 노느라 바빠.

We should really stop judging others based on where they came from.

출신지에 따라 사람을 판단하는 건 그만해야 해.

based on는 '~에 바탕을 둔'이란 뜻입니다. 간혹 실화를 바탕으로 만든 영화를 보면 도입 부분에 based on a true story란 표현이 나옵니다.

Sri Lanka's economy is based largely on agriculture.
스리랑카 경제의 큰 부분은 농업에 기반을 두고 있어.

This movie is based on a famous novel with the same title.
이 영화는 매우 유명한 동명의 소설을 기반으로 해.

➕ 회사나 건물 등이 어느 지역에 기반을 두고 있다고 할 때는 based in을 씁니다.

Our company is based in London.
우리 회사는 런던에 기반을 두고 있어.

Let me just say I can cook much better than her.

그냥 내가 엄마보다 요리를 훨씬 잘한다고 해두자.

미드(미국 드라마)에도 종종 등장하는 Let me just say는 말하는 사람이 중요하다고 생각하는 걸 간단하면서도 분명하게 강조할 때 써요. '이 말만은 꼭 해야겠다' 싶을 때 먼저 Let me just say로 운을 띄우는 거죠. just를 빼고 그냥 Let me say라고도 합니다.

Let me just say this is the best company I've ever worked for.
여긴 제가 지금껏 일한 회사 중 최고라고 말하고 싶네요.

Let me just say I was deeply impressed by your performance.
당신 공연에 깊이 감동했다는 말씀 드립니다.

Let me just say how great you look tonight.
오늘 밤 당신이 얼마나 멋져 보이는지 알려드려야 할 것 같아요.

He was born and raised in Korea.

그는 한국에서 나고 자랐어.

태어난 곳과 자란 곳이 같은 경우 '난 ~에서 나고 자랐어'라고 이야기할 수 있겠죠. 이럴 때 영어로는 born and raised in~을 씁니다.

Both my parents were born and raised in Cheongju.
우리 부모님 두 분 다 청주에서 태어나 자라셨어.

Joan was born and raised in Chicago.
조안은 시카고에서 태어나 자랐어.

My boss was born and raised in Hong Kong.
내 상사는 홍콩에서 나고 자랐어.

Stereotypes are stereotypes!

고정관념은 고정관념일 뿐이네!

'A는 A야'라고 하나마나 한 이야기를 하는 건 뭔가 의도가 있어서겠죠? 말만 살짝 바꾸면 'A는 A일 뿐이야', 즉 그 이상도 이하도 아니라는 이야기입니다. 위의 문장을 예로 들면 '고정관념은 고정관념일 뿐'이니까 거기에 너무 과하게 신경을 쓰거나 신뢰하지 말라는 이야기가 됩니다.

Prejudice is prejudice. Nothing more, nothing less.
편견은 편견일 뿐이야. 그 이상도, 이하도 아니야.

Rumor is rumor. Forget about it. 소문은 그냥 소문일 뿐이야. 잊어버려.

New York is New York. 뉴욕은 역시 뉴욕이네.

Drill 1

학습한 내용을 응용하여 영작해보세요.

1 ______________________________

내 친구들 모두 자기 일 하느라 바빠.

보기 all, business, of, friends, my, are, taking, busy, their, care, of

2 ______________________________

그의 새 영화는 자기 경험을 바탕으로 했어.

보기 his, experience, new, based, film, his, is, own, on

3 ______________________________

아드님은 제가 가르친 최고의 학생들 중 한 명이라고 말씀 드리고 싶군요.

보기 let, students, me, best, your, just, ever, say, of, son, my, is, one

4 ______________________________

난 베트남에서 나고 자랐어.

보기 was, Vietnam, I, raised, and, born, in

5 ______________________________

규칙은 규칙이야 넌 그걸 지켜야 해.

보기 follow, rules, you, have, are, rules, them, to

Drill 2

영어를 가리고 한국어를 보면서 바로 말할 수 있는지 체크해보세요. 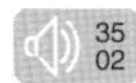

□ 사람들이 자기 일을 신경 쓰느라 정신 없어.	People are just busy minding their own business.
□ 출신지에 따라 사람을 판단하는 건 진짜 그만해야 해.	We should really stop judging others based on where they came from.
□ 그냥 내가 엄마보다 요리를 훨씬 잘한다고 해두자.	Let me just say I can cook much better than her.
□ 그는 한국에서 나고 자랐어.	He was born and raised in Korea.
□ 고정관념은 고정관념일 뿐이네!	Stereotypes are stereotypes!
□ 그들은 메이플 시럽을 아주 좋아해!	They love maple syrup!

1 All of my friends are busy taking care of their business. **2** His new film is based on his own experience. **3** Let me just say your son is one of my best students ever. **4**. I was born and raised in Vietnam. **5** Rules are rules. You have to follow them.

호칭

한국에서는 윗사람을 이름으로 부르는 건 좀처럼 상상하기 힘든데요.
미국은 어떨까요?
오늘은 리나와 함께 미국의 호칭 문화를 알아보기로 해요.

LINA, Jessica, Michael

전 지금도 존슨 씨 부부를
이름으로 부르는 게 익숙하지 않아요.

하하, 그랬니?

사실은 성으로 부르는 게
더 예의 바른 거야.

물론 신경 쓰지 않는 사람도 있긴 하지.
한편으론, 무례하거나 건방지다고 생각
하는 사람들도 있단다.

윗사람을 이름으로 부른다는 건
한국에서는 정말 상상도 못할 일이에요.

Live Talk

오늘의 대화문을 귀 기울여 들어보세요. 

Lina Today, we're going to talk about how to address people with Michael and Jessica.

Lina I can never imagine calling my professor or my boss by their first name.

Jessica As a matter of fact, it is more polite to refer to them by their last name.

Michael Some people don't mind but some people can find it rude or presumptuous.

Jessica That's why I generally call my managers at work by their last name until they tell me how they would like to be addressed.

Michael Right. Some people prefer to be called by their first name regardless of their age and position. It's absolutely a personal decision.

Lina Wow! It's unimaginable in our culture. We never call anyone older by their first name. Period.

Jessica Really? That's interesting too.

Lina By the way what do you guys usually call your loved ones?

Michael I always call my wife babe which is short for baby.

Jessica There're countless nicknames for significant others! Sweety, honey, sweetheart, bae, darling, pumpkin...

Lina Pumpkin? Pumpkin means ugly or unattractive in Korea.

Michael What? Pumpkin or pumpkin pie is equivalent to sweety in the States!

Lina Oh, so different.

리나	오늘은 사람들을 부르는 방식에 대해 마이클, 제시카와 함께 이야기해볼게요.
리나	나는 교수님이나 상사를 이름으로 부르는 건 상상도 못하겠더라.
제시카	사실 성으로 부르는 게 더 예의 바른 거야.
마이클	신경 쓰지 않는 사람도 있지만 무례하거나 건방지다고 생각하는 사람도 있어.
제시카	그래서 난 어떻게 부르라고 할 때까지 매니저들을 그냥 성으로 부르잖아.
마이클	맞아. 나이나 지위에 상관없이 이름으로 불리는 걸 좋아하는 사람들이 있지. 전적으로 본인이 결정하는 거야.
리나	와! 한국에서는 상상도 못해요. 나이가 위인 사람을 절대 이름으로 부를 수 없어요. 절대.
제시카	그래? 그것도 재미있네.
리나	근데 사랑하는 사람은 뭐라고 불러요?
마이클	나는 아내를 늘 babe라고 불러. baby의 줄임말이지.
제시카	소중한 사람을 부르는 다양한 애칭이 있어! Sweety, honey, sweetheart, bae, darling, pumpkin...
리나	잠깐, pumpkin이요? 한국에서 호박은 못생겼거나 예쁘지 않다는 뜻인데.
마이클	뭐? 미국에서는 pumpkin이나 pumpkin pie 둘 다 sweety와 같은 뜻이야!
리나	이런, 정말 다르네요.

address 호칭을 부르다 **first name** 이름 **polite** 예의 바른 **refer to** ~을 언급하다, 나타내다 **last name** 성 **find** 생각하다 **rude** 무례한 **presumptuous** 주제넘은, 건방진 **prefer** ~을 더 좋아하다, 선호하다 **position** 지위 **unimaginable** 상상할 수 없는 **nickname** 애칭 **significant** 특별한 의미가 있는, 중요한 **unattractive** 매력적이지 못한, 못난 **equivalent** 동등한, 같은

Expression Point

회화 실력을 업그레이드해주는 표현을 익혀보세요.

Some people can find it rude or presumptuous.

무례하거나 건방지다고 생각하는 사람도 있어.

여기서 find는 '찾는다'는 뜻이 아니라 '생각하다(think)'라는 뜻으로 봐야 합니다. 시험을 보고 나온 친구에게 '시험 어땠어?'라고 물을 때 How did you find the exam?이라고 할 수도 있습니다. 꽤 쉬웠다면 I found it pretty easy라고 답하면 되겠네요.

I found the story so fascinating. 그 이야기 정말 매혹적이더라.
She found the lecture very helpful. 그녀는 그 강의가 매우 도움이 된다고 생각했다.
He found it so difficult to work with me.
그는 나와 함께 일하는 게 힘들다고 생각했다.

It's unimaginable in our culture.

우리 문화에서는 상상도 못할 일이에요.

unimaginable은 짧지만 배울 게 많은 단어입니다. imagine은 '상상하다'라는 뜻인데요. 그 앞에 반대말을 만드는 un-이 붙고, 뒤에는 '~할 수 있다'는 뜻을 더해주는 -able을 얹었네요. 그래서 unimaginable은 '상상할 수 없는'이란 뜻의 단어가 됐답니다.

A world without love is unimaginable. 사랑이 없는 세상은 상상할 수 없어.
An *Avengers* film without Hulk is unimaginable.
헐크 없는 〈어벤저스〉 영화는 상상할 수 없어.
He did something totally unimaginable to his friend.
그는 그의 친구에게 정말 상상할 수 없는 짓을 했다.

We never call anyone older by their first name. Period.

나이가 위인 사람을 이름으로 절대 부를 수 없어요. 절대.

period는 '마침표'란 뜻인데 문장 맨 마지막에 이 표현이 들어가면 '할말 다 했음'이란 뜻입니다. 방금 말한 내용이 정말 그렇다고 강조하는 동시에 상대방에게 '더 이상 토 달지 마'라는 메시지를 전달하는 역할도 합니다.

My answer is no, period!
안 된다는 게 내 대답이야. 토 달지 마!

I can't allow you to go there. Period!
네가 거길 가도록 허락할 수는 없어. 더 이상 말하지 마!

I'm not going to see you anymore. Period!
더 이상 널 안 볼 거야. 더 이야기하지 말자.

By the way what do you guys usually call your loved ones?

근데 사랑하는 사람은 뭐라고 불러요?

연인이나 가족 등 '사랑하는 사람들'을 통칭할 때 loved ones라고 합니다.

Many of his friends and loved ones visited him.
많은 친구들과 사랑하는 사람들이 그를 방문했다.

They lost their loved ones during the war.
그들은 전쟁으로 사랑하는 사람들을 잃었다.

You have to do it for your loved ones.
넌 사랑하는 사람들을 위해 그걸 해야 돼.

Sweety, honey, sweetheart, bae, darling, pumpkin...

스위티, 허니, 스위트하트, 배, 달링, 펌킨…

Jessica가 말한 애칭 중에 bae라는 게 있는데요, bae는 before anyone else를 줄인 말이거든요. 해석하면 '다른 누구보다 우선하는'이니까 '가장 소중한 사람'이란 뜻이죠. 발음은 '배' 또는 '바이'로 합니다. 사랑스럽게 들리시나요?

I love you, bae.
사랑해, 자기야.

I'm thinking about you, bae.
나 당신 생각하고 있어, 자기야.

Are you planning something special for your bae?
연인을 위해 뭔가 특별한 걸 계획 중인가요?

Drill 1

학습한 내용을 응용하여 영작해보세요.

1

그의 친구는 좀 짜증 나는 스타일이었어. **보기** a, his, I, friend, bit, found, annoying.

2

상상하기 어려운 고통이었어. **보기** the, unimaginable, was, pain

3

넌 오늘 밤에 외출 금지야. 토 달지 마! **보기** you, tonight, not, period, anywhere, going, are

4

저와 제가 사랑하는 이들을 위해 기도합니다. **보기** pray, and, loved, for, my, ones, me, I

5

애인 줄 선물 샀어? **보기** you, gift, did, a, buy, bae, your, for

Drill 2

영어를 가리고 한국어를 보면서 바로 말할 수 있는지 체크해보세요. 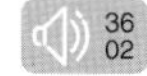

□ 무례하거나 건방지다고 생각하는 사람도 있어.	Some people can find it rude or presumptuous.
□ 우리 문화로는 상상도 못할 일이에요.	It's unimaginable in our culture.
□ 나이가 위인 사람을 이름으로 절대 부를 수 없어요. 절대.	We never call anyone older by their first name. Period.
□ 성으로 부르는 게 더 예의 바른 거야.	It is more polite to refer to them by their last name.
□ 미국에선 pumpkin이 sweety와 같은 뜻이야!	Pumpkin is equivalent to sweety in the States!
□ 그건 전적으로 본인이 결정하는 거야.	It's absolutely a personal decision.

1 I found his friend a bit annoying. **2** The pain was unimaginable. **3** You are not going anywhere tonight. Period! **4** I pray for me and my loved ones. **5** Did you buy a gift for your bae?

유명 인사

한국에서는 폭넓은 인지도가 있으면서 인기 있는 존재를 '국민 무엇'이라고 부르죠.
국민 배우, 국민 드라마 같이 말이에요.
미국에도 그런 '국민 무엇'이 있을까요? 같이 알아보시죠.

Live Talk

오늘의 대화문을 귀 기울여 들어보세요. 

Lina Today, we're going to talk about the most beloved celebrities with Michael and Jessica.

Lina You said you loved the song I was listening to last night, right?

Jessica Oh yes! She's got a really beautiful voice! Is she a famous singer in Korea?

Lina Yes, IU is a national singer right now. I'm a huge fan of her too!

Michael What do you mean a "national singer"?

Lina Oh, it means she's one of the most beloved singers right now, and we also call her a "national sister".

Jessica America's most beloved singers right now would be Beyonce, Justin Bieber, Ariana Grande, Mariah Carey and the list goes on.

Lina What about America's most beloved actors?

Michael Tom Hanks, Will Smith, Brad Pitt, Dwayne Johnson, Sandra Bullock...

Lina Then what are the most successful TV series? I've been always curious about it.

Jessica *The Simpsons*!

Michael *The Sopranos* must be the best TV show of all time!

Lina Really? Korean people are very familiar with *Friends*. Was it really popular here too?

Jessica Oh, yes! No doubt!

리나 오늘은 마이클, 제시카와 함께 가장 사랑받는 유명인에 관해 이야기해볼게요.

리나 어젯밤에 내가 듣던 그 노래 좋댔지?

제시카 어 맞아! 목소리가 너무 아름다워. 한국에서 유명한 가수야?

리나 응, 아이유는 지금 한국에서 국민 가수야. 나도 정말 팬이야.

마이클 '국민 가수'라니 무슨 뜻이야?"

리나 아, 현재 가장 사랑받는 가수 중 하나라는 뜻이고요, 그 가수는 '국민 여동생'이라고도 하기도 해요.

제시카 미국의 가장 사랑받는 가수라고 하면 비욘세, 저스틴 비버, 아리아나 그란데, 머라이어 캐리 등등 많지.

리나 미국에서 가장 사랑받는 배우는요?

마이클 톰 행크스, 윌 스미스, 브래드 피트, 드웨인 존슨, 샌드라 블록…

리나 그러면 인기가 가장 많았던 드라마는? 항상 너무 궁금했어!

제시카 〈심슨스〉!

마이클 〈소프라노스〉가 역대 최고지!

리나 진짜? 한국인들은 〈프렌즈〉를 가장 잘 알아. 미국에서도 인기 많았어?

제시카 아휴, 그럼! 당연하지!

beloved 사랑받는, 연인 **a huge fan of** ~의 열렬한 팬, 왕팬, 광팬 **the list goes on** 줄줄이 나열되다, 너무 많다 **familiar** 익숙한, 친숙한, 아주 잘 아는 **doubt** 의심

Expression Point

회화 실력을 업그레이드해주는 표현을 익혀보세요.

We're going to talk about the most beloved celebrities.

가장 사랑받는 유명인에 관해 이야기해볼게요.

beloved는 한 단어지만 자세히 보면 be와 loved 두 부분으로 나눌 수 있어요. be를 be동사의 be, loved를 love(사랑하다)의 과거분사로 보면 '사랑받다'는 수동의 의미가 되잖아요? beloved는 '많은 사랑을 받는'이라는 뜻입니다.

He is the most beloved pianist of our time.
그는 우리 시대에 가장 사랑받는 피아니스트다.

Please say hello to your beloved wife.
당신의 사랑하는 아내에게 안부 전해주세요.

+ beloved는 명사로 '연인'의 의미도 있어요.

He is my beloved.
그는 나의 연인이야.

She's got a really beautiful voice!

그녀는 목소리가 너무 아름다워!

She's got에서 she 다음에 오는 's는 be동사의 is가 아닌 has라는 거 기억하세요. has got은 has와 같은 뜻입니다.(have got = have) 일상 대화에서 많이 쓰지만, 공식적이고 격식 있는 자리에서는 피하는 것이 좋습니다.

I've got something to do today. 오늘 할 일이 생겼어.
She's got a new boyfriend. 그녀에게 새로운 남자친구가 생겼어.
I haven't got any money. 나 돈 하나도 없어.

The Sopranos must be the best TV show of all time!

〈소프라노스〉가 역대 최고지!

all time은 '(역)사상 ~'으로 번역되는 단어입니다. '사상 최고, 사상 최악, 사상 최대' 등등 많이 들어보셨죠? 이때 쓰는 표현인 것입니다. 예를 들어 '내가 가장 좋아하는 노래'를 my all time favorite song이라고도 표현합니다.

My all-time favorite song is *Yesterday* by the Beatles.
내가 최고로 좋아하는 노래는 비틀즈의 〈예스터데이〉야.

He is one of basketball's all time greats.
그는 역사상 가장 위대한 농구선수 중 한 명이다.

Interest rates are at an all time high.
이자율이 사상 최고다.

Korean people are very familiar with *Friends*.

한국인들은 〈프렌즈〉를 아주 잘 알아.

familiar는 '익숙한, 친숙한'이라는 뜻인데요, familiar 다음에 to와 with 중 어떤 것이 오냐에 따라 의미가 좀 달라집니다. 〈be동사+familiar with~〉는 어떤 상황이나 사물, 사람 등을 '잘 안다'는 뜻입니다. 〈be동사+familiar to~〉는 '~가 익숙하다, 친숙하다'의 뜻으로 해석하는 게 자연스럽습니다.

I'm not familiar with Japanese culture.
난 일본 문화를 잘 모른다.

Are you familiar with this area?
이 지역을 잘 아세요?

+ '익숙하다, 친숙하다'라는 뜻의 familiar to는 문장에서 어떻게 쓰일까요?

His voice sounded very familiar to me.
그 사람 목소리 굉장히 익숙하게 들렸어(어디서 많이 들어본 것 같아).

Oh, yes! No doubt!

아휴, 그럼! 당연하지!

doubt은 '의심, 의심하다'라는 뜻입니다. 그러니까 No doubt은 '의심의 여지가 없어', '당연하지'라는 뜻이 됩니다.

There is no doubt that he will be a winner.
그가 이길 거라는 건 의심의 여지가 없다.

There can be no doubt about it.
거기에 대해서는 의심의 여지가 없다.

No doubt she'll tell me the truth.
당연히 그녀는 내게 진실을 말할 거야.

Drill 1

학습한 내용을 응용하여 영작해보세요.

1 ______________________________

그녀는 유학을 위해 사랑하는 부모님 곁을 떠났다.

보기 she, abroad, left, parents, beloved, her, to, study

2 ______________________________

그는 유머감각이 탁월해. 보기 good, he's, sense, of, a, humor, got

3 ______________________________

역사상 가장 위대한 배우가 누구라고 생각해요?

보기 time, greatest, who, think, is, do, the, all, actor, you

4 ______________________________

이 소프트웨어 저는 잘 몰라요. 보기 familiar, this, I'm, with, software, not

5 ______________________________

그녀가 무죄라는 건 의심의 여지가 없다. 보기 is, there, innocent, that, doubt, she, no, is

Drill 2

영어를 가리고 한국어를 보면서 바로 말할 수 있는지 체크해보세요. 

□ 가장 사랑받는 유명인에 관해 이야기해볼게요.	We're going to talk about the most beloved celebrities.
□ 그녀는 목소리가 너무 아름다워!	She's got a really beautiful voice!
□ 〈소프라노스〉가 역대 최고지!	*The Sopranos* must be the best TV show of all time!
□ 한국인들은 〈프렌즈〉를 아주 잘 알아.	Korean people are very familiar with *Friends*.
□ 나도 정말 팬이야!	I'm a huge fan of her too!
□ 가장 성공한 TV 드라마는 뭐예요?	What are the most successful TV series?

1 She left her beloved parents to study abroad. **2** He's got a good sense of humor. **3** Who do you think is the all time greatest actor? **4** I'm not familiar with this software. **5** There is no doubt that she is innocent.

음악

한국에선 트로트 음악이 세대를 초월한 대중음악으로 인기를 끌고 있는데요.
미국도 세대별로 좋아하는 음악 장르가 있을까요?
엄마와 아들로 세대가 다른 애나와 샘, 그리고 리나가 나누는 대화를 같이 볼까요?

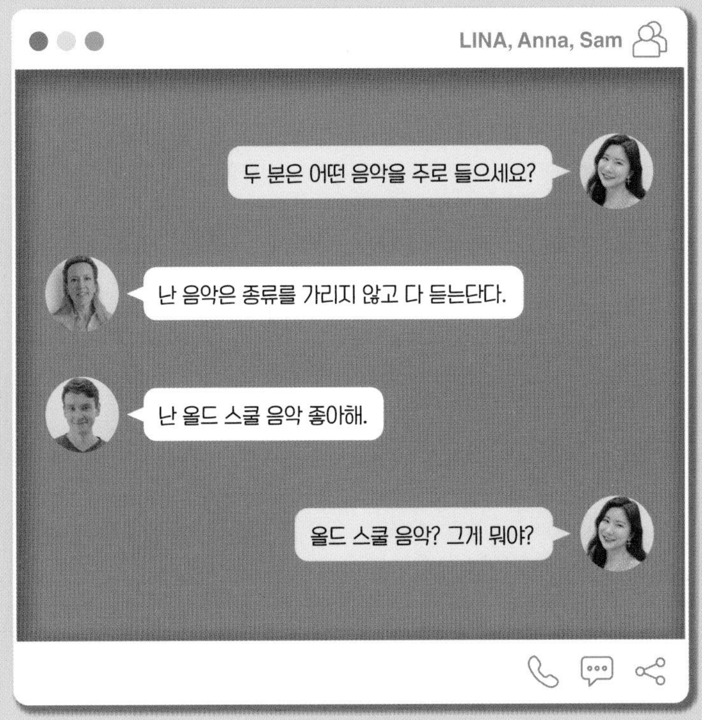

LINA, Anna, Sam
두 분은 어떤 음악을 주로 들으세요?
난 음악은 종류를 가리지 않고 다 듣는단다.
난 올드 스쿨 음악 좋아해.
올드 스쿨 음악? 그게 뭐야?

Live Talk

오늘의 대화문을 귀 기울여 들어보세요. 

Lina Today, we're going to talk about music with Anna and Sam.

Lina What kind of music do you listen to?

Anna I like to listen to all kinds of music.

Sam I like old school music.

Lina What exactly is old school music?

Sam Oldies refers to hip hop that was created between 1979 and 1983.

Lina Aren't they a little old for you, then? What do old people in the States listen to?

Sam That depends on how you define "old people." People tend to like the genre of music they grew up listening to.

Anna I would say people in their 50s to their 70s like classic rock and roll, pop, country... stuff like that. It depends on the individual's taste in music though.

Lina I see. In Korea most old people listen to *Trot* and it would be pretty interesting seeing someone young listening to it.

Sam A study shows that millennials like all different kinds of music. They're neither defined nor categorized by specific genre.

Anna I think it's important to find your own taste in music instead of following the trend. In my opinion music and fashion can tell a lot about you.

Lina True. Music breaks language, cultural and age barriers.

Anna Rock on, Lina!

리나 오늘은 애나와 샘과 함께 음악 얘기를 해볼 거예요.

리나 두 분은 어떤 음악을 들으시죠?

애나 나는 가리지 않고 다 들어.

샘 난 올드 스쿨 음악을 좋아해.

리나 올드 스쿨 음악이 정확히 뭐야?

샘 1979년에서 1983년 사이에 나온 힙합을 가리키는 말이야.

리나 그럼 좀 옛날 거 아니야? 미국 어르신들은 뭘 들어?

샘 '어르신'을 어떻게 정의하느냐에 따라 달라. 다들 자라면서 들은 음악 장르를 좋아하는 경향이 있으니까.

애나 50대에서 70대는 클래식 로큰롤, 팝, 컨트리 음악 같은 걸 좋아할 거야. 물론 개인 취향에 달렸지만.

리나 그렇군요. 한국에서는 트로트를 들으시는 어르신들이 많은데 어린 누군가가 그걸 좋아하는 게 재미있게 느껴질 때가 있어요.

샘 밀레니얼들은 모든 음악을 다 좋아한다는 연구가 있더라. 특정한 장르에 구애받지 않는대.

애나 유행을 따르기보다 자신만의 음악 취향을 찾는 게 중요한 거 같아. 내 생각엔 음악과 패션은 자신을 잘 보여주는 수단이거든.

리나 맞아요. 음악은 언어, 문화 그리고 나이의 장벽을 허물기도 하잖아요.

애나 멋지다, 리나!

all kinds of 모든 종류의 ~ **oldies** 올디스, 오래된 것 **refer to** ~을 나타내다, 가리키다 **tend to** ~하는 경향이 있다 **genre** 장르 **people in their 50s** 50대 **taste in** ~에 대한 취향 **someone young** 어린 누군가 **study** 연구 **millennials** 밀레니얼 세대 (1982~2000년대 초반에 태어난 세대) **neither A nor B** A나 B 둘 다 아닌 **define** 정의하다 **categorize** 분류하다 **follow the trend** 유행을 따르다 **in my opinion** 내 생각엔 **barrier** 장벽, 장애물 **rock on** 굉장한, 엄청난, 기막히게 좋은(= awesome)

Expression Point

회화 실력을 업그레이드해주는 표현을 익혀보세요.

I like to listen to all kinds of music.

나는 모든 음악을 가리지 않고 들어.

all kinds of는 '모든 종류의'라는 뜻이에요. 실제로 '모든'은 아닐 수 있지만 그만큼 엄청나게 다양하다는 걸 강조하는 표현이지요.

The grocery store sells all kinds of grain.
그 식료품 가게는 모든 종류의 곡물들을 판다.

I get emails from all kinds of people.
나는 엄청나게 다양한 사람들에게 이메일을 받는다.

He enjoys almost all kinds of sports. 그는 거의 모든 종류의 스포츠를 즐긴다.

People tend to like the genre of music they grew up listening to.

다들 자라면서 들은 음악 장르를 좋아하는 경향이 있으니까.

tend to는 '~하는 경향이 있다'라는 뜻입니다. 상황에 따라 '~하는 편이다' 또는 '주로 ~한다' 정도로 해석해야 자연스러워요.

She tends to talk too much when she is nervous.
그녀는 긴장하면 말을 너무 많이 하는 경향이 있다.

My laptop computer tends to overheat these days.
내 노트북 컴퓨터는 요즘 잘 과열되는 편이다.

The weather tends to get really hot this time of year.
1년 중 이 시기의 날씨는 매우 더워지는 경향이 있다.

A study shows that millennials like all different kinds of music.

밀레니얼들은 모든 음악을 다 좋아한다는 연구가 있더라.

여기서 study는 '연구', show는 '보여주다'라는 뜻이죠. A study shows는 '연구에 따르면 ~하다' 또는 '연구 결과를 보면 ~이다'라고 해석하는 게 자연스러워요.

New research shows that drinking too much coffee isn't good for your health. 커피를 너무 많이 마시면 건강에 안 좋다는 새로운 연구 결과가 나왔어.

The data shows that younger people have stronger immune systems. 그 통계 자료는 어릴수록 면역체계가 튼튼하다는 걸 보여준다.

+ show 대신 reveal(드러내다), find(발견하다)도 흔히 써요.

A survey found that about 30 percent of Americans believe in aliens.
한 설문조사에 따르면 미국인의 30%는 외계인이 있다고 믿는다.

They're neither defined nor categorized by specific genre.

특정한 장르에 구애받지 않는대.

either ~ or는 '둘 중 하나인'이라는 뜻인데 either와 or에 각각 n-(부정을 뜻하는 no의 약자)을 붙인 neither ~ nor는 '둘 다(이것도 저것도) 아니다'라는 뜻이 됩니다.

Neither he nor his wife enjoyed the trip.
그도, 그의 아내도 여행을 즐기지 못했다.

He can neither write nor read. 그는 쓸 줄도, 읽을 줄도 모른다.

I am neither a student nor a teacher. 나는 학생도 아니고 교사도 아니다.

Music and fashion can tell a lot about you.

음악과 패션은 자신을 잘 보여주는 수단이거든.

tell a lot about you는 직역하면 '너에 대해 많이 말하다'인데 이는 '자신을 잘 보여주다'라는 의미가 됩니다. 여기서 you는 상대방이 아니라 일반 사람을 얘기할 때도 많이 씁니다.

What you wear tells a lot about you.
옷차림을 보면 그 사람에 대해 많은 것을 알 수 있다.

Facial expressions tell a lot about you.
얼굴 표정을 보면 많은 것을 알 수 있다.

You can tell a lot about someone by how they treat service staff.
서비스 직원을 어떻게 대하는지 보면 그 사람에 대해 많은 것을 알 수 있다.

Drill 1

학습한 내용을 응용하여 영작해보세요.

1 ______________________________

그 지역에는 온갖 새들이 산다. **보기** birds, the, of, area, is, kinds, home, all, to

2 ______________________________

그들은 소문을 잘 믿지 않는다. **보기** rumors, they, not, believe, tend, to

3 ______________________________

통계 자료를 보면 경제가 성장하고 있다.

보기 growing, the, is, data, economy, that, shows, the

4 ______________________________

너와 네 친구 모두 틀렸다. **보기** right, neither, you, friend, nor, is, your

5 ______________________________

목소리로 그 사람에 대해 많은 것을 알 수 있다. **보기** your, you, voice, about, can, lot, tell, a

Drill 2

영어를 가리고 한국어를 보면서 바로 말할 수 있는지 체크해보세요. 

□ 나는 모든 음악을 가리지 않고 들어.	I like to listen to all kinds of music.
□ 사람들은 자라면서 들은 음악 장르를 좋아하는 경향이 있으니까.	People tend to like the genre of music they grew up listening to.
□ 밀레니얼들은 모든 음악을 다 좋아한다는 연구가 있더라.	A study shows that millennials like all different kinds of music.
□ 그들은 특정한 장르에 구애받지 않는대.	They're neither defined nor categorized by specific genre.
□ 음악과 패션은 자신을 보여주는 수단이거든.	Music and fashion can tell a lot about you.
□ 개인의 음악 취향에 달렸지만.	It depends on the individual's taste in music though.

1 The area is home to all kinds of birds. **2** They tend not to believe rumors. **3** The data shows that the economy is growing. **4** Neither you nor your friend is right. **5** Your voice can tell a lot about you.

장례 문화

미국 영화에서 장례식 장면을 본 적이 있나요?
관 위에 누워 있는 망인의 얼굴을 보며 조의를 표하는 모습은 한국에선 정말 보기 드물죠.
리나가 존슨 부부와 장례 문화에 관해 이야기 나누고 있군요. 들어볼까요?

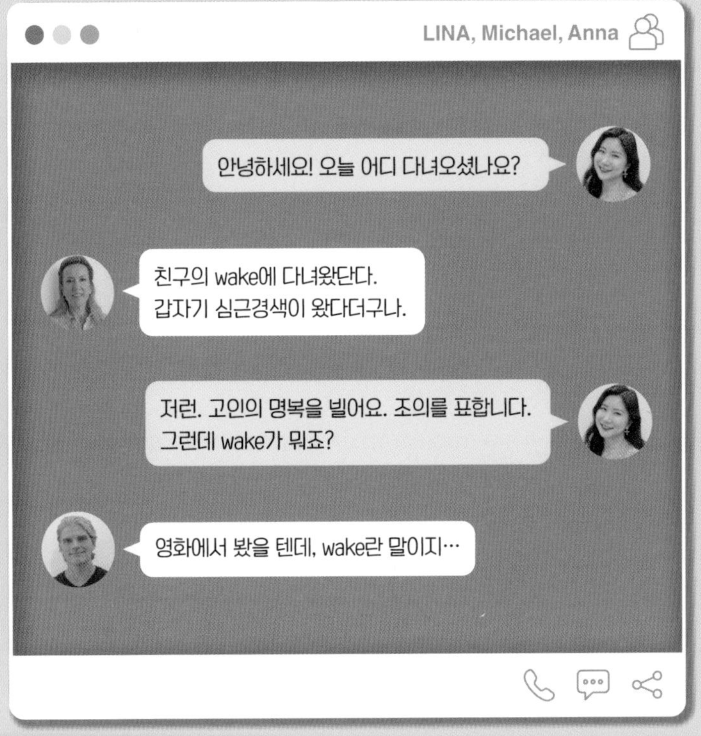

LINA, Michael, Anna
안녕하세요! 오늘 어디 다녀오셨나요?
친구의 wake에 다녀왔단다.
갑자기 심근경색이 왔다더구나.
저런. 고인의 명복을 빌어요. 조의를 표합니다.
그런데 wake가 뭐죠?
영화에서 봤을 텐데, wake란 말이지…

Live Talk

오늘의 대화문을 귀 기울여 들어보세요. 

Lina	Today, we are going to talk about funeral traditions with Anna and Michael.
Lina	Hi, Anna and Michael! Where were you guys today?
Michael	We went to the wake for one of my friends. I was told that she suddenly passed away from cardiac arrest.
Lina	Oh, no! I'm so sorry for your loss. My condolences. May I ask what a wake is if you don't mind me asking.
Anna	A wake is a viewing ceremony of the deceased. It is usually held at a funeral home or at a church one or two days before the funeral.
Lina	I've seen those scenes in movies. The deceased was laid in an open casket and friends and family kissed and held hands.
Anna	Yes, a wake is usually held with either an open casket or a closed casket. It depends on the family's decision.
Michael	People go with a closed casket when the body is severely damaged.
Lina	I see. It's a tradition that we don't have so I wanted to ask. Thank you.
Anna	What are the funeral customs in Korea?
Lina	In Korea a funeral is held for 3 days at the funeral halls located in hospitals. You bow to the deceased twice, and to the bereaved family once. Furthermore, you pay condolence money and have meals and drinks prepared.
Michael	Condolence money? That is something we don't have. Interesting.
Lina	I hope you are OK, by the way. I'm sure she is in a better place now.
Anna	I really hope so too. Thank you.

리나 오늘은 애나, 마이클과 함께 장례 전통에 관해 이야기 나눠보겠습니다.

리나 두 분, 안녕하세요! 오늘 어디 다녀오셨나요?

마이클 우리는 친구의 wake에 다녀왔단다. 갑자기 심근경색으로 세상을 떠났다는구나.

리나 저런. 고인의 명복을 빌어요. 조의를 표합니다. wake가 뭔지 여쭤봐도 될까요? 괜찮으시다면요.

애나 wake는 고인을 보는 의식이야. 장례를 치르는 집이나 교회에서 장례식 하루나 이틀 전에 그렇게 한단다.

리나 영화에서 봤어요. 열린 관에 고인이 누워 있고 친구들과 가족들이 입을 맞추고 손을 잡아줬어요.

애나 맞아, wake는 관이 열리거나 닫힌 상태에서 하지. 어떻게 하는지는 가족의 선택이야.

마이클 보통 시신이 심하게 훼손되면 관을 닫고 한단다.

리나 그렇군요. 한국에는 없는 전통이라 여쭤보고 싶었어요. 감사합니다.

애나 한국의 장례식 전통은 어떠니?

리나 한국에선 보통 3일 동안 병원에 딸린 장례식장에서 해요. 고인에게 절을 두 번 하고, 유족에게 한 번 하죠. 그리고 조의금을 내고 준비해 놓은 식사를 해요.

마이클 조의금? 우리한테는 없는 문화구나. 흥미롭네.

리나 그나저나 두 분 괜찮으시면 좋겠어요. 친구분은 이제 더 좋은 곳으로 가셨을 거예요.

애나 나도 정말 그러길 바란단다. 고마워.

funeral tradition 장례 전통 **wake** (초상집에서의) 경야 **pass away** 돌아가시다 **cardiac arrest** 심근경색 **condolences** 조의, 애도 **the deceased** 고인, 망자 **casket** 관 **severely** 심하게 **damaged** 손상[훼손]된 **funeral hall** 장례식장 **bereaved** 사별한, 유족인

Expression Point

회화 실력을 업그레이드해주는 표현을 익혀보세요.

I was told that she suddenly passed away from cardiac arrest.

갑자기 심근경색으로 세상을 떠났다는구나.

'~라는 이야기를 들었어'라고 할 때 I heard that~ 대신 굳이 수동태 I was told를 쓰는 이유는 둘 사이에 차이가 있기 때문입니다. I was told that~은 '내가 누군가에게 직접 들은 것'이라는 사실을 분명히 알리고자 할 때 씁니다. 하지만 I heard that~은 뉴스나 입소문 등을 통해 간접적으로 의도치 않게 들었다는 의미가 강합니다.

I was told that you got a promotion. 승진했다고 들었어.
We were told that everything would be back to normal soon.
우리는 모든 게 곧 정상으로 돌아올 거라고 들었어요.
He was told that his son was wasting money.
그는 자기 아들이 돈을 낭비하고 있다고 들었다.

If you don't mind me asking.

물어봐도 괜찮으시다면요.

mind에는 '~하는 것을 꺼리다, 싫어하다'라는 뜻이 있어요. 따라서 if you don't mind~는 예의를 갖춰서 허락이나 동의를 구하는 표현입니다. 우리말에서도 '말씀해주시죠'보다는 '괜찮으시면 말씀해주실 수 있을까요?'라고 하는 게 더 공손하듯이요. if you don't mind 다음에 〈목적어+동사-ing〉를 쓰는 것도 잘 익혀 두세요.

If you don't mind me asking, can I ask how old you are?
개의치 않으신다면 나이를 여쭤봐도 될까요?
What do you do for a living, if you don't mind me asking?
여쭤봐도 괜찮다면 어떤 일을 하시는지요?
If you don't mind me asking, are you retired?
은퇴하셨는지 여쭤도 될까요?

A wake is usually held with either an open casket or a closed casket.

wake는 관이 열리거나 닫힌 상태에서 하지.

either A or B는 'A 또는 B 둘 중 하나'라는 뜻입니다. 위의 예문에서처럼 두 가지 선택지가 있거나 '둘 중 하나임에 틀림 없다'는 식으로 판단을 내릴 때 씁니다.

She must be either brave or stupid.
그녀는 용감하거나 멍청한 게 틀림없어.

He wants either to be a dentist or a journalist.
그는 치과의사 또는 기자가 되고 싶어 한다.

'A와 B 둘 다'라고 하려면 both A and B라고 표현합니다.

Both he and his friend are not my type.
그와 그의 친구 둘 다 내 스타일이 아니다.

People go with a closed casket when the body is severely damaged.

보통 시신이 심하게 훼손되면 관을 닫고 한단다.

---

go with는 '~을 선택하다'라는 뜻으로 자주 쓰이는 표현입니다. 같은 뜻으로 go for를 쓰기도 합니다.

Let's go with the cheaper one. 더 싼 쪽을 선택합시다.
I will go for pizza. 난 피자 먹을래.
I think we should go with green for the walls.
벽들은 초록색으로 하는 게 좋을 것 같은데.

I'm sure she is in a better place now.

더 좋은 곳으로 가셨을 거예요.

'~을 확신한다, 의심하지 않는다'라고 말하고 싶다면 확신하는 내용(주어+동사) 앞에 I'm sure만 붙여주시면 됩니다. 반대로 '~에 대해 확신이 안 선다'는 I'm sure에 not을 붙여서 〈I'm not sure 주어+동사〉로 표현하면 되겠습니다.

I'm sure we will work together again soon.
우리는 반드시 곧 다시 함께 일하게 될 거야.

I'm sure we will make it.
우리는 분명 해낼 거야.

I'm not sure if that is the right decision.
그게 옳은 결정인지 확신이 안 서네.

Drill 1

학습한 내용을 응용하여 영작해보세요.

1 ______________________________

그는 자신의 서류에 오류가 있었다고 들었다.

보기 his, told, was, in, he, document, there, that, error, an, was

2 ______________________________

실례가 안 된다면 어디서 일하시는지 여쭤도 될까요?

보기 work, if, don't, you, do, mind, asking, me, you, where

3 ______________________________

그 학생들은 중국인이거나 일본인이다.

보기 Chinese, or, are, Japanese, students, either, the

4 ______________________________

난 이번엔 뭔가 새로운 걸 선택할래.

보기 will, this, I, go, time, new, something, with

5 ______________________________

아들이 이번 크리스마스에 집에 올 수 있을지 모르겠어요.

보기 for, not, Christmas, I'm, son, my, sure, this, home, will, come

Drill 2

영어를 가리고 한국어를 보면서 바로 말할 수 있는지 체크해보세요.

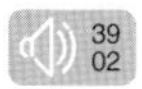

□	갑자기 심근경색으로 세상을 떠났다는구나.	I was told that she suddenly passed away from cardiac arrest.
□	wake는 관이 열리거나 닫힌 상태에서 하지.	A wake is usually held with either an open casket or a closed casket.
□	친구분은 이제 더 좋은 곳으로 가셨을 거예요.	I'm sure she is in a better place now.
□	조의를 표합니다.	My condolences.
□	한국에는 없는 전통이라 여쭤보고 싶었어요.	It is a tradition that we don't have so I wanted to ask.
□	열린 관에 고인이 누워 있고 친구들과 가족들이 입을 맞추고 손을 잡아줬어요.	The deceased was laid in an open casket and friends and family kissed and held hands.

1 He was told that there was an error in his document. **2** If you don't mind me asking, where do you work? **3** The students are either Chinese or Japanese. **4** I will go with something new this time. **5** I'm not sure my son will come home for this Christmas.

몸짓과 손짓

한국과 미국은 문화가 다른 만큼 제스처, 즉 몸짓과 손짓도 많이 다르죠.
리나가 한국과 미국의 제스처가 어떻게 다른지
애나, 제시카와 이야기를 나누고 있어요. 함께 볼까요?

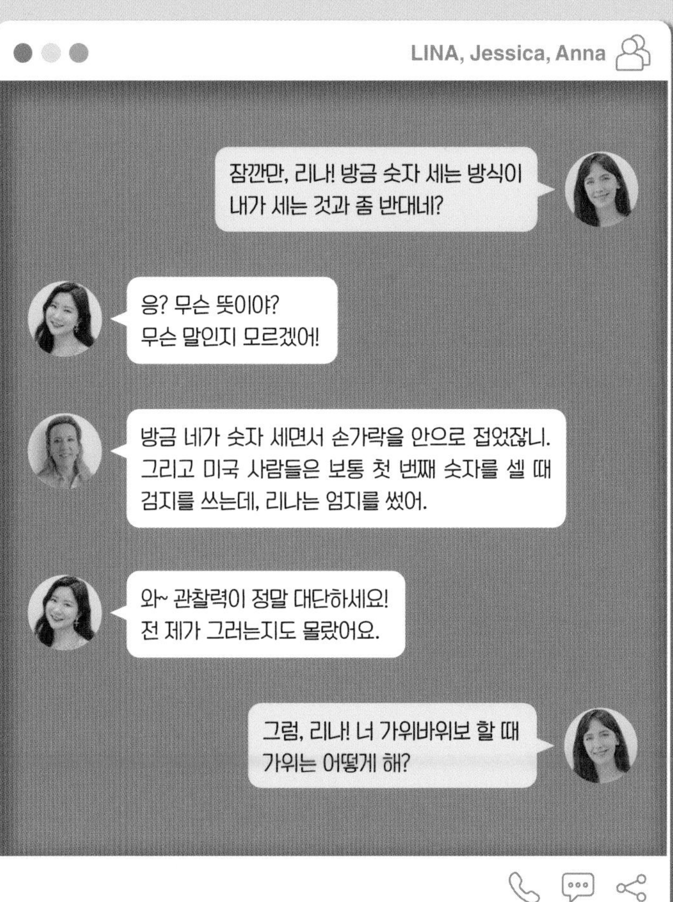

LINA, Jessica, Anna
잠깐만, 리나! 방금 숫자 세는 방식이 내가 세는 것과 좀 반대네?
응? 무슨 뜻이야? 무슨 말인지 모르겠어!
방금 네가 숫자 세면서 손가락을 안으로 접었잖니. 그리고 미국 사람들은 보통 첫 번째 숫자를 셀 때 검지를 쓰는데, 리나는 엄지를 썼어.
와~ 관찰력이 정말 대단하세요! 전 제가 그러는지도 몰랐어요.
그럼, 리나! 너 가위바위보 할 때 가위는 어떻게 해?

Live Talk

오늘의 대화문을 귀 기울여 들어보세요. 

Lina	Today, we're going to talk about gestures with Anna and Jessica.
Jessica	Okay, how many days are you staying in California?
Lina	Tuesday, Wednesday, Thursday and Friday... so, 4 days and 3 nights.
Jessica	Wait, the way you just counted was kind of the opposite of how I usually count.
Lina	Huh? What do you mean? I'm so lost.
Anna	You folded your fingers inward as you counted. Also American people usually use their index finger to count the first digit but you used your thumb to count one.
Lina	Oh, wow! How observant. I didn't even know I was doing that.
Jessica	Wait! How do you make a scissors sign?
Lina	It depends but like this?
Jessica	See, you are using your thumb and index finger. Most American people make a fist and extend their index and middle finger.
Lina	We call that a "V sign." I use this sign when I take photos. Wait! What do you think this means?
Anna	It's an OK sign!
Lina	This means money in Korea. This "O" means coins. An OK sign is like this.
Jessica	Oh, the "pay me" gesture! We rub our index finger and middle finger against our thumb.
Anna	How interesting! Lina, I'm not asking for money but just saying "OK" when I do this.
Lina	Okay, give me some money!

리나	오늘은 애나, 제시카와 제스처에 대해 이야기 나눠보겠습니다.
제시카	좋아, 캘리포니아에 며칠이나 있을 거야?
리나	화요일, 수요일, 목요일 그리고 금요일이니까… 3박 4일.
제시카	잠깐, 방금 숫자를 세는 게 내가 보통 세는 거랑 좀 반대였어.
리나	응? 무슨 뜻이야? 도통 모르겠어.
애나	리나는 숫자를 세면서 손가락을 안으로 접었잖니. 미국 사람들은 보통 첫 번째 숫자를 셀 때 검지를 쓰지만, 리나는 엄지를 썼어.
리나	와, 관찰력이 좋으신데요. 전 제가 그러고 있는지도 몰랐어요!
제시카	잠깐! 너 가위 표시 어떻게 해?
리나	상황에 따라서 다르지만, 이렇게?
제시카	이거 봐, 넌 지금 엄지랑 검지 쓰잖아. 미국 사람들은 대부분 주먹을 쥐고 검지와 중지를 펴.
리나	우리는 그걸 '브이 사인'이라고 해. 사진 찍을 때 브이를 하지. 잠깐! 이건 무슨 뜻일 것 같아?
애나	OK 사인!
리나	이건 한국에선 돈을 의미해요. 이 'O' 모양은 동전이야. OK 사인은 이렇게 해요.
제시카	아, '돈 줘' 제스처! 우리는 검지랑 중지를 엄지에 비벼.
애나	재미있네. 리나, 내가 이렇게 하면 OK라고 하는 거지 돈 달라는 말이 아니란다.
리나	알았어요, 돈 좀 주세요!

gesture 제스처, 몸짓, 표시 **kind of** 다소, 약간, 좀 **opposite** 반대 **fold** 접다 **inward** 안쪽으로 **index finger** 검지, 집게손가락 (= point finger) **digit** 숫자 **thumb** 엄지 **observant** 관찰력 있는 **fist** 주먹 **extend** 확장하다, 더 크게 만들다 **middle finger** 중지 **rub against** ~에 대고 비비다

Expression Point

회화 실력을 업그레이드해주는 표현을 익혀보세요.

Tuesday, Wednesday, Thursday and Friday... so, 4 days and 3 nights.

화, 수, 목, 그리고 금요일이니까… 3박 4일.

여행 기간을 계산할 때 1박 2일, 3박 4일 등 '○박○일'이라고 표현하지요. '박'은 영어로 night로, 숙소 등에서 묵는 날수를 세는 단위예요. '일'은 day이고요.

He stayed in the forest for four days and three nights.
그는 숲속에서 3박 4일을 머물렀다.

We spent two days and one night at the hotel.
우리는 그 호텔에서 1박 2일을 묵었다.

The tourists got lost in the snowy woods for six days and five nights. 그 관광객들은 눈 덮인 숲에서 5박 6일 동안 길을 잃었다.

미국에서 더 흔히 쓰는 표현을 알려드릴게요. '당일치기 여행'은 a day trip, '1박 2일 여행'은 2-day trip 또는 one night trip, '4박 5일 여행'은 5-day trip 또는 4-night trip이라고 합니다.

The way you just counted was kind of the opposite of how I usually count.

방금 숫자를 세는 게 내가 보통 세는 거랑 좀 반대였어.

a kind of는 '일종의'라는 뜻인 반면, kind of는 부사로 '다소, 약간, 좀' 등의 의미로 쓰여요. 일상 회화에서는 kind of를 줄여서 kinda라고도 해요.

I'm kind of tired. I gotta go to sleep. 나 좀 피곤해. 자러 가야겠어.
Personally, I kind of like the film. 개인적으로 그 영화 좀 좋은 듯.
It's kind of late to play baseball. 야구를 하기엔 다소 늦은 시간인 것 같다.

I'm so lost.

무슨 말인지 도통 모르겠어.

I'm lost는 '난 길을 잃어버렸어'란 뜻이에요. 그런데 위의 예문에서처럼 비유적으로 쓰일 때도 있어요. 상대방의 이야기를 잘 따라가다가 갑자기 어떤 부분에서 이해가 되지 않을 때 길을 잃

은 데 비유하는 것이죠. 그래서 I'm lost를 '무슨 말인지 모르겠어'라는 뜻으로도 쓸 수 있는 거예요.

Wait, I think I'm lost again. What do you mean by that?
잠깐만, 나 또 이해가 안 가. 그게 무슨 말이야?

Sorry, I'm totally lost.
미안한데 전혀 이해가 안 가.

We call that a "V sign". I use this sign when I take photos.

우리는 그걸 '브이 사인'이라고 해. 난 사진 찍을 때 '브이'를 하지.

스마트폰이 널리 보급되면서 '사진 찍기'는 중요한 일상의 일부가 된 것 같아요. '사진을 찍다'는 영어로 take a picture 또는 take a photo라고 합니다.

Can I take a picture with you?
당신하고 사진 같이 찍어도 될까요?

Excuse me. Could you please take a photo of us?
실례지만 저희 사진 좀 찍어주실 수 있어요?

I will take a photo of you. 제가 사진 찍어드릴게요.

I'm not asking for money but just saying "OK" when I do this.

내가 이렇게 하면 OK라고 하는 거지 돈을 달라는 말이 아니란다.

ask는 '물어보다, 질문하다'라는 뜻인데, ask for는 의미가 좀 달라요. ask for~는 '~을 (달라고) 요청하다'라는 뜻입니다.

I called him to ask for more information.
나는 정보를 더 요청하려고 그에게 전화했다.

He asked me for more money.
그는 내게 돈을 더 달라고 요구했다.

+ ask for가 전화 등으로 누군가를 '찾는다'는 뜻으로 쓰일 때도 있어요.

Someone is asking for you on the phone.
누가 전화로 너 찾는다.

Drill 1

학습한 내용을 응용하여 영작해보세요.

1 ______________________________

5박 6일 간의 태평양 여행 비용은 1인당 1,500달러입니다.

보기 person, the, Pacific, per, trips, $1500, of, five, cost, nights, and, days, six

2 ______________________________

기말시험이 좀 어려웠어요.

보기 difficult, the, final, of, exam, kind, was

3 ______________________________

이해가 안 가요. 다시 설명해줄 수 있어요?

보기 I'm, again, that, lost, explain, could, you

4 ______________________________

같이 사진 찍읍시다.

보기 together, let's, take, photo, a

5 ______________________________

당신은 저에게 어떤 것도 요청할 권리가 없어요.

보기 anything, you, have, ask, no, to, right, me, for

Drill 2

영어를 가리고 한국어를 보면서 바로 말할 수 있는지 체크해보세요.

□ 무슨 말인지 도통 모르겠어.	I'm so lost.
□ 우리는 그걸 '브이 사인'이라고 해. 난 사진 찍을 때 '브이'를 하지.	We call that a "V sign." I use this sign when I take photos.
□ 내가 이렇게 하면 OK라고 하는 거지 돈을 달라는 말이 아니란다.	I'm not asking for money but just saying "OK" when I do this.
□ 넌 숫자를 세면서 손가락을 안으로 접었잖니.	You folded your fingers inward as you counted.
□ 와, 정말 관찰력 있으신데요!	Oh, wow! How observant.
□ 미국 사람들은 대부분 주먹을 쥐고 검지와 중지를 펴.	Most American people make a fist and extend their index and middle finger.

1 The Pacific trips of five nights and six days cost $1,500 per person. **2** The final exam was kind of difficult. **3** I'm lost. Could you explain that again? **4** Let's take a photo together. **5** You have no right to ask me for anything.

TALK with US

미국인과 나누는
생생한 미국 문화 Talk

You made it!

memo

memo

memo